2019年、日中同時破綻の大波乱

米国が仕掛けるドルの終わり

吉田繁治

ビジネス社

2019年、日中同時破綻の大波乱
米国が仕掛けるドルの終わり

吉田繁治

ビジネス社

まえがき

本書は、疑問視されていないフィアットマネーの増発問題に取り組みます。

フィアットマネー（または信用通貨あるいは管理通貨）とは、ドル、ユーロ、人民元、そして円を指します。２００８年のリーマン危機のあと、米欧中日の中央銀行は、合計で18兆ドル（１９８０兆円）を増発しています。ドルとユーロは金融危機の対策として、元は国内ＧＤＰの急減への対策のため、円はインフレ目標の達成のためとされています。４大通貨の、８年間の増発が、経済をどこへ向かわせるかを見通すために書いたのが本書です。

米ドルの増発（４・４兆ドル：４８４兆円）は、縮小した銀行信用を補うものでした。銀行のもつ国債と、60％に下落していたＭＢＳ（不動産ローン担保証券）をＦＲＢが額面で買い上げ、流動性を供給しています。これは、銀行の不良負債を買い取り、ＦＲＢの信用で肩代わりするものでもありました。経常収支が赤字続きであることから、対外債務は32兆ドル（３５２０兆円：ＧＤＰ比１７３％：16年）に増えていますが、問題は、米国の対外債務が増え続ける体質です。増発されたドルは過剰流動性になり、株価を高騰（米国株の時価総額２９７０兆円：17年4月）させ、米国の負債の問題はマスクされています。株価の上昇が、投資家の株式資産というリスクマネーを２９７０兆円に増やしているからです。

ユーロの増発（４・４兆ドル：４８４兆円）も、米国と同じ目的のものです。南欧債の下落と、企業負債の不良化を放置できず、ECBがユーロを増発して銀行に貸与しています。円では、米国とユーロのような金融危機ではなく、国債を買う預金の枯渇から2015年と予測することもできた財政破産を防ぐインフレを目的に、日銀がバランスシートを497兆円（17年6月22日）に膨らませました。しかし、経済理論的な誤りのため、2年で2％のインフレという目標は達成できていません。

これからの数年で日銀による国債の買い上げを停止すれば、売れ残る国債価格が下落して、金利高騰による金融危機が引き起こされます。このため日銀は「出口政策」の目処を示せず、マイナス金利まで実施して、目的を失った国債買いを続けています。通貨の発行量であるバランスシートがGDPに並んでも、異常とされることなく無為に続けているのです。「近い将来どうなるか」という国民の不安について、日銀も政府も答えをもっていません。

わが国の政府債務（1248兆円）は名目GDP比で2・3倍になり、戦時国債のGDP比2倍を超えています。異次元緩和が実行された本当の理由は、2％のインフレで名目GDPが3％成長すれば、1年に年3％ずつ増える政府債務のGDP比は拡大せず、2・3倍の水準を維持できるということからです。

2％のインフレとは、国民の預金価値（マネーストック：M3：1294兆円：17年3月）に対して2％（約26兆円）のインフレ税を課すことと同じです。この26兆円の、「見えないインフレ税」は、消費税では13％に相当します。現在は8％ですから消費税換算で21％です。ここまで預金のインフレ税を上げれば、需要が減るためＧＤＰは大きく縮小します。一方では、政府国債の残高（名目）のインフレ率を引いた実質価値は、毎年２％ずつ減っていくのです。

このため、政府では消費税増税に代わるインフレ目標２％が「この道しかない」と絶対視されています。日銀の異次元緩和はインフレ税を課し、政府の財政破産を防ぐことが目的です。２％のインフレになると、国民の預金の価値と、政府の負債の価値は、両方とも２％ずつ減っていくからです。預金の価値とは商品購買力です。商品価格が上がれば、マネーの価値は物価が上昇した分減少し、購買力は減ります。

インフレは、本質から言えば、増発されたフィアットマネーによる通貨価値の低下です。１２４８兆円の負債を抱える政府と日銀は、インフレ税という本当の目的は決して言わず、経済成長のために必要としています。

しかし、通貨価値を下げるインフレは、経済成長の絶対条件ではありません。19世紀後半の英国と米国では、金本位制により通貨は高く、年率２％で物価が下がるデフレでした。この中で技術革新と生産性の上昇により、経済が成長したためです。実質ＧＤＰで計る経済（商品の生産と購買の数量）は、30年間も成長しています。生産性の上昇により、国民の実質所得（商品購買力）が増えたからです。

日本政府とリフレ派は、デフレを20年間のゼロ成長の原因としています。これも誤りです。本当の理由は、潜在成長力で示される生産性の上昇が、０％から１％と低くなったからです。

リフレ派はマネーが経済を動かすとしていますが、フィアットマネーの増発は円を下落させて株価を上げても、企業の生産性を上げる効果はありません。量的緩和が、経済成長率を高めていないことがその証拠です。GDPは、［1人当たりGDP×就業人口×生産性上昇］です。

リーマン危機後の中国は、米国と欧州の需要減少のため輸出が急減し、07年に14・2％だったGDPの成長率は約10ポイント低下しました。この急減を止めるため、政府は4兆元（64兆円）の緊急財政出動を行い、民間企業には借入金による設備投資を、世帯にはローンによる住宅購入を促したのです。

①人民銀行の通貨発行は4・7兆ドル（517兆円）に、②企業負債は18・1兆ドル（1991兆円：08年の4・6倍）、③世帯負債は4・7兆ドル（517兆円：08年の6・2倍）も膨らんでいます。

企業と世帯の負債である22・8兆ドル（2508兆円）のほとんどは不動産投資に向かい、住宅価格はリーマン危機前の3倍（07年比：年率15％上昇）になっています。負債が5倍になり、価格が3倍になったと言えば、GDPの上昇率が6％台に低下する中での、不動産バブルのすさまじさがわかるでしょう。

中国の政府負債が5・0兆ドル（550兆円）と少ないのは、国有である土地の民間への払い下げが、省の税収になるからです。不動産バブルが税収の増加になるのが、共産中国の特殊なところです。中国では、土地は第2の国債です。

中国の不動産バブルは、米国のリーマン危機前を超え、企業と世帯の負債は合計で5倍になっています。米国の住宅価格は２０００年に比べ2倍になりましたが、中国では3倍になっています。その期間はどちらも8年と同じです。

企業と世帯の負債の増加による不動産投資で維持されてきた中国経済は、２０１９年から21年に、負債の返済が難しくなる臨界点を迎えます。中国の不動価格の下落は、負債がピークになる２０１９年に始まり、2年後の21年には、銀行融資の悪化による金融危機に向かうでしょう。このとき、バッドローンの規模は１０００兆円（9・1兆ドル）に達するでしょう。

中国で金融危機が起これば、７００兆円相当の元の投入が必要になるはずです。人民銀行によるマネー増刷という手段しかない。ところが、自国の国債がおもな担保のＦＲＢ、ＥＣＢ、日銀とは違い、人民銀行は外貨準備（ドルが60%ユーロが30%）を担保に元を発行しています。元は、外貨との交換が自由なハードカレンシーとは世界から認められていないからです。

現在の発行の仕組みでは、元の増発には外貨準備の増加が必要です。外貨準備は、1年で経常収支の平均的な黒字である24兆円しか増えません。不良債権をカバーする元の増発ができないと、金融危機は米国の１９２９年から33年のように、閉鎖銀行が1万１０００行、ＧＤＰの減少45%、失業率25%レベルの経済恐慌に至ります。銀行の信用恐慌は、不況からではなく、世帯と企業の負債がそれ以上は増やせない臨界点になる、成長経済の頂点を過ぎたときに起こるものです。

数年後に予測できる中国の大きな金融危機は、体制を転覆させる力をもつものです。現体制の維持が至上命題の共産党政府は、起死回生の対策を打つはずです。

リーマン危機以降のドル安・ユーロ安の中で、中国政府は、2010年から毎年1000トンの金を戦略的に集めています。外貨準備のドルとユーロが下落したとき（元は上昇）、中国は発行した元の縮小を迫られるからです。政府が、IMFに偽りの申告をしてまで金を集める理由は、金準備制への密かな備え以外ありえません。2016年の中国の金は、実際は1万トンレベルでしょう。2021年には1万4000トンから1万6000トンに増えているでしょう。

中央銀行でもっとも多く金をもつのは、米国FRBの8133トンです（公称：IMF）。1971年までの米ドルの金本位制は、2万トンの金をバックにしたものでした。1万6000トンは人民銀行が「ドル＋金準備制」をとるのに十分な量でしょう。

人民銀行が、金準備制で元を発行し、信用縮小した銀行に貸しても、本質的な問題である企業と世帯の負債の大きさは解決しません。負債は、企業の利益と世帯の所得で返済しないかぎり、減らないからです。

負債の減少には長い年数がかかります。1990年からのわが国の資産バブル崩壊では、資産を超過していた負債を抱えた企業、世帯が、負債を減らしてバランスシートを回復するのに、2006年までの16年を要しています。大手銀行は2006年まで、根雪になっていた不良債権の償却のためにすべての利益を投入し、法人税は納めていなかったのです。その間、負債での投資増加がなくGDPの成長はほぼゼロでした。

中国でも、企業と世帯の22・8兆ドル（2508兆円）の負債を、問題のないレベルにまで減らすにはおそらく10年以上要します。その間、ＧＤＰの成長と世帯所得の増加はゼロ％付近でしょう。経済成長率が低いと体制転覆の恐れも生じる中国では、ゼロ％成長は許されないことです。どんな方法があるでしょうか。

金準備制にした新元と、負債と預金になっている旧元の交換率を１：２にすることです。ＧＤＰに対する大きさが問題だった負債と預金は、両方とも１／２になります。負債を帳消しにする徳政令の一種です。現体制を守るためなら実行されるでしょう。世帯の年収比20倍にもなっている住宅価格も１／２に、新しい所得に対して下がります。企業借り入れと、住宅ローンの返済も１／２に減ります。

中国が金準備制の新元を発行するまで、中国の金集めにより金価格は高騰することが想定できます。１９８０年には、中東諸国の金買いにより、１９７７年の１オンス１４７ドル（年平均価格）から８５０ドルへと、3年で５・８倍に上がっています。その後は、フィアットマネーを発行する米国ＦＲＢの反ゴールドキャンペーンによる金放出により、１９８２年に３００ドル付近まで下げました。現在は１オンス１２５２ドル、円の小売価格は４９０６円です（1グラム：17年6月28日）。

金価格は、以上のような歴史的な事実を再現するように思えます。米国ＦＲＢは現在８１３３トンの金しかもたず、１９８０年のように大きな反ゴールドキャンペーンを、各国の中央銀行に呼びかける意思も力もありません。１９８０年とは違い欧州では、ドル基軸を離れてユーロを形成しています。このためＦＲＢの意思で動くのは日本だけですが、日銀は７６５トンの金しかもたず、金相場を下げるために放出しても無意味な量だからです。

本文では、説明が必要な用語にカッコ内で短い補いをしています。あいまいになる形容詞と副詞は避け、字面が煩雑《はんざつ》になることをいとわず、その金額をカッコに入れました。そして、１ドルは１１０円として、金額の目処を示しています。

２０１７年７月

吉田繁治
yoshida@cool－knowledge.com

著者は、「まぐまぐ」と「foomi（フーミー）」から有料版（1か月６４８円）の『ビジネス知識源』を発行しています。本書は書き下ろしですが、毎週の時事に即したメールマガジンを書く中で、本書のアイデアを得ています。あわせてお読みいただければ幸甚に存じます。

（→ http://www.cool-knowledge.com/）

1章　構造的な矛盾をかかえるドル基軸通貨

2章

1994年が起点になった人民元の躍進

3章

世界の負債が極点に達しつつある

４章

米国と日本の部門別負債

5章
中央銀行の信用創造の限界についての予備的な検討

6章 リーマン危機のあと、4・8倍に増えている中国の負債の問題

7章

中央銀行の信用創造には、有効性の限界がある

8章

主要国の負債の問題

1章

構造的な矛盾をかかえるドル基軸通貨

(1)ドル安とドル高は、米国にとってどっちがいいんだ？(トランプ大統領)

メディアの予想を覆《くつがえ》し、中東部州での8万票差で大統領になったトランプ氏は、就任直後から、あとの米国会の承認にかまわず大統領令を乱発しました。貿易赤字の相手である中国、日本、ドイツに対しては為替介入国として非難しています。為替介入は、輸出の増進のため各国が「ドル買い／自国通貨売り」を行って通貨を下げることですが、国際合意では禁じられています。

しかし、そのあと、何かしっくりこなかったのか、財務長官のムニューシンに**「アメリカにと**

ってドル安とドル高、どちらがいいのか」とたずねています。

ドル高が米国の経常収支（貿易収支＋所得収支）の赤字をまねくことは理解していても、**その赤字の分だけ必要な金融収支での黒字**（海外からの資金流入）についての認識が曖昧《あいまい》だったからでしょう。米国の金融収支が黒字になるには、ヨーロッパ、アジア、産油国通貨からのドル買いが超過せねばならない。そのとき必要なのは、

①**ドルのイールド・スプレッド**（**海外との国債の利回りの差**）**の大きさ、**

②そして、金融市場で**ドル安予想ではないこと**です。

米国の金利が日本に対しては2～3％は高くないと、ドル安のリスクをカバーできないため、ドル買いが起こりにくい。加えて、外為市場がドル下落を予想しているとドル買いは減るので、「**長期的にはドルは下がらないという期待**」も必要です。この期待が、金融市場では「**ドルは強い」という共同幻想の神話**を作っています。この共同幻想とは、金融市場の参加者がもつ共通認識です。

1971年までの金本位の時代には、経常収支が赤字の場合、その分の金が海外流出していました。金が枯渇すると資源の輸入ができなくなって困窮する各国は、経常収支の赤字を減らすため、金融引き締め（利上げ）をして国内需要を減らし、輸入を抑制していたのです。景気がいいことは、需要が多いことですが、需要が多いと輸入が増えるからです。

米ドルは、1971年以降の「金ドル交換停止」のあと**「金の裏付けのない信用通貨」**になっ

たのですが、各国は引き続き、ドルを貿易に使う基軸通貨と認めてきました。

このため米国は経常収支が赤字でも、**金の流出を恐れず、信用通貨**（フィアットマネー）**のドルやドル債券を増刷して渡せばよくなった**のです。こうして米国にとっての対外赤字は、対外負債は膨らんでも、恐れる必要がないものになったのです。

米国以外の国にとっては、経常収支の赤字は、**ドルの外貨準備の海外流出**になって、外貨準備を減らします。外貨準備が枯渇すればドルで支払わなくてはならない輸入ができなくなり、自国通貨建てで輸入できる国からしか輸入できなくなるからです。

ドル外貨準備とは、各国政府または中央銀行が、銀行を通じて輸出企業から買い上げたドルまたはドル債券です。このドルが、**輸入のときの決済通貨**になります。輸入企業は銀行からドルを買って、輸入先への支払いに充てます。そのドルは、銀行が、政府または中央銀行のドル準備を、自国通貨で買ったものです。

米国の対外負債が膨らみ続ける構造

世界の貿易収支と、それに所得収支を加えた経常収支は、A国が赤字ならB国が黒字になり、合計のプラスマイナスはゼロです。一国の単位で言うと、赤字国では通貨が流出するためその通貨が下がり、長期的には経常収支がバランスするとされています（変動相場の理論）。

しかし基軸通貨の米ドルは、経常収支が赤字続きでも、**輸入の決済に必要な国際通貨としての**

ドル買いがあるため、米国の貿易がバランスするレベルにはドルが下がらない。このため、米国の赤字は続き、米国の対外負債が大きくなり続けているのです。

①世界の政府が**外貨準備**を増やすこと、②金融機関や事業法人による**ドル債買い**、③**ドル預金**をしたとき、この3つはいずれの場合も、米国にとって対外負債の増加です。ドル買いは、日本にとっては対外資産（ドル債やドル預金）の増加ですが、米国にとっては逆に対外負債の増加です。

ドルが基軸通貨であるかぎり、国際的な決済通貨はドルなので、各国からの**ドル準備の需要**が多くなります。このドル買いにより、**ドルは米国の輸出力以上に高くなる**ため、米国は**経常収支の赤字が続く構造**から脱することができません。このため、金本位制からフィアットマネー（信用通貨）になったドルでの米国の対外債務は、必然的に膨らみ続けるのです。

金本位のときは、金の流出が、対外赤字の歯止めになっていましたが、増発できるフィアットマネーではその抑制がありません。黒字国にとって、金ドル交換の時代は、対外黒字の累積は金準備の増加でした。しかし、ドルが信用通貨とされたあとはドル資産の増加であり、それは対米貸付金の増加でしかないのです。

金本位の時代は、貿易の黒字国には、その黒字による対外資産の増加ということはなかった。その代わりに黒字分の金が流入していたからです。貿易赤字の国では、借入金以外での、対外債務という概念もなかった。金が流出していたからです。

外為市場の仕組みと、経常収支で赤字を続ける米国に必要なドル高

ドルが上がるのは、**「ドル買い／各国通貨の売り」**が増えるときです。ドル買いは、コインの裏表のように、自国通貨の売りです。日本のドル買いは、「ドル買い／円売り」になり、円安・ドル高をうながします。

ところが、お金でお金を買うことの戸惑いのため、銀行の店頭での外為市場《がいためしじょう》の仕組みについては、トランプ氏のように漠然としか理解されていません。ドルを買うとは言っても、米国からドルの送金を受けるのではない。外貨を取りあつかう銀行の店頭で、円を売ってドルを買っているからです。銀行でドルを買うことが、円を米国に流出させているという意識はないでしょう。

【世界に分散している外為市場】

通貨の売買市場は、世界中の外為銀行と証券会社の窓口にあります。このため、証券取引所に売買が限られている株式市場のような**板情報《いたじょうほう》**（マーケットデプスという）はなかったのです。板とは、注文された外貨の価格ごとに世界中のオファー金額を示す表です。

現在は、個人のＦＸ（外為証拠金取引）の急増とともに、インターネットで**外為の板情報**を見ることができます。デューカスコピー・ジャパン（Dukascopy：スイス）が、代表です。板《いた》では、ドルや円の売りや買いの指し値《さね》に対し、未決済のオファー（注文）がいくらあるかが示されています。

金額が10万通貨単位以上なら、自分の注文も表示されます。

指し値を110円とした10億円のドル買いの注文は、110円でのドル売りのオファーが10億円以上あるとき成立します。ドル買いが多いときは、110円以下での売り注文は買われて消えていますから、高い価格で買わねばならない。このとき、ドルの相場は、次に売買が成立する価格、たとえば110・5円に上がるのです。この場合、ドルは0・5円上がり、円はドルに対して0・5円分下がります。上がった通貨は買いが多く、下がったものは売りが超過しています。

日本の国内だけでも、24時間で3990億ドル（44兆円相当）の外為《がいため》取引があります。世界では、16倍の6・5兆ドル（715兆円相当）と巨大です。国内だけでなく世界市場での**円の売買のシェアは、世界の通貨の22％である1・4兆ドル**（154兆円／1日）です（BIS：2016年）。1日に1円（約1％）円が動けば、売り手と買い手に、最大では1・54兆円の合計利益や損が出ている巨大市場が外為です。1日154兆円という円の売買額は、マネーの動きの大きさをイメージする際、記憶するに値するでしょう。[注1]

（注1）1日に、「ドル／円」が2円（約2％）動く日もあります。そのときの市場は、パニックです。1日2％の変動は、「分散の加法性の定理」により、年間換算では［2％×√365＝2×19・1＝38・2％］の変動幅（金融用語でボラティリティ）に相当するからです。通貨は先物、オプション、FX（外為証拠金取引）、通貨スワップで、高いレバレッジ（元金に対し売買額が10倍から数十倍になる）がかかった取引が多いからです。

【円の売買額は、1日154兆円と巨大】

東京証券取引所での**株式売買は、1日2・5兆円**くらいです（2016年）。国内の銀行での円と外貨の売買だけでも、東証の株取引より**17・6倍も大きい**のです。

経済ニュースでドル・円相場が筆頭になり、次に株価が来る理由は、**1日の円高と円安の、金融・経済・企業利益への影響が甚大**だからです。トヨタでは、1円の円安で約400億円の為替差益が出ます。外為取引額を記憶しておいて、1円の円安というニュースを見ると、世界中のマネーの激しい流れがイメージできます。世界の市場がつながったインターネット時代になり、価格変動が大きな外為取引が、金融取引の主流になります。

人民元の世界市場での売買シェアは4％と少なく、円の約1／6です。元は貿易の実需以外では、政府規制で売買が制限されているからです。ドル、ユーロ、円では、貿易の実需より約300倍も多い通貨投機の売買が行われているのに対し、人民元では少ないのです。

個人に多いFX（外為証拠金取引）も、為替利益を得ることが目的の投機的な売買です。投機とは、売買差のキャピタルゲインを目的にする売買です。通貨投資とは、貿易の実需での売買です。

【金融業を国策にした米国と英国】

第二次石油危機後のインフレを防ぐための高金利とドル高政策により、製造業の空洞化が進んだ1980年代から、金融業を新たな国策産業とした米国では、金融の収益がGDPの8％、英国では10%を占めています。金融業を国策にしていない日本、フランスでは、金融収益はGDPの5%ほどです（2011年）。世界全体で90年代以降の成長産業の1位は、金融セクターでした。ただし金融収益の肥大は、経済において金融の付加価値が増えることを意味します。それは借り手にとっては、利払いと通貨変動のコストが高くなっていることでもあります。金融業はマネーの卸売のような仲介業だからです。

銀行、証券、ヘッジファンドの付加価値（業務粗利益）は、借り手が払うコストです。90年代以降、世界の金利は低いままです。

しかし、世界189か国のGDP（74兆ドル：8140兆円：2016年）に対して、3・5倍に増えた金融資産額と負債額の同時増加のため（2016年）、企業の付加価値額（粗利益）に対する金融コストは上がっています。金利は下がっても、個人や企業が金融仲介業に払う手数料とボラティリティ（金融商品の価格変動の標準偏差）のコストが上がったのです。このため、中央銀行の金利調節の有効性が小さくなっています。

円安・円高により、日本の輸出・輸入企業の利益が数兆円も変動するのは、通貨変動による金融のリスクコストが上がっているためです。「通貨の予想ボラティリティ（変動率の標準偏差）＋金利率＋手数料＝金融コスト」です。金利は低くても、ボラティリティと手数料が高くなっています。ドル運用か、ドルでの借り入れがあれば、外為取引の巨大化による、**通貨変動のボラティリティコストの高さ**がわかるでしょう。

たとえば、外貨資産による資金運用でヘッジファンドに支払う手数料は、信託額の2％と高く、運用の利益からは20％が徴収されますが、損が出てもその100％は顧客負担です。

預金者のためには、金融業の利払い後の付加価値は低くならねばならない。金利が下がったのに金融の付加価値が上がった理由は、90年代以降、**世界で通貨変動と株価騰落による金融のリスクが増大した**からです。

金融用語で言えば、世界の通貨のボラティリティ（価格変動の標準偏差÷移動平均価格）の増加です。このボラティリティと期待金利は、期限日までに、金融商品（通貨、株、証券）を一定価格で買うことのできる権利を買うときの、オプション料になります。一般にブラック・ショールズ方程式で計算するオプション料は、**「ボラティリティ＋期待金利＋手数料」**です。これが新たな金融コストです。英米金融業は、デリバティブとして、期間金利に価格変動予想の要素を加えることで高付加価値化した金融商品を作ったのです。（注2）

【トランプ大統領の、為替介入非難の間違い】

為替介入に話を戻します。日本、中国、ドイツは、トランプ発言に困惑しました。2013年以降、**異次元緩和の増発マネーでドル高・円安を誘導する「ドル買い／円売り」を行っている日本政府**では、安倍首相、官房長官、財務省が相当に慌《あわ》てて対応を協議しています。

昨年12月のフロリダで、トランプ氏とのゴルフ会談に臨み、安倍首相は政府系金融（ゆうちょ銀行、かんぽ生命、年金運用のGPIF）を通じ、就任プレゼントのドル買いを準備しています。参勤交代のときの、江戸幕府への薩摩藩からの上納金のようなものです。これは、幕府にあたる米国の経常収支の赤字が大きくなった1990年代からの慣習になっています。

日本政府が誘導している「ドル買い／円売り」が大きくなると、マネーは円からドルに流れるので、ドル高・円安に向かいます。買いが超過したドルが上がり、同額の売りが超過した円は下がります。トランプ氏の言う日本政府の為替介入がこれです。

その後、新任のムニューシン財務長官（元ゴールドマン・サックス）は、ドルの問題をスタッフとともに考え、**「米国にはドル高が必要」**として大統領発言を修正しました。

基軸通貨がドルであるかぎり、米国は、構造的に経常収支の赤字を続けます。**各国の政府（または中央銀行）と金融機関が赤字に相当するドルを買うことによって、米国は金融収支で黒字にならねばならない**からです。

トランプ大統領が、今も戸惑っている国際収支統計の意味

経常収支は、①商品とサービスの輸出入、②海外との所得収支の結果です。米国には、黒字国

（注2）ブラック・ショールズ方程式は、［高精度計算サイト］http://keisan.casio.jp/exec/system/1161228904で試算できます

（中国、ドイツ、日本、アジア、産油国）からの、資金流入の超過（ドル買いの超過）が必要です。

経常収支から資金収支までの全体を示す国際収支では、国を単位として、**「経常収支の黒字＝金融収支の赤字＝対外資産の増加」という関係があります。経常収支の黒字国から、赤字国の米国**に対してドル買いによりマネーが米国に流れなければならない。財務省のサイトにわかりやすい年度統計があります。(注3)

ドルの受け取りが超過する経常収支の黒字国では、そのドルが銀行に売られてたまり、①証券投資やドル預金、②政府の外貨準備、③企業の対外直接投資のいずれかになります。この全部が黒字国によるドル買いの超過であり、対外資産と対外債権の増加です。

【輸出超過国では、金融収支は赤字になる】

中国、ドイツ、日本では、経常収支の黒字として流入するドルの買いが超過し、対外資産（直接投資、証券投資、外貨準備）が増加しています。ドルが流入するのは米国からだけではない。他の赤字国（英国やオーストラリア）からも米ドルが支払われます。黒字国によるドル買いの超過は、その語感とは逆に、**金融収支での赤字**になります。海外にマネーが流れる金融収支での赤字（＝ドル買い）が、対外資産を増やすのです。(注4)

商品・証券・資産の買いや投資とマネーの流れは、逆方向です。お店で商品を買うと、商品は買った人に渡されますが、マネーは商品と逆方向の店舗に流れます。

日本政府や銀行が米国債を買う場合（金融投資）、まず円でドルを買う「ドル買い／円売り」が生じます。これは、国の単位でいうと**円が米国に流出し、そのかわりに米ドルまたはドル国債やドル証券（対外資産）を入手**することです。

国債や証券は、発行元の負債を示します。それらを買うことは、売った所有者にマネーがいくことです。ドル預金も米銀の負債です。われわれが**ドル預金をすると、マネーは日本の銀行を通じて米銀に行き、米銀の負債である預金が膨らみます。**

【米国では、経常収支の赤字＝金融収支の黒字＝対外負債の増加】

世界最大のわが国の対外資産（９９９兆円：日銀資金循環表：17年3月：約60％が対米）は、マネーが日本から米国への約60％を中心に、アジア、欧州へ流出した結果です。対外負債（６４４兆円：同）は、海外からマネーが流入した残高です。

経常収支で赤字を続ける米国では、「**経常収支の赤字＝金融収支の黒字＝対外負債の増加**」になります。１９８０年以降の37年間で米国が黒字になったのは、１９９１年の一瞬（ＧＤＰ比で

（注３）国際収支統計（財務省）：http://www.mof.go.jp/international_policy/reference/balance_of_payments/data.htm
（注４）金融収支は、わが国では２０１４年までは資本収支と呼ばれていました。この資本収支の赤字分が対外資産の増加です。

0・05％）しかありません。あとは、年平均でGDP比2・5％の赤字が続いています。

特に1980年以降、**米国の対外負債は増え方が大きくなり、32兆ドル（3520兆円）という巨額**になっています。戦後70年で海外から32兆ドルの「ドル買いの超過」があり、その買越額が米国の対外債務です（P64図1-4）。

問題は、米国の対外負債はドルが基軸通貨であるかぎり増え続けるということです。

国の資金繰りを示すのが、国際収支会計

企業の資金繰りと同じ仕組みである国際収支の会計については、トランプ大統領が困惑したように、多くの方にとってなじみが少ないでしょう。

利益や損失を示す損益とは違う、マネーの流れを示す資金繰り会計では、負債である借入金の増加は、手許《てもと》資金の増加（金融収支では黒字）になります。借りれば現金が入金されるからです。逆に負債の減少は現金での返済ですから、手許マネーの減少になります。借入金を返済すれば負債は減りますが、その分預金や現金は減るからです。

図1-1には、正確には知られていないわが国の国際収支の残高が、2000年から2016年までの17年分が示されています。日銀が集計している対外資産と負債とは誤差があります。当局が十分に把握していないタックスヘイブン（租税回避地：世界100か所）へのマネーの流れや、脱税目的でのマネーロンダリング（資金洗浄）も混じるからです。

図1-1　日本の国際収支：2000年からの17年間

日本（年度）	経常収支（黒字）			金融収支（赤字）					誤差脱漏
	合計	貿易・サービス収支	所得・資本移転収支	合計	直接投資増加	証券投資増加	政府外貨準備増加	その他投資	
2000年~2016年	246兆円	36兆円	202兆円	256兆円	131兆円	75兆円	90兆円	-44兆円	10兆円

●国際収支では、経常収支の黒字＝金融収支の赤字として、バランスしなければならない。経常収支の黒字を続ける日本からは、赤字の米国に、資金が流出する。赤字の米国側から言えば、ドル買いの超過により、資金が流入している。

●2000年から16年の17年間の、経常収支の黒字は246兆円（年平均14.4兆円）。これに対応する金融収支の赤字256兆円が、海外に投資されている。金融収支の赤字とは、日本の損失ではなく、日本から海外への投資によるマネーの流出を言う。日本から、米国債を買うと、マネーは日本から米国に流れる。

データ：財務省　http://www.mof.go.jp/international_policy/reference/balance_of_payments/bpnet.htm
（注）膨大なデータを集計する国際収統計には、各データに、数%の誤差がある

わが国のここ16年間の経常収支の累積黒字は、246兆円でした（年平均14・4兆円：図1-1）。しかし、図1-1に示されるように、日本の貿易収支の黒字は、近年、36兆円（年平均2・1兆円）と小さくなっています。

【日本の対外直接投資による、貿易黒字の急減】

それは、東日本大震災後の2011年から15年までの6年間、貿易が赤字だったからでもあります。しかし、もっと大きな要因は、海外の工場への直接投資が131兆円に増え、輸出が海外生産の約100兆円に振り替わってきたためです。その分、国内からの輸出が減っています。

円高、為替の乱高下、国内コスト高の3要素に困っていた輸出企業が、国内での工場投資を減らし、海外（中国、アジア、米国、欧州）に設備投資をしてきたからです。相手国で生産をすれば、日本企業の売り上げ

ではあっても、国単位での輸出にはならず、ドル安の影響を受けません。

ここ16年の経常収支の黒字に対応する金融収支は、256兆円のマイナスです。これは、わが国に流入したマネー（65％はドル）256兆円分が、海外（対米は約60％、あとはアジアとEU）に対外投資として流出していることを示しています。対外投資は、60％から70％がドル買いになります。経常収支の黒字で流入したマネーが、金融収支の赤字として海外に流出しているのです。

【わが国の対外資産は、GDPの1・8倍に増えている】

過去16年で256兆円のマネーの流出（金融収支での赤字）は、日本（企業、金融機関、政府）が海外にもつ対外資産の増加分です。これが、①工場等の増加131兆円（直接投資）、②官民の金融機関がもつ海外証券の純増75兆円（証券投資）、③財務省が管理している外貨準備の増加90兆円です。(注5)

16年間の増加分である90兆円を加えた、政府の外貨準備の総額は16年末で148兆円（16年末のレート）に増えています。海外から輸入するとき、あるいは海外の証券を買うときに備え、財務省が保管している外貨がこれです。そのうち米ドルが65％ほどを占めています。われわれが米国株や米国債を買うとき、まず銀行でドルを買います。そのドルの多くは銀行が、政府の外貨準備から円で買ったものです。(注6)

米国の経常収支の赤字が増えるメカニズム

経常収支の黒字が続く中国、日本、ドイツでは、毎年、ドルの受け取り超過（米国にとっては資本流出）**が生じます。**これが政府の外貨準備や、金融機関や企業のドル保有の増加になります。図1-2として、米国の経常収支の赤字（２０１６年は４６９３億ドル）構造から、黒字国に外貨準備が増え続けるメカニズムを示しています。

①企業は、海外への輸出により、基軸通貨のドルを受け取ります。米国以外への輸出でも、国際通貨のドルを受け取ります。

②そのドルは、企業が自国での給料や仕入代金を支払うために、自国通貨に交換されます（輸出企業のドル売り／銀行のドル買い）。

③ドルの買いで銀行に増えたドルは、政府または中央銀行が自国通貨で買い上げているので

（注５）最近16年間だけでなく、それ以前からの分を累積した、わが国の対外資産は財務省の統計では９４８兆円です。内訳は、直接投資１５１兆円、証券投資４２３兆円、外貨準備１４８兆円、その他投資２２６兆円です（財務省：２０１６年末）。

（注６）一般にはなじみの薄い「外貨準備金」という金融の概念は、「輸入、海外の証券、不動産の買いに備えたもの」という意味です。世界の政府は、12兆ドルの外貨準備をもって、直接投資、輸入の決済、証券の買いに備えています。この外貨準備が増加するときは、ドルの超過買いになるためドルを上げます。

図1-2　米国からのドル流出と、世界のドル買いのメカニズム

❶基軸通貨国である米国の、経常収支の赤字
（ドルの海外への流出）
↓
❷対米輸出企業の、ドル受け取りの超過
（輸出国へのドルの支払い）
↓
❸輸出企業は受け取ったドルを、銀行で自国の通貨に交換
（ドル売り/自国通貨買い）
↓
❹銀行は増えたドルを、政府または中央銀行に売る
（ドル売り/自国通貨買い）
↓
❺政府・中央銀行は、銀行のドルを買い取って外貨準備としてためる
（ドル買い/自国通貨売り）
外貨準備は、輸入のとき必要なドルのストック

す（銀行のドル売り／政府、中央銀行のドル買い）。

米国以外での外貨準備の増加も、各国の政府・中央銀行によるドル買いが超過した結果です。外貨準備の大きな国は、1ドルを17年5月の110円付近として、①中国3・4兆ドル（374兆円）、②日本1・2兆ドル（132兆円）③サウジアラビア0・6兆ドル（66兆円）、③スイス0・6兆ドル（66兆円）です。ドイツは、ユーロ19か国との貿易ではユーロを使うため、ドルの外貨準備は1737億ドル（19兆円）とさほど多くありません。

世界の外貨準備は、12兆ドル（1320兆円）に増えています[注7]（2016年）。

【各国政府のドル買いは、米国のために必要なこと】

各国政府・中央銀行によるドル買いを、トランプ大統領が言うように「為替介入」とするなら、経常収支の黒字国は、為替介入をせざるをえません。赤字を続ける米国にとって、各国政府が行うドルの買い越し（＝自国通貨の売り越し）という為替介入は、**経常収支の赤字で海外に流出したドルの、米国への還流のために必要**なものだからです。政府でなくても、政府系金融や民間金融機関、あるいはファンドが行っても同じです。

このドル買いがないと、米国の経常収支の累積赤字の分、海外にあふれたドルが自己強化的に一斉に売られると、ドルが暴落するからです。

米国にとって、ドルが意図せず暴落すれば、海外からの資金流入が急減します。そうなると、海外からの資金流入が必要な米国経済では、金利が高騰し、既発国債は暴落して、苦境に陥ります。ドル安での輸出の増加は、1年から2年あとになるからです。いや、製造業がグローバル化した米国からは、ドル安になっても輸出の増加はほとんどないでしょう。[注8]

（注7）中国では、民間は原則として貿易で使う以外のドルをもってはならないとされています。日本では、外貨規制はありません。しかし、ドル保有が増えた銀行は、ドルのままでは国内で使えないので日銀にドルを売って円に変換しています。日銀はそれを政府に売って、財務省が管理する外貨準備になっているのです。なお、財務省は、日銀と銀行に対して国庫短期証券を発行して円を借り、その円でドルを買っています。税金ではなく国債発行でドル準備が作られているのです。外貨準備を政府の資産と見る人がいますが、その資産は同額の政府借入金で作られています。

基軸通貨（Key Currency）**を発行している米国**は、経常収支の赤字に相当する分のドルを海外に散布しますが、各国政府と金融機関がドル買いをしているため、金融収支では黒字になっています。

米国の金融収支の黒字（輸出超過国にとっては金融収支の赤字）とは、海外の政府・中央銀行が、自国に増えたドルを買い上げることです。**世界の政府・中央銀行のドル買いによって、ドルのレートは米国の輸出力よりも高く維持され、それもドル買いが続く構造**を作っているのです。

中国、日本、ドイツなど、黒字国の政府・中央銀行が行っているこうしたドル買いを、トランプ大統領は、「**自国通貨売り**（＝ドル買い）**でドルを上げ、自国通貨を下げるための為替介入**」と非難してしまったのです。

しかし、中国、日本、ドイツによるドルの買い増しがないと、ドルは暴落し、海外からのマネーの流入が必要な米国経済は、かつての基軸通貨国だった英国のように長期低落の苦境に陥ることになります。他の国際関係の面でも、トランプ氏にはこうした事実誤認が多いのです。

(2)ドルの矛盾：基軸通貨には通貨調整が働きにくい

国際通貨（基軸通貨）**となっているドルは、構造的な矛盾をもつ通貨です**。この本質を示すには、戦後の基軸通貨の展開を、短く振り返る必要があります。

46年前の**「金・ドル交換停止」**（1971年）のあと、2年しか続けることができなかった「スミソニアン体制」を経て、世界の通貨は**時々刻々、交換レートが波動する変動相場制**に移行しました（1973年）。

原因は、経常収支の赤字によりドル流出が増えて、外為市場でドル相場が下落を続けたため、米国が固定相場の維持（ドル買い／他国通貨売りが必要）ができなくなったからです。

米国から金の流出が続いた

73年前、ドイツ敗戦が決まった1944年、戦勝国（45か国）は、米国の片田舎のブレトンウ

（注8）ジョージ・ソロスがいう自己強化は、複雑系の経済の概念です。たとえば、中国が外貨準備としてもっているドル国債を売り始めるとします（ドル売り／元買い）。それを知った他の国も、「ドル安になる理由があるのではないか」とドルを売る。このドル売りが連鎖して買い手が減り、ドルが暴落することが、ドル安予想からの自己強化のメカニズムです。株価や国債価格でも、暴落のときは、安くなるという予想の自己強化が起こります。合理性の経済学では、価格は需要と供給の合理的な一致点としているため、非合理的なところまでの暴落とバブル価格への高騰をとらえることができない。このため、発生した金融危機に対しては、70年や100年に一度の確率とするテール・リスクという言葉で片付けているのです（リーマン危機のときの、元FRB議長アラン・グリーンスパンの言葉）。100年に一度のブラック・スワンともいっています。突然変異で黒い白鳥が生まれるのは、ごくまれだからです。しかし、累増する米国の対外債務から見て、ドル暴落はブラック・スワンのようにまれなことではなくなってきています。

ッズに集まり、国際通貨について協議しています。協議の結果、金との交換を保証するドルを基軸通貨（Key Currency）とした上で、各国の通貨とドルの交換比率を、固定するものでした（これを固定相場という）。**世界の中央銀行は、米国FRBに対して1オンスの金を35ドルで交換要求ができるとしたのです。**1オンスは31・1グラムです。わが国が単位としている1グラムあたりでは1・13ドル（当時の円レート360円換算で405円）という公定価格でした。

FRB（Federal Reserve Bank）は連邦準備銀行として、米ドルの発行量と金利の調節をしている中央銀行です。連邦とは50州が連携して作った国家です。**準備銀行**と今も言っている理由は、金を準備資産にし、海外に流出したドルとの交換に備えていたからです。**ドルは、FRBを通じて、金と交換できることで、国際通貨としての信用を獲得しました。**信用とは、通貨の価値（購買力）を守ることができることです。

ところが、1960年代にベトナム戦争の戦費をまかなうためにドルを増発したため、ドルは下がり、市場の金価格は1グラム1・9ドル（円では690円：1オンスは59ドル）に上がっていました（1963年〜1971年：田中貴金属）。金の公定価格と市場価格が、乖離していったのです。**過剰に増発された通貨はどんな通貨であれ、価値が下がります。**しかし、60年代の固定相場の中では、他の通貨との交換レートが一定（たとえば1ドルは360円）ですから、表向きドルは下落していないように見えます。しかし、**ドルの価値下落は、金価格の上昇という形で見えるのです。**事実、1963年から金は1グラムが1・9ドルと、公定価格の1・13ドルより70%も高くなっていました。

このため、対米貿易黒字により、ドルを超過受け取りしていた国（当時は欧州）は、ドルと金の交換要求を続けたのです。ＦＲＢに交換要求すると公定価格の１１３万ドルで金１トンが渡されますが、その１トンの金は、市場では70％高の１９０万ドルになっていたからです。ＦＲＢで金交換要求をすれば、１トンあたり77万ドルの利益が出ていました。

【米国から1万2000トンの金が流出した】

1971年までに、ＦＲＢからは1万2000トンの金が1グラム1・13ドルの公定価格でドルと交換され、海外に流出しています。戦後は2万トンだったＦＲＢの保有金は、８１３３トンにまで急減したのです（ＩＭＦ：ＷＧＣ）。その後、米国に二度と戻ることのなかった金は、欧州（ドイツ、フランス、スイス）に流れたのです。

ＦＲＢが今も保管するとされている８１３３トンの金は、米国政府からもその存在が確認されたことがなく、ＦＲＢは、米議会からの監査も拒み続けているので、**「金庫は空だ」**とも言われています。本書ではＩＭＦに申告された量を保有しているとします。世界の誰も見たことがない金だからです。

日銀が保有する金（７６５トン：営業毎旬報告には金地金《きんじがね》４４１２億円として表示）とドイツ中央銀行（ブンデスバンク）の金（３３７７トン）の過半、そして、産油国が貯めた金の多くは、カストディ勘定（保護預かり）として、米国FRBに預けられています。保管場所はケンタッキー州のフォートノックスですが、FRBがもつとしている金はドイツ、中東諸国、そして日本から預かったものかもしれません。

米国は**「預かっている金を核で守っている」**と言って、保有国には容易に渡そうとしません。日銀には、金ETF（上場投信）のような預かり証（ペーパーゴールド）があるだけです。（注9）

「金は、通貨の資産価値の担保になる準備通貨として重要」と考えていた米国は、金の海外流出を止めるため、一方的に「金・ドル交換停止」を発表したのです。

その後のFRBは、世界に向かって**「金は通貨としては無意味な金属」**と言い続けています。しかし、本当に無意味なら、交換を停止し、保護預かりをする理由がたちません。FRBの金への態度は、表と裏で今も矛盾したままです。経済学者のケインズには「金は野蛮な金属」とすら言わせています。

米国では、大恐慌後の1933年から1974年12月31日までの40年間も、国民の金保有と売買を禁じていました。政府がすべて買い上げ、ドルの価値の裏付けとして金を独占するためです。この行動からも金は通貨として価値があることを、米政府が認めていたことがわかるでしょう。このため、戦後のFRBは、ドルの裏付け資産として2万トンの金をもっていたのです。

2年しか続かなかったスミソニアン体制

1971年の金ドル交換停止のあと、米国はドルを切り下げ、2・25%の為替変動を枠とする準固定相場制（スミソニアン体制：1ドル308円）に移行しました。しかし、金の保証を失ったドルの増発と外為市場での下落（市場の金価格は上昇）のため、スミソニアン体制は2年しか維持できなかったのです。(注10)

財政赤字と貿易赤字により、1971年のドル切り下げにもかかわらず、米国は経常収支の赤

（注9）2017年5月29日の金価格は、1グラム4935円です（8%の消費税込み小売価格：田中貴金属）。1971年にFRBの公定レートで1グラム405円だった金は、円に対して46年間で12倍に上がっています。というより、価値を変えていない金に対し、米ドルとともに増刷され続けた信用通貨の円が、1／12に下がったというのが正しい。国際的な卸価格では、金は1オンス1266ドルです（17年5月29日）。米ドルは、金に対して1／36に減価しています。金とのリンクを失ってペーパーマネー（フィアットマネー、法定通貨ともいう）になったドルが増発された結果が、ドルの減価です。360円だったドルが、120円と1／3に下がったことと符合しています。なお通貨は中央銀行だけではなく、銀行は貸付金として、預金通貨を「創造」しています（後述）。紙幣は中央銀行が独占的に創造していますが、預金通貨は銀行が最初は貸付金として創造したものです。

（注10）米政府が決めたドルレートを維持するには、ドルが市場で下がったとき、「自国通貨の買い／他国通貨の売り」をしなければなりません。経常収支が赤字の米国には、他国通貨が不足し、これができなかったのです。米国にとっての外貨準備は、ドルではなく、当時のマルク（現在はユーロ）、英ポンド、円の外貨です。

字を続けたからです。その赤字の分増発されたドルは、海外にばらまかれます。赤字を原因にばらまかれた通貨は下がります。欧州ではこれが、ヨーロッパと中東を彷徨《さまよ》うユーロドルになったのです。

【現在の変動相場制への突入】

スミソニアン体制崩壊後、原油が5倍の11ドル（1バレル：159リットル）に上がった第一次石油危機（1973年）の混乱の中で、変動相場制に移行していきます。

これは外為市場での売買によって、ドルを含む世界の通貨レートが、日々変動する仕組みです。株価のように、売り超の通貨は下がり、買い超の通貨は上がります。

しかし、戦後の日本にとっては「米ドルが世界」だったため、ブレトンウッズの崩壊とスミソニアンの体制について、実感をもっている人はほとんどいません。当時は「世界は遠く、海の彼方」だったからです。

私の父は、貨物船やタンカーの船員でしたが、米国航路には3か月を要していました。リアルタイムで世界とつながる21世紀のインターネット時代とは違い、3か月の時間差があった世界でした。戦後の日本人にとって米国は、海の向こうの「理想国」でした。若いころ、自由の女神とウォール街の摩天楼を海からはじめて見たとき、これが、われわれが負けたアメリカだと興奮したと聞きました。

輸出入の時間差、通貨の売買の時間差は、経済情報の時間差でもあります。現在は、人々の心的な時間の速度が、何万倍もはやくなっています。テレビの世界中継も日常的で、リアルタイムです。１年の時間が短くなっています。80％の人が農業に従事していたとき、野菜やコメの成長で時間を感じていたため、時の流れは遅かったのです。

変動相場制とは

変動相場での為替レートは、政府間の協定で決めるのではない。

①通貨（金とのリンクを失った信用通貨）が他国より多く増発されること

②他国より金利が低いこと（イールドが少ないこと）

③経常収支の赤字（海外へのドルの支払い超過）

④人々が通貨安を予想すること

などの要因が重なって増幅されるという理由で、売りが超過した通貨は、買いが超過する通貨に対して大きく変動していきます。金とのリンクを失ったペーパーマネーのドルは、中央銀行の裁量《さいりょう》で増発ができるからです。裁量は、自分で決めることができる権限です。

預金マネーの創造は、銀行が行っている

以上のことに関連して、**マネーの創造（信用創造ともいう）についても示す必要**があるでしょう。

銀行の資産	銀行の負債
貸付金1億円	預金1億円

多くの人が間違った認識をしているからです。いや本当は、マネーの創造過程をあいまいにしか示さない経済学によって、われわれは間違った知識を植え付けられているのです。

一般には、通貨を増発するのは中央銀行とされています。確かに、紙幣は中央銀行のみが発行できるものです。しかし、われわれが預金している**民間銀行も、貸付金として預金通貨の創造を行っています。**銀行が創造できるのは紙幣ではない。**銀行システムの中の預金通貨です。**預金もマネーであり、通貨です。[注11]

銀行は、顧客からの預金を貸付金に回しているのではありません。預金通貨は、銀行から企業や世帯への貸付金として、創造されています。

【銀行の貸付金の増加が、国民のマネーサプライの増加である】

貸付金は、借りた人の預金口座に振り込まれます。銀行が1億円を貸し付けたとき、銀行の帳簿には、上のように記帳されます。

複式簿記では、**左側に書くのが借り方の資産の増加**であり、**右側に書くのが貸し方の負債の増加**です。筆者も、簿記を勉強したときに戸惑ったのがこれでした。よく考えると、この用語が正しいことがわかりました。**会社の資産(左側)**

は、右側に書く資産の所有者から借りたものだというのが、真義だからです。ここが簿記の本質でしょう。「学」がもつ本質は、いつも、初級または基本のところにあらわれます。

銀行の資産である貸付金は、預金者でもある借り手への債権です。負債は預金者の口座に貸付金として創造した預金です。これが預金通貨の創造、つまり、銀行によるマネー創造です。実務では、銀行でキーボードをたたいて、借り手の預金口座に数字を入れるだけです。まさにこのとき、預金通貨のマネーが生まれるので創造というのでしょう。

貸付金である預金は、支払いや送金という形で、連結された銀行の預金システムの中をめぐります。借入金が返済されたとき、創造されていた貸付金と預金が同時に消え、銀行が、新たに貸し付けたときに増えます。

本質的なところでは深い意味をもつ複式簿記は、14世紀のベネチアのユダヤ商人によって発明されました。資産と負債を対照させる複式簿記を使うと、預かった金（これが預金だった）と離れて、紙の証券であるペーパーマネーの創造ができたのです（15世紀、16世紀のベネチアの銀行）。複

（注11）「マネー＝紙幣＋預金通貨＋金銭信託」です。銀行が日銀の当座預金にもつものが準備預金であり、ベースマネーといわれます。ベースマネーは、わが国では、日銀が金融機関（銀行と生保および政府系金融機関）がもつ国債を買うことで、増発されています。日銀が調節できるベースマネーは、日銀とは取引口座がない企業と世帯の預金ではありません。企業と世帯の銀行預金は、預金通貨であり、紙幣（現金通貨）と合わせてマネーサプライといわれます。マネーサプライは、銀行が貸付金の増加によって創造しています。両者を区分できていなかったことが、量的緩和を推進したリフレ派（岩田日銀副総裁）の、インフレ目標との関係における失敗でした。

式簿記こそが、**資本**（株式つまりマネー）**の所有者が、会社が事業で上げた利益を得るための制度である、資本主義**を誕生させたというのは事実です。

資本主義は、会社（法人）が株式との交換で資本を預かり（借りて）、借りた資本で投資をし、製造や販売の事業活動を行って利益を上げる仕組みです。株主の資本は、銀行からの貸付金（優先債）と違い、返済のいらない負債（劣後債）です。返済がいらないかわりに、会社には、利益をあげて世間の金利率より高い率の利益金配当をする責任があります。

銀行が行っているマネー創造について書くと、資本主義の本質にも想いが及びます。資本主義システムの中で、銀行が行うマネーの創造は今日も、世界の銀行の複式簿記帳で行われています。ただし銀行は、預金マネーの創造を、中央銀行のように上限なく行えるわけではありません。

①中央銀行から**預貸率**（貸付金／預金）**の管理**があり、他の顧客からの総預金に対して一定の範囲でなければなりません。わが国の銀行の平均預貸率は75％程度です。

②さらには、借り入れした顧客が**利払いと返済ができる範囲**でなければならない。得られるであろう利益の中から利払いができないほど貸しすぎると、いずれ不良債権になって、銀行の自己資本を壊《こわ》すからです。

③そして、顧客が預金を紙幣で引き出すか、他行に送金するときに備えて、貸付金に対し中央銀行が決めた**一定額を、紙幣引き出しの準備預金**（当座預金）**として、中央銀行に預けておかなければなりません。**

この3つの制約があるため、可能な貸付金の総額には、上限が生じます。

銀行が預金マネーの創造をしていることを知っていれば、中央銀行が短期金利を上げた場合、銀行の貸付金の金利が上がり、貸付金額が減って、企業と世帯が使うマネーサプライの増加（これが通貨量）が収縮することまでが、理解できるでしょう。

銀行が貸付金として、預金通貨を創造するとはいっても、創造された預金通貨は銀行のものではありません。預金は、銀行にとっては負債です。創造された預金通貨は借り主のものであり、銀行の資産は、その預金通貨に対応する債権（貸付金：マネーの回収権）です。

金利の上昇が、金利がつく賃付金で増えたマネー量の縮小になることは、金融を理解する上で重要なことです。われわれが使っているマネーは、日銀が創造したベースマネーからワンクッションおいて、銀行が創造したものです。

【日銀がいくらマネーを増発しても、マネーサプライの増加にはならない】

また、2013年4月から異次元緩和に突入したわが国のように、日銀がいくら国債を買ってベースマネー（紙幣および銀行が日銀に預ける準備預金：443兆円：17年4月）を増やしても、銀行から企業や世帯への貸し出しが増えないと、マネーサプライ（企業と世帯の預金と紙幣：1286兆円：17年3月）の増加にはならないこともわかります。

わが国では、マネーサプライが年率で4％以上増えないと、需要主導（需要＞供給）によって物価が上がることはない。「異次元緩和」で、日銀が1年に80兆円の国債を買い上げているため、国債を売った銀行が日銀に預けている当座預金は、344兆円という異常な額に膨らんでいます（17年4月12日：日銀営業毎旬報告）。しかし、物価は上がっていません。**当座預金は銀行が日銀に売った国債と振り替わった預金であり、企業と世帯が、所有者として使うマネーサプライ（民間の預金）**の増加ではないからです。

しかし、一般には、銀行ではその預金額を上回らないところに貸付金の上限が設けられることが多い。貸付金が自行預金を上回るオーバーローンのときは、他の銀行から借りたコールマネーという負債が必要になります。

以上のことから、**預金が貸付金になっているという誤解**が生じたのでしょう。

【現代のマネー創造：イングランド銀行】

中央銀行ではなく銀行がマネーサプライの創造を行っている仕組みは、イングランド銀行が「**現代経済のマネー創造**（２０１４年Ｑ１）」として公開しています。経済学の教科書に書かれていません。**マクロ経済の教科書には、銀行は預金を貸し付けるとして、間違ったことが載っています。**

（イングランド銀行：http://www.bankofengland.co.uk/publications/Documents/quarterlybulletin/2014/qb14q1prereleasemoneycreation.pdf）

米国の経済学会の会長を務めたガルブレイスが、「マネー創造は、経済のあらゆる分野の中で、真実を隠す、または真実から巧みに逃れるために、それが暴露されないようにわざと複雑になっている分野のひとつだ（「Money, Whence it Came, Where it Went（1975年：マネーはどこからきてどこへ行ったのか）」と言明しているくらいです。

なぜ複雑にされたのか……国際金融マフィアの意思でしょう。マネーの国際的な流れを分析すると、マネー創造を銀行が行っていることにも気がつきます。

本書でいう通貨の増発は、

・中央銀行が、金融機関から預かっているベースマネー（銀行の準備預金）だけではなく、

・銀行預金になるマネーサプライ（企業と世帯の預金）の増加も指しています。

【基軸通貨は、米国が貿易黒字になるまでの下落はしない】

米国の経常収支の赤字とは、ドルが米国から流出することです。中央銀行、または銀行によって増発され、海外に流出したドルは、レートが下がると予想され、外為市場での売りが増えて下がります。(注12)

(注12) FRBがドルを増発しなくても、企業、他の銀行、世帯に対して、米銀による預金通貨の増発ができます。2008年までは、FRBの資産・負債（バランスシート）が同じ中で、ドルが増発されてきたのです。リーマン危機のあとは、FRBが4兆ドルを増発しました。

ドルが下がると、米国からの輸出価格も下がるので、1年後や2年後からは輸出が増えて、貿易と経常収支の赤字は減っていきます。**通貨安により、対外不均衡が調整されるのが変動相場制です。**

ところが基軸通貨は、米国以外の国では、輸入に備える外貨準備として政府が貯めておかねばならないのです。外貨準備のためのドル需要が、海外でのドル買い超過になるので、**ドルは貿易が均衡するレートには下がりません。**以上のメカニズムは後述します。

基軸通貨のドルがもつ、こうした構造的な矛盾はあまり指摘されていません。これが、トランプ大統領が「自国通貨を下げる為替介入」と非難するくらいドルが高い根拠になっているからです。

金とのリンクが切られた変動相場の中でも、基軸通貨を続けている米ドル

1971年の金ドル交換停止から46年、米ドルは国際通貨として変わりありません。**世界はドルを貿易の決済に使い続けています。**

1999年のユーロ登場前、欧州でもたとえばドイツとフランスの貿易でドルが使われていました。ユーロは、19か国が使う地域通貨です。ユーロ諸国とそれ以外の国の貿易では今もドルが多く使われています。日本と欧州、米国、アジア、中東、中南米の貿易は当然ドルでした。

【ドル基軸通貨体制を守るための米国の強弁】

しかし、ドルが金とのリンクが切れたペーパーマネーになったとき、**本来はドルに代わる新たな国際通貨が必要**だったのです。

ところが、対外負債と輸入にはドルを増発して渡せばいいという基軸通貨の特権を味わっていた米国は、**「ドルは、代わるものがない基軸通貨である。金は無意味な金属である」**と強弁して応じません。強弁とは、根拠と論理性のない自己正当化の主張です。

軍事、経済、政治力で超大国である米国の意思には、多くの場合世界が従属します。米国は、不公正とする貿易の制裁をする国内法（スーパー301条）も、日本や中国に対する制裁に適用しています。米国の決定を国際法と同等のものとして、世界は従属しています。2003年の中東戦争などの正当化もこれでした。国際機関の国連、WTO、IMFの決定も、トランプ大統領の

（注13）1945年に創設されたIMF（国際通貨基金）が、各国政府と中央銀行に対して発行している国籍のない通貨であるSDR（Special Drawing Right：特別引出権）が、その候補でした。SDRは米ドル41・73％、ユーロ30・93％、人民元10・92％、円8・33％、英国ポンド8・09％の比率で加重平均されたレートの通貨バスケットです。2015年に、GDPで世界2位になっていた中国が加わって円は比重を下げました。1SDRは160円くらいです。SDRは、現在、通貨信用の低いロシアなどの後発国の準備通貨の構成要素になっています。発行額は2041億SDR（16年3月：IMF）ですが、必要に応じて増発ができます。世界の通貨と交換ができるSDRを国際通貨にすれば、ドルは基軸通貨の特権を失いますが、世界が困っているドル基軸の矛盾は解消します。基軸通貨国の米国は経常収支が赤字でも、赤字分のドルを増発して渡せばいいという特権的な利益を得ています。

キャラクターなら軽く無視するでしょう。(注13)

国際通貨に対しては、世界の外貨準備としての超過需要があるため、ドルは買われ続けます。世界のGDPが増える以上に、貿易額は増えるからです。**世界のGDPの成長と、その成長率以上に増える貿易が、各国のドルの外貨準備の必要額を大きくし続けます。**

世界の外貨準備は世界貿易の増加とともに必要額が増えて、**年間の世界貿易（28・5兆ドル：3135兆円）の5か月分である12兆ドル**（1320兆円）に達しています。世界各国は、原油の備蓄のように、5か月間輸入できるだけの外貨準備をもっています。このうち、米ドルの構成比は65%から70%で、ユーロが25%から30%くらいです。全部をSDRに置き換えれば、ドルの構造的矛盾は解消します。

ドルに代わる基軸通貨はないという説も、嘘です。金融では銀行による預金通貨の創造を含め、根本的なところでの嘘が多い。その根底にある理由は、国策として行政の裁量権で上限なく増発できるペーパーマネーは、SDRや金本位より政府にとってはるかに都合がいいからです。

貿易と経常収支だけなら、変動相場の中にあるドルは、米国の経常収支の赤字が解消に向かう水準にまで下がります。米国からの輸出が輸入を上回るくらいにドルが十分に下がれば、**米国の対外不均衡（経常収支の赤字が続くこと）は調整されていくはずです。**赤字国の通貨は下がり、黒字国の通貨が上がることが、変動相場が備える調整機能です。

車の輸出入での具体例

もっと具体的にいいます。米国の赤字でもっとも大きなものは、米国での生活に欠かせない自動車の輸出入です。GM社の、銀歯をむき出したデザインのリンカーンコンチネンタルは、1ドル110円では、約600万円です。この価格では海外では少量しか売れない。このため、米国車の輸出は少なくなります。低価格で高性能な価値の高い車（商品価値＝性能・品質／価格）を作るドイツや日本からの輸入は多くなり、米国の自動車貿易は赤字になっています。

リンカーンが350万円に下がればどうか。トヨタクラウンで装備の少ないもので400万円付近です。クラウンより安い350万円なら、品質へのこだわりが世界一の日本人でも、買う台数が増えるでしょう。海外で買う人が増えれば、貿易は黒字になります。

350万円になるには、**ドルが63円付近に下がらねばならない（43％のドル安・円高）**。これが、車での購買力平価（通貨の購買力）でしょう。シンボリックな財である自動車ですが、1ドル63円なら、米国の貿易赤字（5022億ドル：55兆円：2016年）も解消に向かいます。海外での商品価格がほぼ半分に下がって、今は高い米国製品も競争力が出るからです。

最近、わが国でBMWやメルセデスベンツなどのドイツ車が増えていますが、これは、1ユーロが124円と、2008年の160円水準に対して23％安いからです（17年6月）。ユーロは、リーマン危機と同時だったユーロ危機後に、160円から100円に下がっています（2012

年）。２０１５年には１４０円台に戻しましたが、現在は１２４円付近です。このため、以前と比較するとドイツ車の価格が安く感じます。一方でドルは１１０円前後と、米国の輸出が増えるには高すぎるのです（17年6月）。

(3)ドルには、外貨準備としての超過需要がある

ドルには、**外貨準備としての海外からの超過需要**があります。基軸通貨であるドルの競争力が強いため、ドルは高く維持され、米国商品の国際競争力は弱くなっているのです。

各国の政府・中央銀行は、自国の民間で受け取り超過になったドルを買い上げ、外貨準備にしています。このため、**ドルは米国の輸出入が均衡するレートより高い状態**を続けています。**国籍がある通貨が国際通貨であると、このような構造的な矛盾が生まれます。**仮に円やユーロが基軸通貨であっても、それが国籍をもつためこの矛盾を抱えるのです。

ユーロは基軸通貨にはなりえず、域内の矛盾から崩壊に向かっていますが（後述）、仮になったとしても、現在のドルと同じ矛盾を抱えます。

なお、各国が金本位制に変われば、無国籍の金が国際通貨になるので、基軸通貨という概念は消えます。この金本位の仕組みについては、２章の最後の「金本位とはどんな制度か」と「円での金準備制の事例」の項で述べます。

【バンコールとIMFのSDRが基軸通貨として正当】

基軸通貨は、ケインズが提唱した**金本位のバンコールや、通貨バスケットであるIMFのSDRのような無国籍の通貨**でなければならない。ドル、ユーロ、元、円のような国籍のある通貨は、その国の経済と金融危機の事情から、常に増発され続けるからです。このため、基軸通貨の発行国は、経常収支で赤字を続ける宿命をもちます。

貿易が均衡するには、1ドル63円付近が必要なのに、買いが多いドルは110円や120円をつけています。構造とは、家にたとえれば土台の問題です。建て替えないかぎり、構造問題は続くのです。なお、1ドルが63円に下がると、輸出の増加からではなく、商品の輸入価格が上がって米国貿易は均衡するかもしれませんが、海外からの米国債売り、株売りによる暴落にともなって米国は金融面で苦境に陥ります。

逆に商品の対外競争力以上のドル高が続くと、米国の製品は海外では十分に売れず、輸入価格は安くなります。このため、**米国の貿易と経常収支の赤字は、ドルが基軸通貨であるかぎり続きます**。しかし、米国が経常収支の赤字を永久に続けられるかというと、そうではない。対外負債の増加という、債務の問題が生じるからです。

(4) 基軸通貨の買いによるドル高で、米国の経常収支は赤字が続く

図1-3として、1980年から2016年まで36年間の、米国経常収支の赤字をGDP比で示すグラフを示しています。ドル高の時期は米国からの輸出が減って、安い輸入が増えるため、経常収支の赤字が大きくなっています。その逆のドル安予想になった前後からは米国からの輸出価格が下がり、輸入価格が上がるということから、赤字幅は減っています。

1980年から1986年まで、米国の経常赤字が大きくなり続けていた理由は、

・1979年からの第二次石油危機を主因に、**消費者物価の上昇が13・5%**と経済を破壊するくらい高かったため（1980年）、

・当時のFRBの議長ボルカーが、インフレ退治のための利上げ（マネー量の収縮）をし、**長期金利（10年債の金利）は最高で15%**という高さになったためです。

高金利になったドルに対して、世界からドル買いが起こり、ドルのレートは高くなりました。1980年から85年までのドルは、円に対して226円から250円だったのです（現在の110円レベルの2倍以上）。

このドル高で米国の輸出は減って、ドイツ、日本、原油が高騰した中東の産油国からの輸入が

図1-3　米国の経常収支の赤字の継続：GDP比％

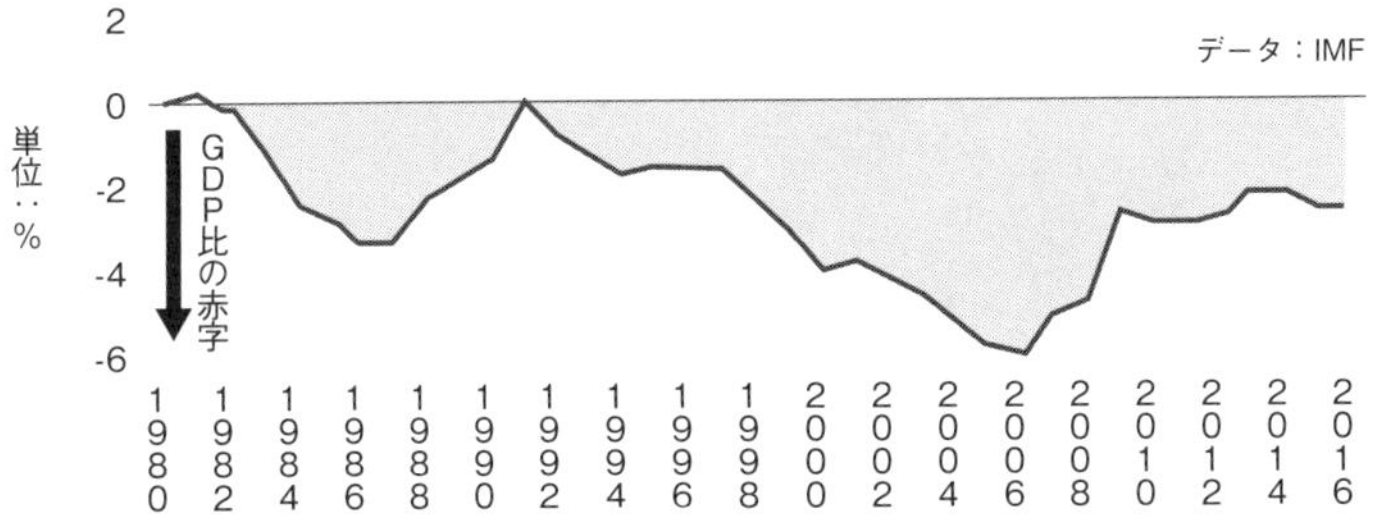

①1988年以降、GDP比の経常収支の赤字が減ってるのは、1985年にドルを切り下げた「プラザ合意」からドルの対外レートが1/2に下がり、ドル安で米国の輸出が増え、輸入が減ったためである。
②1992年からのドル高に向かった時期は、経常収支の赤字が、再び拡大。
③2008年のリーマン危機の前後から赤字が減ったのは、世界の通貨に対するドルの実効レート安が続いたため。2002年にはドルの実効レート130だったが、08年から14年には、ほぼ100を続けた。

増えました。１９８６年には、経常収支の赤字がＧＤＰ比で３・21％拡大しています。

原油は基礎的に必要な財であるため、高騰しても輸入は減りません。しかし、代わりがある車なら、ドイツ車や日本車も、米国車より価格が大きく上がれば輸入は減ります。この点で原油は特殊な財です。商品生産の動力を使う電力の節約は、困難だからです。(注14)

プラザ合意でのドル切り下げ

高金利がもたらした80年代初頭のドル高に困窮した米国は、１９８５年に、Ｇ５（米国、英国、ドイツ、日本、フランス）に呼びかけ、**ドルを１／２に切り下げるための「プラザ合意」**を結んでいます。以下の合意内容でした。

①Ｇ５は協調して、**ドル基軸の体制は維持**する。

②経常収支の黒字が大きな日本とドイツは、ドルを売ってドル安調整を行うことに合意する。

しかし、ドル基軸通貨を守るため、日本とドイツは**米国債を買い続ける**。

日本とドイツは、所有するドル外貨準備やドル証券の為替差損を甘受して、保有していたドルを売り、ドル安の調整を行ったのです。

目的は、国際秩序の維持に協力することでした。この場合の国際秩序とは、ドル基軸体制を指しています。国民に向けた政治的な用語では、意図的に曖昧《あいまい》な言葉が使われるので、米国の利益であるドル基軸を守るとは決して言いません。この調整により、1994年には、1ドルが102円の平均レートになるまでドル安・円高が進んだのです。

プラザ合意後に1／2のドル安になったことを主因に、輸出が増え輸入が減った米国の経常収支は、6年後の**1991年には、GDP比で＋0・05%だけ一瞬プラス**になっています。

世界の経常収支の黒字に対して、ほぼ1国で、世界のマネーを飲み込むブラックホールのように赤字を出し続けてきた米国の国際不均衡は、ドル切り下げのプラザ合意で是正されたのです。**ドルが1／2まで安くなれば、米国の経常収支の赤字も修正**されるからです。

一瞬の経常収支の黒字のあと、再び赤字へ

ところが、米国の黒字は1991年の一瞬でした。1992年から2006年の14年間、GDP比の経常赤字は最大5・82%（2006年）に向かって拡大していきます。

米国の金利は、1981年以降下がり続けていたのですが、

・1989年からの共産圏の崩壊が、米ドル圏へ取り込まれ、

・90年代には米国のIT株（マイクロソフトやアマゾンが代表：ナスダック）が3・1倍に高騰し、

海外からのドル買いが起こったからです。

貿易以外でのドル買いのため、プラザ合意から9年目の1994年には、100にまで下がっていた**ドルの実効レートが、2002年、2003年には再び130にまで上昇**しています。(注15)

ドルの実効レートが30％上がったので米国の輸出は減り、輸入が増えて、経常赤字が大きくなり、**2006年にはGDP比で5・82％という危機的な水準**に拡大したのです。

（注14）米国でのシェールオイルの生産は、米国の赤字を減らしますが、1バーレル（159リットル）の生産コストが40ドルから60ドルと高いのが難点です。一方で原油の生産コストは、英国で42ドルから45ドル、米国で36ドル、ロシアが17ドル、サウジやクウェートでは10ドル以下です。トランプ大統領は地下水を汚染する問題を無視して、シェールオイルの生産を拡充と言っています。生産費が低い原油は産油国の戦略で価格伸縮ができます。なお原油の決済通貨がドルであることも、ドル基軸が維持される有力な条件です。もし産油国が合同して決済通貨をSDRにすれば、世界の外貨準備はSDRになり、ドル基軸体制は終わります。米国が中東紛争に関与し続ける理由は、原油のドル決済を守るためです。

（注15）BIS（国際決済銀行）が作っている実効レートは、各国の通貨を貿易額の構成比で加重平均したレートです。ドル・円のような二国間だけではなく、世界の通貨に対する水準がわかります。実質実効レートでは、物価の上昇率（＝通貨の下落率）も加味されます。

２００７年から２００８年は、デリバティブ金融（証券化金融）が生んだ不動産バブルの崩壊を起点にし、**ＭＢＳ（不動産ローン担保証券）を代表とする証券化商品（銀行間の契約に基づく証券）が全面崩壊**しています。米国の金融機関の危機はドルの危機でもあったので、ドルが下落しています。このドル安のため、米国輸出の増加ではなく高くなった輸入が減って、ＧＤＰ比の経常収支の赤字は、リーマン危機後の２００９年には２・66％へと半減したのです。

その後２０１０年から２０１６年まで、米国はＧＤＰ比で２％から３％の赤字を続けています。戦後70年の平均での赤字は、ＧＤＰ比で２・５％です。

中国、ドイツ、日本を筆頭にした世界の経常収支の黒字（52か国合計で15・3兆ドル：２０１６年）は、赤字で1位の米国、２位の英国、３位のオーストラリアなど、残り１４０か国の赤字合計（15・3兆ドル：１６８３兆円）に対応しています。**赤字国から黒字国に向かっては、増発された米ドル（65％）とユーロ（30％）が流れています。**

中間まとめ

１９８０年から２０１６年までの米国の経常赤字を、推移と原因から見てきました。

ドルは、世界が貿易に使う国際通貨です。外貨準備としての買いが多く、米国の経常赤字を解消するレベルには、下がりません。**１／２に向かうドル安の時期に少しだけ短期的な改善はあっても、基本的にはドルが高いため、米国の経常赤字は続きます。**赤字分のドルは、米国ＧＤＰの平均2・5%の量で、海外にばらまかれ続けるのです。

マネーは、商品と逆方向に流れます。商品を輸出すればドルが入ってきますが、輸入すると出ていきます。米国の輸入超過とドルの海外流出というのは、同じことなのです。

(5)海外散布されたドルは、対外負債として累増している

米国は、戦後ドルが基軸通貨になってから70年、年平均では、GDP比2・5%の経常赤字を続けてきました。これはドル基軸が続くかぎり変わらず、今後も減ることはありません。戦後70年ですから、各年のGDPの2・5%が累積で175%になっているはずです。実際は、赤字の累積は、GDP、つまり米国世帯と企業の所得の173%に達しています（32兆ドル：2016年）。

・**日本は、GDPに対する政府の債務が230%という、財政破産に向かう問題**を抱えています（1248兆円：日銀資金循環表：2016年末）。

・**米国では対外債務のGDP比175%**が、日本の累積財政赤字のように増え続けるので、将来の金融危機を招くもとになるでしょう。世界にばらまかれた基軸通貨の信用危機は、世界の銀行危機であり、それは金融のシステミックな危機になるからです。米国のGDP比で2倍の対外債務が、危機への臨界点でしょう。

図1-4　米国の対外債務と資産（2016年）

対外資産　23.9兆ドル		円換算	GDP比
・対外資産	21兆7077億ドル	2389兆円	
・デリバティブ	2兆2090億ドル	243兆円	
対外資産　合計	**23兆9167億ドル**	**2631兆円**	**129%**

対外負債　32.0兆ドル		円換算	GDP比
・対外負債	29兆8786億ドル	3287兆円	
・デリバティブでの負債	2兆1477億ドル	236兆円	
対外負債　合計	**32兆263億ドル**	**3522兆円**	**173%**
対外純負債	**8兆1097億ドル**	**892兆円**	**44%**

（注）資産、負債とも、1ドル110円換算している。対外資産・負債では、証券投資と直接投資がおもなものになる。米国の名目GDPは、2016年では18兆5619億ドル（2041兆円）であり、対外純債務は44%に達している。四捨五入のため、縦計は一致しない。https://www.bea.gov/newsreleases/international/intinv/intinvnewsrelease.htm

銀行同士は、**デリバティブ契約と貸し借りで連鎖**しているので、大手一行の損失からくる決済不能が、2008年9月15日のリーマン危機のように瞬時に世界の銀行に波及します。これが「融通手形」と同じ構造から来る、銀行のシステミックな危機です。

米国の対外資産と負債

図1-4には、米国の対外資産と負債を示しています（2016年）。

- **対外資産は23兆9167億ドル**（2631兆円）、
- **対外負債は32兆263億ドル**（3522兆円）です。

米国の対外負債は、2016年のGDPに対しては173%です。経常赤字の70年分に、ほぼ一致しています。**32兆2633億ドルの対外負債は、利払いが増えるため、今後は毎年1兆ドル（110兆円）、増え続けるでしょう。**国債や債券の年間利払いを平均3%と低めにしても、海外に支払う利息分だけで、9600億ドル（106兆円）になるからです。利払いには、負債元本の償還は含まれません。この対外負債は、米国の経常収支が黒字にならないかぎり減らないのです。

【米国の対外負債は、ほぼ5年後に42兆ドル：ここが対外負債の臨界点】

米国は今から数年後には、37兆ドル（4070兆円）に膨らむ対外負債の利払いができなくなっていくでしょう。利払い分も追い貸しにより、追加の負債になり、対外負債が年間2兆ドル（220兆円）は増えるでしょう。企業でも同じですが、負債が大きくなると利払いによる負債も重なって増えます。

米国の対外負債が5年後に10兆ドル増え、42兆ドルになったとします。利率を3%と低めにしても、米国から海外への利払いは1・2兆ドル（132兆円）に達します（2022年）。**GDPが22兆ドル（2420兆円）に増えていても、GDPの5・5%の利払いはどの国でも無理でしょう。**このときGDPの約2倍は対外債務です。その時点では、**ドル信用はおそらく臨界点**に達し、1991年と98年のロシア、1983年のブラジル、2001年のアルゼンチン、2004年のベネズエラ、2010年のギリシャのような、**対外デフォルトという事態**が生じます。後述

しますが、戦後に対外債務をデフォルトした国は、世界で35か国と多い。(注16)

しかし、戦略国家の米国は、無策なために対外デフォルトにまでいくでしょうか。基軸通貨を発行している米国には、**「ドル切り下げという手段」**があります。

(6)米国は対外純負債をどう減らしてきたか

2001年の9・11(同時多発テロ)が起点になったイラク戦争当時(2003年)、ディック・チェイニー副大統領は、米国の対外債務についての記者の質問に対し、**「米国の債務が増えることの、何が問題か」**と一喝しています。冷戦終結のあと唯一の超大国として基軸通貨を発行してきた米政府の見解を、代表するものでしょう。

ドルが基軸通貨とされたのは、既述のように、1944年のブレトンウッズでの国際協定からです。金と交換できたドルを、世界は国際通貨として使います。しかし1971年に金とのリンクが切られ、73年から**変動相場になったあとも、ドルは基軸通貨**として使われました。

これは米国以外との輸出入にもドルを使うことの国際合意です。欧州、アジア、中東、ロシア、中南米、そして90年代から奇跡的な経済成長をして、**2010年代にはドル準備がピークで3・9兆ドル(2014年:430兆円)と、2位の日本の3・3倍も大きくなった中国**が加わっています。

1999年から欧州19か国は、域内貿易では共通通貨のユーロを使っていますが、ユーロ圏以外の世界との貿易では多くがドルを使います。

世界の外貨準備としてのドル需要は旺盛で、米国は**国際通貨のドル**を供給しています。ドル供給とはいっても、米国から貸し付けられたものではありません。赤字国の米国から輸入の対価として流出し、他国の政府、中央銀行そして銀行、輸入企業から買われているのです。経常収支の赤字分以外にも、世界が使う貿易通貨としてドルは米国から流出しています。

問題は、この**ドルの供給が米国の対外負債の増加**になることです。

米国の対外純債務は、ドル切り下げで減る

米国の対外負債は、自国通貨のドルです。図1-4に示す32兆ドルの対外負債は、ドル建てです。一方で**対外資産は現地通貨建て**です。たとえば、米英系の金融機関とファンドは、日本株の保有

（注16）通貨信用の臨界点も、複雑性の経済学が提供してくれる概念です。人々の集合心理が決める通貨の信用には、信用されなくなる限界があります。それは、［Y＝aX］が示す、右肩上がりの連続直線ではなく、水が0度で固体に、100度で気体に変化するような非連続的なものです。合理性の経済学には、通貨信用も負債額の倍数でとらえるため、信用が寄せられなくなる臨界点という概念はありません。しかし1・5倍や2倍信用が減るということは、実際にはありません。このため、国債や通貨は、不意に信用されなくなる臨界点をもっています。臨界点があるため、通貨価値が無になるハイパーインフレも起こってきたのです。

図1-5　1971年から2016年までのドル／円相場

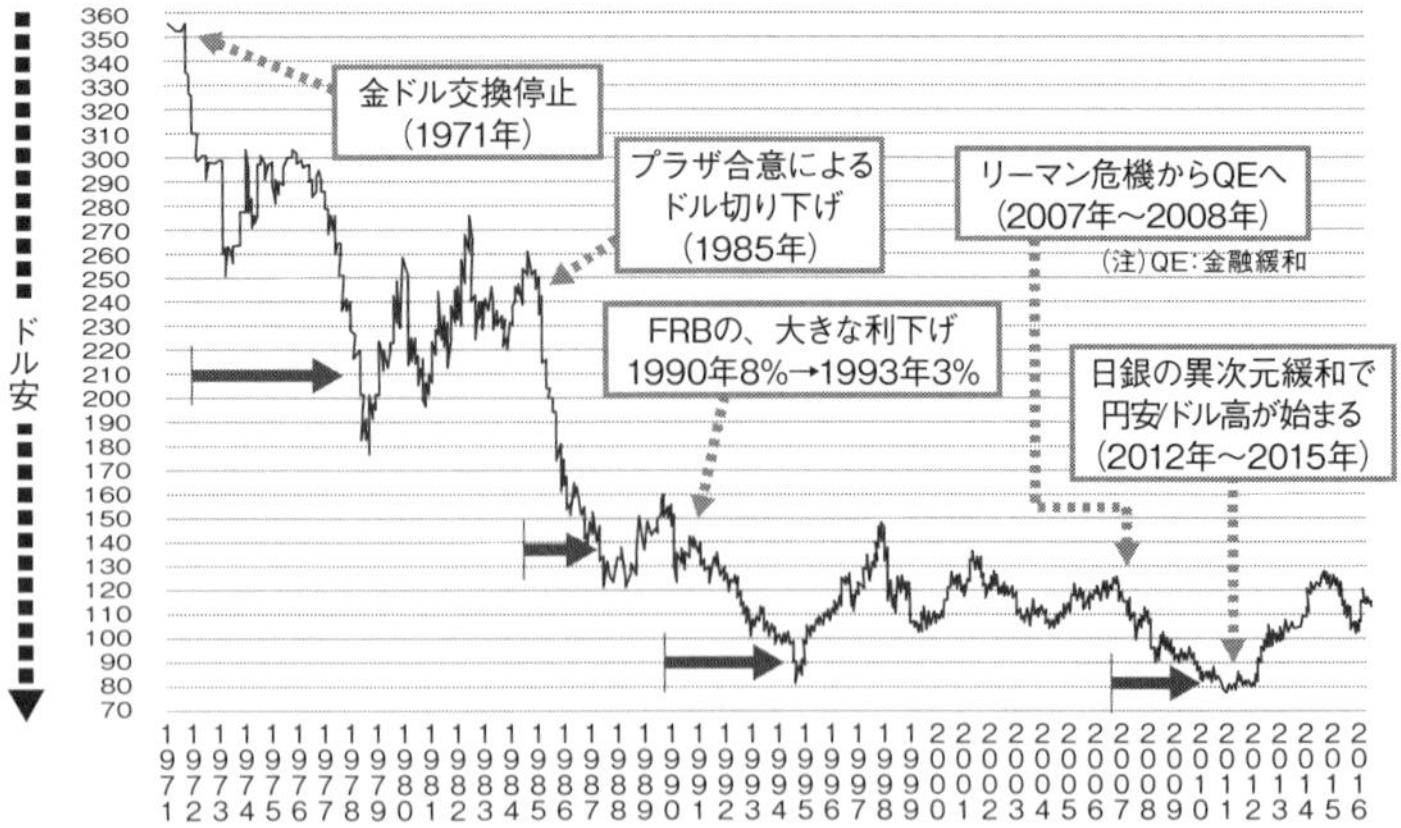

●周期的なドル切り下げにより、ドル安のときは経常収支の赤字は回復するが、経常収支の改善でドルが上がるため、その後、数年から約12年で、再び赤字が大きくなり、次の切り下げの時期を迎えている。
●1995年以降、ドルで切り下げまでの期間が2007年までの12年と長かったのは、旧共産圏のドル経済圏化と、中国の経済的な躍進でドル買いが増え、ドルが維持されていたからである。

シェアがほぼ30％で、時価では円建てで190兆円もっています。この対外資産と負債の構造のため、米国には、「プラザ合意（1985年）」のように**ドル切り下げを行う手段**があります。

図1-5で、1971年から2016年までの「ドル／円」のグラフを見ることにしましょう。

「金ドル交換停止」のあと、固定相場で360円だったドルは、7年後の78年には180円へと1／2に下がっています。金の裏付けを切って、増発の限界がないペーパーマネーになったドル信用が、下がったからです。

FRBは、**ドルの信用の裏付けは米国の財政**としています。しかし、その財政も90年代以降の日本ほどでなくても、赤字続きです。

国の利益にあたる**経常収支も赤字続き**です（7452億ドル：82兆円：2016年）。**赤字の分増発されるドル**は海外に散布され、最終的には外国政府、中央銀行、銀行に買われて対米債権になっています。ドルが買われるためドルは下がらない。

1971年から14年後の85年には、インフレ対策の高金利により1ドル250円付近のドル高になっていたドルに対して、**「プラザ合意」**が結ばれ、3年後に1ドル125円（1988年）と1／2に切り下がっています。

1990年からは、8％と高くなっていた**政策金利をFRBは3％（1993年）に向かって下げ**、金利が5ポイントも低下したドルは、160円から80円にまで、再び1／2になっています（円は2倍に上昇）。この時期は、FRBの利下げにより、イールド・スプレッド（対外金利差）が少なくなったドルの買いが減って、ドルが下がったのです。

【リーマン危機のあと】

2007年から2008年に、**ユーロの金融危機にも波及したリーマン危機**が起こりました。FRBは金融機関の救済を目的に**4兆ドル（440兆円：3回の量的緩和）のドルを増発**しています。

（注17）2012年末からは、日銀がインフレ目標を掲げて円の増発（4年間で300兆円）を行い、濃度が薄まった円は2008年の80円水準から125円まで円安になり、ドルが上がっています。本稿を書いている2017年6月のレートは、1ドル110円です。21世紀には、増発と低金利がその通貨の対外レートを下げるという相関が見えます。

増発されたドルはドルを薄めることになって、120円から80円水準（2012年）へと50％の下げを記録しているのです。FRBがドルを増発することは、食塩水に水を入れて嵩《かさ》を増やし、濃度は薄めることと同じだからです。濃度の下がった通貨は、価値が下がります。(注17)

・ドル安になれば、**現地通貨建ての米国の対外資産**は上がります。
・ドル安になっても、**ドル建ての対外負債**は名目額では同じです。

【ドル切り下げで、対外純資産が増えるメカニズム】

米国の対外債務は32兆ドル（3522兆円）、対外資産は23・9兆ドル（2631兆円）で、対外純債務が8・1兆ドル（892兆円）です（2016年：図1-4）。ドルが1／2に向かい切り下げられると、現地通貨建ての対外資産は、米国から見ると2倍の47・8兆ドルに膨らみます。たとえば、米国がもつ日本の株式も、円価格は同じでも、ドルでは2倍に上がるからです。

一方で、基軸通貨であるため、ドル建てである対外債務の名目額は、32兆ドルで変わらない。差し引けば米国は11・4兆ドル（1254兆円）の純債権国になります。

米国は、**1／2ものドル切り下げにより、1ドルも返済しなくても、現在の8・1兆ドル（892兆円）の対外純債務はなくなり、15・8兆ドル（1738兆円）の純債権国**に転じるのです。ドルの切り下げは対外純債務を減らし、その後のドル信用を高めるという矛盾した構造もあります。

海外が貿易に使うドルの切り下げは、返済をせずに、米国の対外純債務を減らす手段になります。得をする米国とは逆に、損をするのはドル建ての対外資産が多い国（日本、中国、ドイツ、スイス、産油国）です。

対外債務国の米国の利益と、対米債権国の損は等しい。**ドルが1／2も切り下げられれば、米国のドル建て債務が1／2になるのと同じです。**デフォルトした通貨の資産をもつ諸外国は損をすることになります。

ドル切り下げは周期的

米国は、対外純債務を減らすという目的を決して明言することなく、意図的に周期的にドルを切り下げていきました。

①戦後27年目の1971年は、**金ドル交換停止**（ドルは1978年までに1／2）
②14年後の85年には、**プラザ合意**（ドルは1988年までに1／2）
③5年後の90年からは、**利下げ5％**（ドルは1995年までに1／2）
④18年後の08年からは、**4兆ドルの量的緩和**（2011年までにドル下落43％）

08年のリーマン危機後の量的緩和は、米国にとっては意図しないものであったにせよ、金融機関の救済のために4兆ドル（440兆円）増発されたドルは、120円から80円へと43％下がったのです。（注18）

戦後70年で4回のドル下落により対外純債務を減らし、直後は対外資産が膨らんで純債権国になっています。平均期間は17年です。その間の、GDP比での債務の増加は［2・5％×17年＝42・5％］。対外債務が、前回よりGDP比で43ポイント（％）増えたころ、ドル切り下げの時期が来ているといえるでしょう。

トランプ大統領が知るべきは、米国こそがドル安を繰り返してきた最大の為替介入国であるという事実です。以上を示せば、どう反応するでしょうか。

対外債務が自国の通貨であることは、基軸通貨国の特権の1つです。基軸通貨国以外では、こうはならない。中国のように、ドル建ての対外債務が対外資産より大きい国は、ドルに対して自国通貨が下がると純債務が増えるからです。

戦後の対外デフォルト国

他の国は、自国の通貨が大きく下がるとき、ドル建てが多い対外債務が膨らむため、デフォルトに陥《おちい》ることが多い。戦後、対外デフォルトをしたおもな国と、年度を示しておきます。

オーストリア（1945年）、ポーランド（1981年）、ルーマニア（1981年、86年）、トルコ（1982年、87年）、ロシア（1991年、98年）、ブラジル（1983年）、チリ（1983年）、ペルー（1976年、78年、80年、84年）、ベネズエラ（1983年、87年、90年、03年）、アルゼンチン（1982年、89年、01年）、フィリピン（1983年）、インドネシア（1998年、00年、02年）、ギリシャ（2010年から恒常的）などです（海外投資データバンクより）。

戦後のデフォルトは、世界35か国に達しています。1国で複数回のことも多いため、1年に1回や2回のデフォルトが、どこかの国で起こっています。**国家のデフォルトは日常的**です。「今後はない」というのは、根拠のない希望です。

対外負債が自国通貨建てである米国は、世界の例外です。チェイニー元副大統領が「米国の対外債務の何が問題か」と記者を恫喝《どうかつ》したのは、**「米国は伝家の宝刀、ドルの切り下げにより（対外負債を踏み倒して）、対外純債務を減らすことができる」**という含意でした。ドルはこうした特権をもちます。

次の大きなドル切り下げは2022年⁉

米国は、戦後70年に4回、対外純債務を減らす目的の、戦略的なドルの切り下げを行っています（平均期間は17年）。今後も、対外債務がGDP比で43ポイント（％）くらい加わって、ドル信用が臨界点に達したとき、米国は切り下げという手段を使うでしょう。

それがいつかを具体的に言います。時期を言わない予想は、予想ではないと考えるからです。

（注18）日本が異次元緩和で円を増発した2013年からは、逆に50％のドル高／円安になっています。

2008年のリーマン危機のあと、9年経っています。米国のGDP比の対外債務は173%に増えました（2016年：32兆ドル：図1-4）。5回目のドル切り下げは、17年周期という観点からは8年後の2025年前後ですが、2022年に早まる可能性が高い。借金である債務危機には1年から3年のズレはあります。

改善しない経常収支の赤字と、債務が増えたことによる対外的な利払いの増加から、米国の対外債務は、今後、選挙公約の5年で5兆ドルには至らなくてもトランプ減税があれば、1年につきGDP比で平均3%以上増えるでしょう。

「3%×9年＝27%」です。**2025年には、米国の対外債務がGDP比で約200%**に達することから、世界が寄せているドル信用が低下します。その前の2022年に、5回目の切り下げの時期を迎えるでしょう。(注19)

ドル切り下げも、実質では対外純債務でのデフォルトです。しかし、基軸通貨に対しては、単にドル安としか言わない。切り下げのときは、ドル建ての対外資産（対外債権）を多くもつ国は、金融危機になります。その**一番手は日本（対外資産999兆円：2016年）、二番手が中国（外貨準備3兆ドル：330兆円：17年1月末：人民銀行発表）**です。(注20)

米国以外の政府、銀行、企業がもつドル建ての証券と資産が、ドルとは逆に上がる各国の通貨に対して下落するからです。米国が主導するドル切り下げは、**対外的にはドル資産をもつ他国に、損失を転嫁すること**でもあります。

基軸通貨国は、自国通貨の価値を守る義務を負っていますが、**本来の基軸通貨は、大きな価値変動があってはならないものです**。しかし、米国は戦後の27年間、ドルの価値を安定させていた金との関係を、1971年に一方的に切ったのです。世界は、これに異を唱えることはしていません。米国はいざとなったときはドル切り下げを実行する国家です。

直近のG20での、ドル切り下げ要求（2017年4月）

2017年4月21日に閉幕したG20（20か国の中央銀行と財務大臣の国際会議）で、**「裏プラザ合意」**と思える動きがありました。それは、米国がドル高の是正を強く呼びかけたことです。

前述のように、プラザ合意は1985年に、当時の、高金利が主因のドル高を是正したG5（米国、ドイツ、日本、英国、フランス）による国際協定でした。対米黒字がもっとも大きかった日本

（注19）次は、どんな手段でドル切り下げを正当化すると推計できるか。本書の半ばで書きます。

（注20）中国の外貨準備のピークの4兆ドル（2014年：440兆円）からの、約1兆ドルの減少は、経常収支の赤字からではなく、中国の民間の「元売り／ドル買い」に対して、人民銀行が、元安を1ドル7元以内にするため「元買い／ドル売り」で対抗したためです。2015年と16年に、民間が110兆円の元売りを行った理由は不明ですが、リーマン危機のあと、政府統計では6・9％から10・6％とされる中国のGDP成長率のかさ上げ（当方の推計では年間3ポイント（％））などから、元安を予想しているからと推測します。

とドイツが、ドル切り下げに合意してドル売りを行い、3年後の1988年にドルは1／2に下がったのです。ドル安（円高、マルク高）により、米国の経常収支は改善し、1991年には、つかの間の黒字になっています。

【政治・軍事面で対立している中国のドル買い】

2017年現在、対米貿易黒字の50％は中国であり、黒字の結果の外貨準備では2位の日本の約3倍の2・9兆ドル（319兆円）になっています。今度は、中国が主体になってドル売りをし、①ドル基軸を維持しながら、②ドル切り下げを行わねばならない。ここまでの合意があったかどうかまだ不明ですが、**合意があったとしても、1／2までの切り下げには向かわない**でしょう。ドルの、世界の通貨に対する実効レートは120なので、切り下げは20％から30％幅で、実効レート100付近がターゲットになると思われます。

いずれにせよ、**米国が対外債務（残高32兆ドル：3522兆円：2016年）の増加に悲鳴**を上げ始めています。増え続ける債務の利払いと、償還満期の国債を返済する資金繰りが大変になってきたからです。

FRBが**3度の量的緩和（QE：約4兆ドル）の縮小**に向かい始めているからでもあります。**トランプ減税**があれば、財政赤字（7854億ドル：86兆円：2017年予想）が大きくなるので、**国債のファイナンス（買い受け）のほぼ50％を海外に依存**している米国の対外債務は一層膨らみます。

米国にとって大きなドル切り下げが必要な時期は、対外負債の増加から想定される2022年を待たず、2020年や2019年に早まる可能性が生じてきました。

【中国のGDPが2倍になる】

ただし、仮にドルが1／2まで切り下げされると、元が2倍に上がる中国のGDP（11・8兆ドル）がドルベースでは2倍になったように見えます。**米国のGDPが19・4兆ドル、中国が23・6兆ドルになって、世界経済の1位が逆転**します。日本のGDPも円では同じでも、ドルでは2倍になります。

GDP世界一を降りたドルが、世界の基軸通貨と認められ続けるかどうか、この点が不明です。不明なことは、同じ人間の、通貨への認識と行動の歴史に頼って想定するしかない。

【戦前の基軸通貨だった英国ポンドの事例】

第一次世界大戦（1914年から1918年）前の基軸通貨は、**世界に英連邦を広げていた英国のポンド**でした。日銀も、ドルではなく金本位の英ポンドを準備通貨にしていました。しかし、英国は世界大戦で戦費を使い、イングランド銀行の金は米国に流出しました。その後、1929年からは世界恐慌を経て、1931年には英国の金保有が1／6に減っていたため金本位が維持できず、**基軸通貨のポジションは約10年で米ドルに移行した**のです。第二次世界大戦後、

1944年のブレトンウッズ会議からは金本位のドルが、当時、世界の中央銀行保有の70%にあたる**2万トンの金と世界一のGDP**を背景に、基軸通貨と認められています（ブレトンウッズ体制：1944年から1971年）。

今から3年後の2020年代には、地位が低下した英国ポンドの位置が、米国の対外債務の増加により、今の米ドルの位置になります。

歴史的なアナロジーでは、**2008年からのリーマン危機は1929年から33年までの米国発の世界恐慌に相当**します。リーマン危機が恐慌に至らなかったのは、FRBが緊急の量的緩和（3度のQE）として4兆ドル（440兆円）を増発し、事実上破産していた金融機関に供給し（貸し付けて）、続いてユーロ、円、元でも金融機関への同様なマネー供給が行われたからです。中央銀行が金融機関の信用を補ったのです。マネー供給の累積量は、世界で12兆ドル（1320兆円）でした。[注21]

【IMFのSDR】

次の大きなドル切り下げによって、**ドルは基軸通貨の位置から滑り落ち、国際通貨の多極化、あるいはIMFの通貨バスケットのSDR**（特別引出権）**とされる可能性**も生じるでしょう。

1980年以降、海外からマネーを借りること、つまり対外負債の増加によりGDPを増やしてきた米国経済の通貨ドルは、時期は措くとしても基軸通貨からは滑り落ちます。

戦後73年、空気や水、そして原油のようになっているドル基軸としての地位は、米国が世界に強制できるものではない。経常収支の黒字国［2016年：1位中国（2943億ドル）、2位ドイツ（1963億ドル）、3位日本（1910億ドル）、4位韓国（986億ドル）、5位スイス（789億ドル）］の企業が、輸出の対価として米ドルを受け取るという意思と、各国政府のドル準備制度（合計12兆ドル）という政策によって成り立っているからです。終わらない対外債務の増加から下がることが必然のドルは、**基軸通貨として不適合**です。基軸通貨は、価値の安定したものでなければならないからです。

(7)まとめと、グリーンスパンの金準備制度

1章では、基軸通貨のドルがもつ構造の問題と、それがどうなるかを多面的に、数値的な根拠をもって分析しました。ドルを基軸通貨として支えてきた日本は、ドル資産をもつかぎり2025年前後に起こるのが必然と思えるドルの下落がもたらす金融危機から逃れることはできません。

（注21）日本は2013年4月から2％のインフレを目標にした異次元緩和に突入し、4年間で320兆円の円を金融機関に供給しています。米欧のような金融機関救済ではなく、政府財政のファイナンスです。

【ゴールドの問題】

長期的な視点でのドルの下落をヘッジ（防ぐこと）できる通貨は、金です。金はドルの実効レートの下落と逆の動きをしています。金を買っている投資家からは、**ドルの反通貨**と見られているからです。事実、ドル危機やドル安が予想され、認識される時期は金が高騰しています。ドルが上がるときは、金は下がっています。

金は単に金属か、あるいは人々が通貨としての属性を認めるものか。金の通貨性には、異論のある方が多いでしょう。ＦＲＢは、通貨ではなく無意味な金属と言う。

ところが、欧州の中央銀行では、**「金は中央銀行の重要な準備通貨を構成する」**としています。金は通貨だという表明です。あるモノを通貨と認めるのは、人間の共通の意識をもつ社会においてです。チンパンジーの社会には食物の価値はあっても、通貨はありません。食物と代替できるシンボル（表象）を認めないからです。金属の金が、自分で通貨だと主張しているのではないのです。

準備通貨は、紙幣のもとになる、価値が安定した資産（ハードカレンシー）という意味のものです。戦後は2万トンの金を準備通貨にしていたＦＲＢ（連邦準備銀行がその名称）は、金ドル停止の１９７１年以降は、表向きでは**金は無意味と躍起になって否定**してきました。交換を停止したことから、その後は、金がＦＲＢの準備通貨であるとは言えないからです。

世界の政府が否定してきた金準備制度とグリーンスパン

日銀、政府、エコノミスト、そして、われわれはFRBの主張に加担しています。しかし、金融のマエストロと讃えられていた前々FRB議長のグリーンスパン（任期は1987年～2006年の19年間）は、金本位論者です。**「金と経済的な自由」**という論考を今も公開しています。金融論のスペシャリストとして書き、論理性があるので、翻訳して要旨を示します。「Gold and Economic Freedom」 http://www.321gold.com/fed/greenspan/1966.html

「金準備制度（金本位）では、経済を支える信用通貨の量（マネーサプライ）は、物理的な資産で決定される。通貨は一定の金への請求権になるからである。

政府が発行する国債では、金のような物理的な富は、担保にはなっていない。政府は国債の償還を約束している。この約束が担保である。しかし、税収の不足が続くと、金融市場が買い受けきれない量の国債発行が膨らむ。この場合、国債の金利はどんどん上がっていく（既発国債の流通価格は下がる。金利が大きく上がる中では、国債は担保になりえない）。

金準備制度では、財政赤字と国債の発行が制限される。金準備制度の放棄は、戦後の政府に、**銀行システムの中の信用通貨（マネーサプライ＝紙幣＋預金）**を、**際限ない量にまで発行できる手段**を与えた。現在、信用通貨の発行のときの準備資産は、国債という紙の資産になっているからである。

銀行は、国債を（価値の変わらない安全資産として）金の裏付けがあったときの預金のように見て、買っている。**国債の所有者、およびペーパーマネーが準備金になっている銀行への預金者も、預金が資産への正当な請求権をもつと信じている。**

真実を言えば、現在の信用通貨の総量で請求できる経済的な財は、存在しない。ここでも、需要と供給の法則は、無視すべきではない。**信用通貨（ペーパーマネー）の供給量が、経済の財の総量より大きく増えれば、最終的に物価が上がる**（物価が上がることは通貨と国債が下がること）。企業で、財の生産活動に従事する国民が、所得から貯めた預金は、経済的財に対していずれ価値を失う。

国民経済の貸借対照表がバランスする時期が来ると、経済的な財の多くが、銀行の信用の拡張（預金という銀行にとっての負債の増加）で買われた国債によって、すでに消費され、存在していないことが明らかになる。これは、国債と歩調を合わせて増えてきた信用通貨（紙幣と預金）に対する、財の不足である。これが、われわれの**目に見える形では物価の高騰になる。**(注22)

金準備制度でないとき、われわれの預金が、インフレの形をとった税（インフレ税）で、政府から徴収されることを避ける方法はない。もしわれわれが、銀行の預金を金に変換しようとすれば、政府は、ただちに金保有を禁止するだろう。そのとき、銀行預金は、財との交換での価値（商品の購買力）を減らすことになる。政府は、赤字財政の必要から、ペーパーマネーの所有者が自分の資産を守る手段を禁じている。

以上が、政府が、金を口汚くののしることの、卑劣な秘密だ。政府の財政赤字は実際、信用通貨（紙幣と預金）の価値を、あからさまに減らしている。

金は、政府によって（マネーの世界からは）焼却されるプロセスにある。金の所有こそが、国民が正当な財産権を守る手段である。人々が以上のことを知れば、政府が金準備制度を否定しつつ、金に対して強く反目し続けている理由がわかるだろう。金は、われわれの経済的

（注22）グリーンスパンはここで、［M（マネーサプライ）×V（流通速度）＝P（物価）×T（実質GDP）］の、アーヴィング・フィッシャーが唱えた交換方程式の意味を言っています。マネーサプライが増えても、世帯と企業が預金を増やすことに精励しているときは、マネーの流通速度が低下し、需要不足になって供給が需要を超過して、物価の上昇は起こりません。これが、日銀の異次元緩和で、4年間で320兆円ものベースマネー（当座預金：銀行が日銀に預ける準備預金）が増発された、日本の現状です。銀行の貸出増加率が2・1％と低く（2016年）、このベースマネーの大きな増加が、マネーサプライを増やしてはいないからです。しかし、物価の上昇予想から、預金が多く使われるようになると、マネーの流通速度（回転率＝商品の購買に使われる通貨量／預金通貨：回転率の上昇は金利の上昇）が速まり、需要＞供給になって、インフレに向かいます。わが国では1980年代から、ほぼ年率4％でマネーの流通速度は低下する傾向があります。従って、マネーサプライの増加が4％のとき、物価上昇がほぼゼロです。しかし、マネーサプライの増加は4％より低い3・6％でしかなく（日銀：M3：マネーストック：2017年2月）、需要主導では、物価は上がっていません。物価が上がるのは、円安や原油価格上昇で輸入物価が上がったときだけでした。

（注23）括弧内は、筆者が補ったものです。

な自由には欠かせない。(注23)

半世紀前、強い調子でグリーンスパンが言ったのは、政府は、中央銀行が限界なく増刷できるペーパーマネーによって財政の赤字をファイナンスしている。FRBは、それができなくなる金準備制度を、口汚く罵っているということです。1971年に金準備を突然やめたFRBは、事実、その後、**「金は通貨の価値を保証するものではなく、無意味な金属」**と言い続けています。ペーパーマネーには、**信用通貨、管理通貨、フィアットマネー**(法が流通を強制する通貨)という3種の呼称がありますが、全部同じものです。わが国では信用通貨、米欧ではフィアットマネーが一般的です。

グリーンスパンは、FRBの議長在任中はFRBと政府の立場に立ち、**90年代の金を無価値にする政策を推し進め、**マネー量を増やす証券化金融のデリバティブの規制も行わなかったのです。しかし、辞《や》めたあとは金本位論に戻り、FRBが創《つく》ったペーパーマネーの無価値について金業者のサイトで発言しています。

共産主義者がウルトラライトになる転向は、わが国でもしばしば目にしてきました。思想は徹底すれば通底しているからでしょう。官僚、銀行、大企業の社長になる人が多かった東大や京大の経済学部も、1950年代と60年代には、マルクス経済学が幅を利かせていました。マルクスを読めば共産主義者ということではない。明快でロマンティックな筆致の「資本論」は、面白さの点で、ケインズの「雇用・利子、および貨幣の一般理論」を上回ります。この一般理論の記述は、専門家にも難しすぎるのです。

次章では、1994年からドルを買うことで、円と産油国通貨とともに**ドル基軸を買い支えてきた人民元**について書きます。90年代半ばから世界に登場した人民元をめぐる事象から、論理的に推理すると、**人民元は金準備制度への狙《ねら》いをもっている**と思えるからです。どの国も、政府が通貨戦略を言うことはないので、論理を使った推理しか手段がないのです。

2章

1994年が起点になった人民元の躍進

(1) 開放経済に向かうときの人民元の戦略

ドル基軸の体制を支えてきた日本とドイツそして中国

1971年の金ドル交換停止後、ドル基軸体制を支えたのは、まず**日本**、**次にドイツ**、**産油国**です。**中国**は1997年から経常収支を黒字にし、2005年には日本とドイツを超えるドルの買い手になっています。

基軸通貨の体制は、法や国際条約によるものではない。貿易と経常収支の黒字の対価として、

受け取る側がドルを選択することが基軸通貨の根拠です。輸出と輸入をする企業が、ドル決済に合意しているのです。

図2-1に1980年から2016年までの経常収支の三大黒字国（日本、ドイツ、1997年からの中国）と、赤字の米国を示しています。黒字国には、赤字国からドルが流入しています。中国の黒字は、2005年に日本とドイツを超えています。

リーマン危機からは、中国の対米輸出が急減し、ユーロ内貿易が約半分のドイツが1位になっていますが、2016年は再び1位になっています。

世界196か国のうち、**黒字国は49か国です**（2016年：IMF）。それに対する赤字国は130か国で、赤字の合計が1兆1481億ドル（126兆円）です。赤字の1位は、言うまでもなく米国（4629億ドル：51兆円：2016年）で、**米国だけで世界の赤字の40%**を占めています。赤字の2位は英国（1533億ドル）、3位がカナダ（510億ドル：同年）です。（注1）

経常収支黒字国では、ドルの受け取りが超過します。そのドルは、国内の銀行と中央銀行のド

（注1）直近2016年の年間黒字上位10か国は、①中国3306億ドル（36兆円）、②ドイツ2842億ドル（31兆円）、③日本1355億ドル（15兆円）、④韓国1058億ドル（12兆円）、⑤台湾761億ドル（8兆円）、⑥スイス758億ドル（8兆円）、⑦ロシア690億ドル（8兆円）、⑧オランダ644億ドル（7兆円）、⑨シンガポール579億ドル（6兆円）、⑩イタリア399億ドル（4兆円）です。

図2-1　日本・ドイツ・中国の経常収支黒字と、赤字の米国（1980年～2016年）

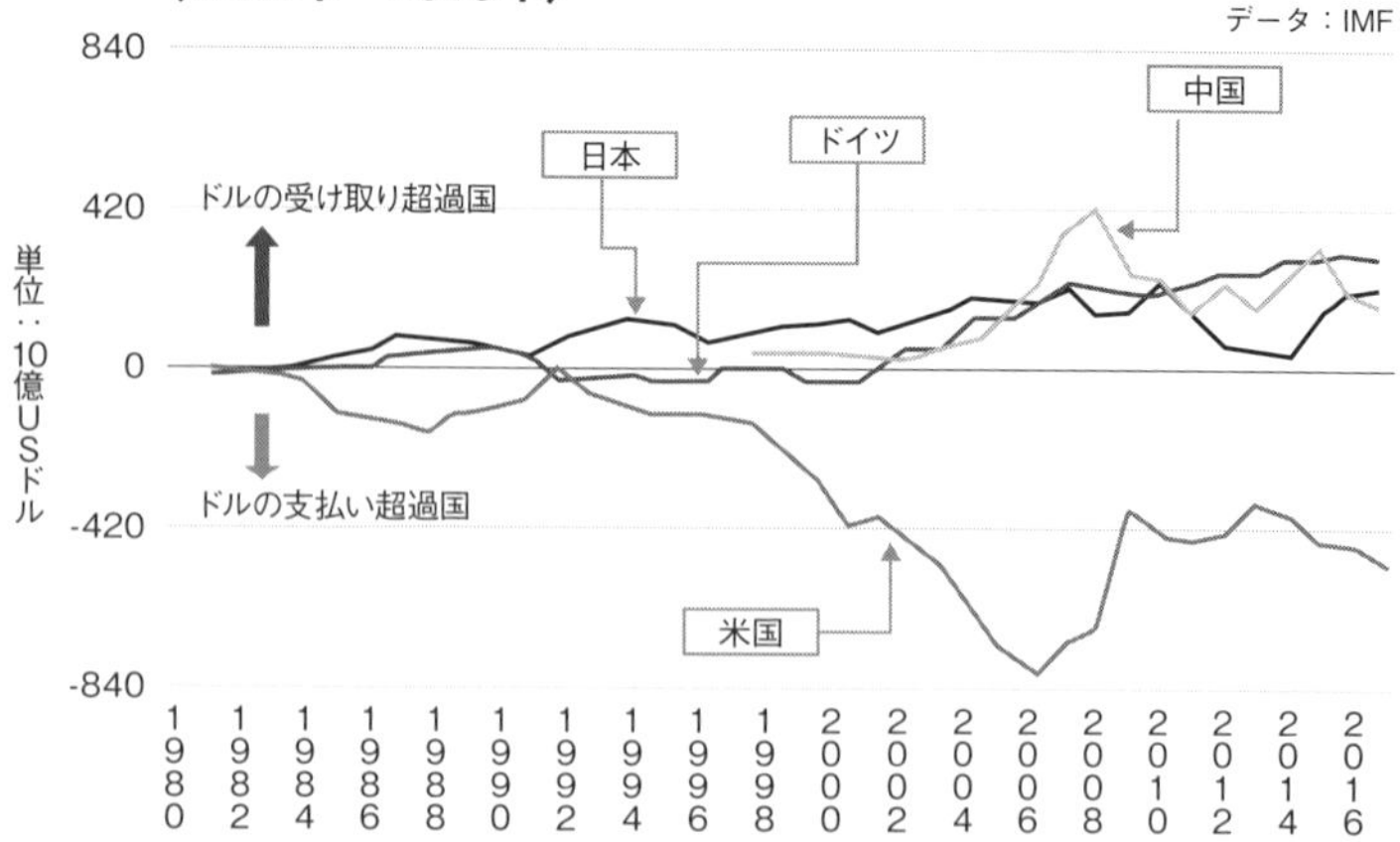

ル買い超過になり、それが、対外資産と外貨準備の増加になります。

【日本の後退と中国の台頭】

2003年までは首位だった日本は、中国、韓国、台湾の台頭により順位を下げました。中国、台湾など、アジアの現地工場に部品を輸出して組み立て、製品を米国や欧州に輸出する**三角貿易**が増えたことと、輸入国内での**現地生産の増加**のためです。

中国には、1年にほぼ1000億ドル（11兆円）の外資企業が進出しています。実は、中国からの輸出の約50%は、日本、米国、ドイツ、台湾、香港の外資企業が占めているのです

中国、ドイツ、日本、アジアの工業化国にはドルの受け取り超過があり、政府または中央銀行がそのドルを買って、外貨準備として増やしている構造がドル基軸体制を支えています。

ドイツは、2000年から統一通貨ユーロを成立させ、輸出額の半分くらいをドル通貨圏から逃《のが》れました。ユーロ19か国間では、ユーロが決済通貨だからです。

日本は、米ドル以外へ通貨構想をもちません。米国に国土の防衛を依存してきたことから、**1971年と1985年の2度のドル切り下げ**（ドルの価値は円に対して1／4）で損をしたにもかかわらず、基軸通貨としてドルを支えてきたのです。軍事的に衝突したとき、貿易は停止し、敵国の通貨を基軸通貨とすることはありません。通貨戦略は経済の中の政治ですが、政治の面ではわが国は米国への従属を続けています。(注2)

自由主義経済圏への中国の登場

1994年から**ドル準備制をとって通貨武装**をし、世界に登場したのは世界人口の20％の12億人を擁する中国です（現在は13・5億人）。当時の元は、0・12ドル、円では11円付近でした。

中国は、1980年代から共産主義を維持する中、深圳《しんせん》を代表とする5つの**経済特区**と、上海を筆頭に14の沿岸都市に**経済技術開発区**を作る**一国二制度**として、**資本主義化**を図っていました。

（注2）2010年に、ASEAN（東南アジア諸国連合）に対し、ナイーブなわが国の民主党がアジア共通通貨構想を呼び掛けていましたが、矛盾をもつユーロよりはるかに経済・雇用・所得・税制・文化が違いすぎるため、成立しません。日本はドイツとなら連合できるでしょうが、その発想は双方にありません。ドイツは19か国にユーロ圏を作っているからです。有効なのは、2009年に中国がG20で提案した無国籍通貨、IMFのSDRです。

経済的な躍進は、1992年の鄧小平の「南巡講話《なんじゅんこうわ》」から加速します。先富《せんぷ》の思想とも言われます。先に開放した特区から富んで、続くものを支援せよということでした。

計画経済からの開放は、中国独特の言葉であり資本主義化のことです。共産党の国家では、体制を否定する資本主義という言葉は、今でもタブーです。資本主義は、会社の利益を労働者の成果とする共産主義ではなく、資本（株式）に帰属するとする制度です。労働より資本を重んじるという意味での資本主義。

世界人口の20%を占める中国には、先進国の賃金の約1／30（当時）でしかなかった労働力が豊富でした（2016年現在は上海の最低賃金は、月2190元（3・3万円）：10年で2・5倍の割合で成長）。**資本と技術は米国、欧州、日本から導入し**、外資を誘致して合弁企業を作り、現場に中国人の労働力を供給するという方法です。

香港のすぐ北の、経済特区でもっとも成長した深圳《しんせん》の人口は当時30万人でした。2017年には、47倍の1400万人に増えています。人口が10億人だった内陸部の農村の10代が、省政府から労働許可をもらい、長距離列車で沿岸部の工場に行き、ベルトコンベアの前に座って8時間の定型作業をして、工場敷地の寮の一部屋に10人も住み、生活はつつましく、故郷の両親に仕送りをしていました。農村部と都市部の賃金格差が5倍から10倍と大きかったからです。彼らは**「省外移民」**でした。

90年代の経済成長率が下がっていた西側世界は、中国に巨大な**潜在力があるフロンティア**を見いだし、進出したのです。23年前ですが、つい最近のことにも思えます。成長と都市の変貌《へんぼう》が速かったからです。

中国の都市は、設備投資が3年で倍に増え続けたため、3年で一変しています。中国からの調達を成長源にしたユニクロやニトリが、商品の企画生産を始めたときでした。あらゆる事業では、他社よりも将来を想定して先行しなければならない。チャンスと見て多くが参入し、結果として横ならびになったとき、**商品価値での差異化が生む利益**は消えているからです。

【1994年以降のGDP成長は14・6%】

2016年の中国GDPは、日本の2・4倍の11・3兆ドル（1240兆円）です。開放が緒《ちょ》についた1994年のGDPは、5664億ドル（62兆円）にすぎませんでした。その後22年で20倍、**1年平均の成長率は14・6%**です（ただし2008年以降は、3%程度のかさ上げがあるでしょう）。これほどの成長は、世界史上中国だけです。日本でも、生産性が低い農村人口が工業化する**人口ボーナスの時期**は、年率二桁の高度成長をしていました。

【中国と対照的にゼロ成長になった日本】

わが国では1960年代の10年間で、**1人当たりの賃金は約3倍**に増えています。世界からは奇跡の成長と言われていました。1968年にGDPで世界2位になり、70年代には先進国グループに仲間入りした日本では、90年からの資産バブル崩壊後、生産年齢人口が1995年に8716万人でピークアウトしたことも加わって、GDPの**成長は止まっています**。働く世代の人口は、2015年には7708万人へと、20年で1008万人（マイナス12％：年平均50万人）も減っています。完全雇用といえる失業率2・8％（17年2月）から来る現場労働の不足は、2060年に向かい、**生産年齢人口**（15歳から64歳）**が平均年率で73万人減り続けていることが主因**です。(注3)

(2) 物価が1800倍に上がって失敗したロシアの先例

開放に向かう中国の第一の課題は、**共産主義の時代に過剰発行されていた人民元**でした。元は政府が発行し、**国債のように返済と利払いのいらない政府紙幣**だったからです。

国民は全員が公務員であり、増発されていた政府紙幣を受け取っていました。所得税の概念はない。政府の収入は、国有企業の利益でした。企業と農場は全部国有だったからです。しかし、それでは軍事費を含む財政支出が不足したため、国債の代わりに政府紙幣が増刷され続けていたのです。

【無税国家と政府紙幣とインフレ】

共産主義の政府は、国有企業や国民から、税を徴収しません。**政府の事業は、政府に属する国有企業**（中国では単位という）**が代行**していました。**外形では、無税国家**です。しかし、必ず政府紙幣は過剰発行されるので、内在的なインフレが生じます。

物価が上がるインフレは所得として受け取った通貨の、価値の下落（購買力の低下）です。**通貨価値の低下の分が、実質的な税**（インフレ課税という）になります。

100ルーブルで買えた商品が、5年後に3倍の300ルーブルに上がったとき、200ルーブル分が実質的なインフレ税です。元でも同じです。なお、政府とはGovernment、つまり国王の体制の封建政体であれ、首長を選挙で選ぶ点だけが違う民主政体であれ、国民を統治する機構です。

政府紙幣の過剰発行から生まれるインフレは、国民の所得を目に見えないインフレ税として収奪するものでした。マルクスは、資本主義を労働者から搾取する仕組みと非難しています。しか

（注3）わが国の生産年齢人口7708万人のうち、働く人は6648万人で、労働力率は86%です（2015年）。この労働力率は、高齢者と女性の就労率の増加（2015年は両方で+84万人）で少し上がってはいますが、限界があります。わが国の実質GDP（世帯と企業の実質所得）が今後増えるには、1人あたりの生産性の上昇を図るしかありません。GDP＝1人あたり付加価値生産性×労働者人口、だからです。中国も、2011年の生産年齢人口9・4億人を頂点にして、23年は9億人以下に、50年には6・5億人に減少します。中国の、人口ボーナスによる成長期は2010年代に終わっています。なお退職が60歳と早い中国の生産年齢は15歳から59歳です。

し現実の共産主義国家では、政府が裁量で行える紙幣の過剰発行により、国民の所得をインフレ税として収奪していたのです。日本共産党は、この歴史的な事実をどう考えているでしょう。(注4)

【ロシアのハイパーインフレは1800倍だった】

中国にとっての近い先例は、**1991年に崩壊したソビエト連邦**（民族では15か国）でした。

共産主義の時代のルーブル紙幣を引き継いだロシアでは、

①**計画されたものが生産**され、**生産されたものが販売**されたとしていた国有企業および国営農場で、ソ連崩壊のあと**生産力の低下**が生じました。民営化の過程で、国有企業の経営が崩壊していったからです。

②このため、**過剰発行されていた政府紙幣のルーブル**を原因に、物価統制がはずれたあとの物価では、**92年から1800倍のインフレ**が起こったのです。商品生産力に対して、政府紙幣のマネーサプライが多すぎたからです。紙幣の枚数ではない。旧1ルーブルの紙幣に印刷された金額が1000ルーブルになっていたからです。

共産主義の体制では、国有企業と国営農場の給料と年金は、政府が支払います。ルーブルは、**財政赤字分の発行が増える政府紙幣**でした。1992年には1ルーブルだったパンが、6年で1800ルーブルに上がったのです。消費者物価の上昇は92年25倍、93年9倍、94年3倍、95年2・3倍、96年1・2倍、97年1・1倍でした。(注5)

【ルーブルは1／1000にデノミ】

ロシア政府は、ハイパーインフレを抑えるため、**1998年に、旧1000ルーブル紙幣を、新しく刷った1ルーブルと交換するデノミ**を行っています。共産主義時代の預金と年金は1／

（注4）封建体制の江戸幕府が崩壊したあとの明治維新の日本も、税制が整っておらず、明治政府は太政官札（政府紙幣）を、4800万両発行して財政支出をまかなっていました。1871年（明治4年）には、新貨条例で「1両＝1円」としました。しかし、その後、西南戦争（1877年）戦費として4500万円の明治通宝（政府紙幣）が増刷されたため円が過剰になり、1石（160kg）の米価5円30銭が、3年後の1880年には10円57銭に上がり、100％のインフレになっています。国民の実質所得は、1／2に下がったのです。1882年（明治15年）には、大蔵卿松方正義により日本銀行が設立され、新しい円を金本位にして、過去の政府紙幣を1／2に切り下げたため、維新インフレが収まっています。明治の近代化成長は、円切り下げ（デノミ）から始まっています。なお、明治時代中期からの1円は、現代ではおよそ1万円の感覚です。夏目漱石の、東大英文学教授時代の給料の30円は、30万円に相当します。わが国の明治初期の事例は1994年から中国が政府紙幣をなくし、ドル準備により新元を発行した「人民元改革」とそっくり同じです。まさに歴史は繰り返す、過去とは違った形をとって、です。

（注5）記憶のある人はほぼ亡くなっていますが、敗戦後の日本も、戦前に比べ消費者物価で300倍のハイパーインフレを経験しています（1945年からの3年半）。このため、銭（100分の1円）を廃止して円にし、円の購買力では1／100への切り下げを行っています。物価は円の価値下落の3倍上がったのです。ただし、現在とほぼ同じGDPの250％あった戦時国債は、多くを日銀が引き受けていたため、ドルベースの対外債務は少なく対外デフォルトは小さかった。そのかわり、戦時国債の購買力で見た1円の価値は、1／100になっています。戦時国債は、円の1／100への切り下げで踏み倒されたのです。戦前には100万円だった国債の価値が、戦後1万円に下がったと言えばわかるでしょう。体制が転覆するときは、ほとんどのケースでハイパーインフレが起こります。戦前の1ドルは2円でした。戦後は、名目金額で180倍、通貨価値で1／180の1ドル360円に下がっています。戦前のドルとの関係で見ると、円の下落と物価の高騰がわかります。

1000になり、負債も1／1000になったのです。

同時に、91年と98年には、**二度の対外債務のデフォルト**をしています。国内の通貨を1／1000に切り下げると、海外からのドル建ての債務が新ルーブルでは1000倍に膨らみます。ドルは価値を維持していたからです。1000倍になった負債の利払いと償還は、どうやっても不可能です。

98年に、ロシア国債を買っていた、**ノーベル賞受賞学者が作った米国のLTCM**（ロングタームキャピタルマネジメント：ヘッジファンド）が破産し、米国の金融危機に波及したのは、記憶に新しいことでしょう。このときもFRBの緊急融資で乗り切っています。LTCMはロシア国債のデフォルトの確率を向こう10日間では**100万分の3の確率**とする誤りを犯し、**自己資本の25倍のレバレッジ**をかけ、14の銀行からの借入金で買っていたからです（負債額1・25兆ドル：137兆円）。

ロシア以外でも、海外からの債務がドルベースの国は、旧通貨での国内の債務は減っても、自国通貨の切り下げ分、対外債務は増えます。先進国が後発国に貸す理由は、**金利が高い**からです。

1990年からのグローバル経済とは、金融の面では金利が高く為替レートが低い後発国に、先進国が資本と技術の輸出をすることです。金利は資本の利益率です。帝国主義時代の植民地ではありませんが、交易を通じた利益を上げることを目的にした進出です。

(3) 開放経済前の、高すぎた公定レートを切り下げた中国政府

中国政府が決めていた公定レートも、閉鎖経済の**1980年には、1元が150円**(0・66ドル)、**一部開放に向かっていた86年でも50円**(0・29ドル)、**90年には30円**(0・21ドル)**と高いものでした。**図2-2には、元の対ドルレートを、1980年から2016年まで示しています。

対外的な実力の10倍も高い為替レートでは、国内の物価に対する実質賃金が低くても、輸出価格は高くなります。商品の対外競争力は、著しく弱くなるのです。

【高すぎた元の公定レート】

閉鎖経済を開放することは、海外から資本と技術を導入することです。通貨の面では、人民元を売って、外貨を買うことです。元レートが高すぎると、ドルで元を買うことが必要な、海外からの投資も上がります。1元50円や30円(現在の約2倍)のレートでは、世界からの中国投資は進みません。中国投資と、投資した工場で生産した商品の価格が、今の約2倍や3倍になるからです。これでは、日本を含む世界は中国投資をしません。

中国は、外資と技術の導入(海外からの投資)で工業化し成長しています。海外企業に中国投資

図2-2　人民元の、ドルでのレート(1980年から2016年)

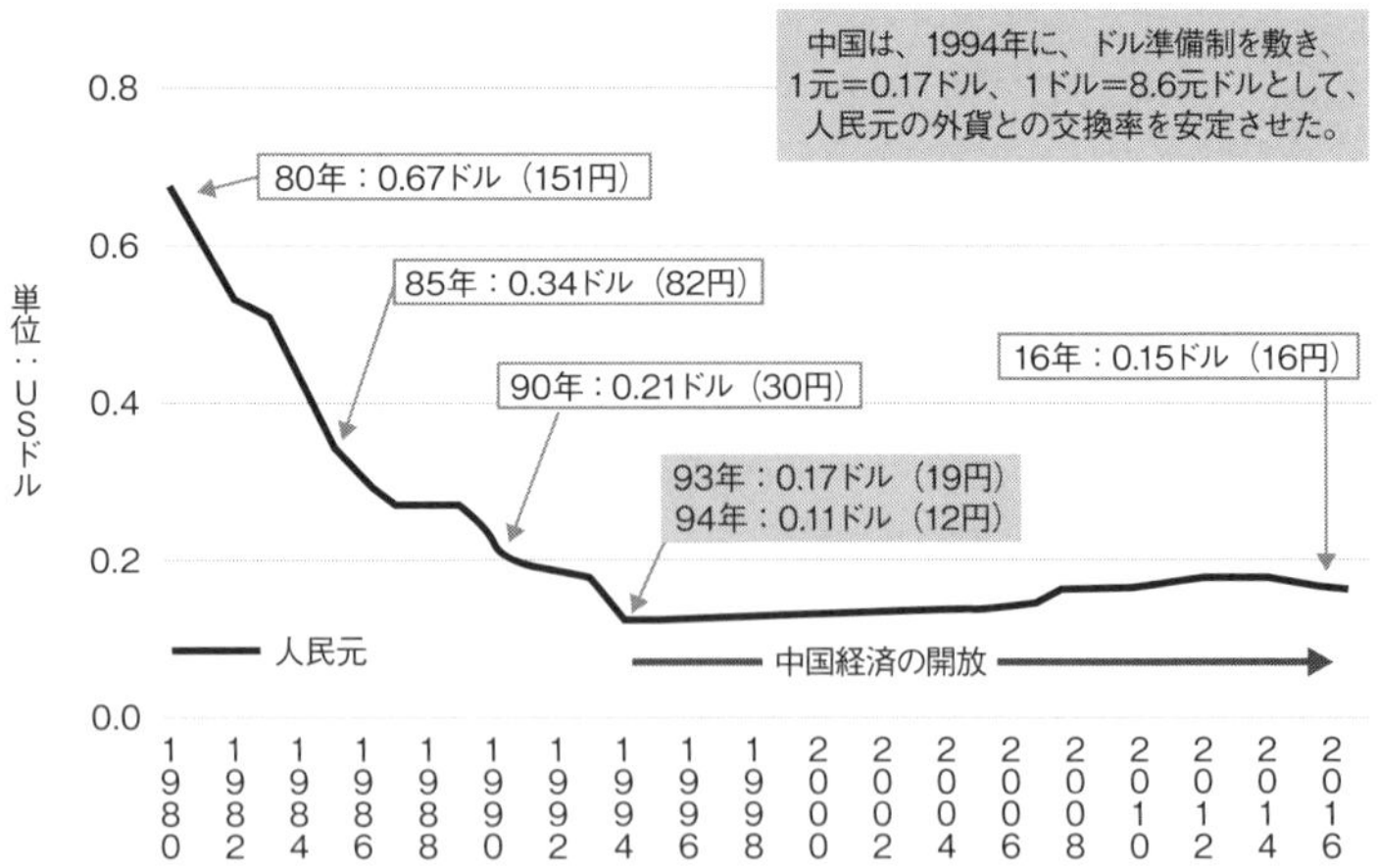

を促《うなが》すには、元レートは、物価で他国に並ぶ**購買力平価**に下がる必要があったのです。

【1994年の元レート切り下げ】

中国政府は、1994年に米国（投資銀行のゴールドマン・サックス）**の協力を得て、1元を0・11ドル**（当時の円では11円）**に下げています。米国の投資銀行ゴールドマン・サックス**は、中国金融の近代化のために、中国工商銀行の株を買って進出していました。なお**中国工商銀行**は、現在、総資金量30兆元（480兆円：三菱UFJグループの約2倍）で、資金量では世界ナンバーワンになっています（2017年）。

ゴールドマン・サックスは、明治期の日本に対するロスチャイルド家の役割を、中国でも果たしています。ロスチャイルド家の投資原則は、**「羊は太らせて食え」**です。経済が小さいときに株に投資する

（貸し付ける）。ここがピークと判断できるくらい大きくなったとき、売って巨大な利益を出すことです。

ロスチャイルド系資本のゴールドマン・サックスが、中国金融の株を売って撤収したのは、25年後の２０１５年から２０１６年でした。このとき、中国株の上海総合は3か月で５０００から３２００ポイントにまで、36％下げています（15年9月）。

人民元に話を戻すと、**１９９４年の人民元は、90年と比較すると対ドルで43％と約半分のレートへの切り下げ**でした。対円でもほぼ同じ割合です。1元１５０円（１９８０年の公定レート）のまま開放経済に突入していたら、国内のマネーサプライが、円換算、または購買力平価では10倍以上もあることになって、１８００倍のロシアほどではなくても、物価が10倍に上がる劇症のインフレになっていたはずです。

(4)インフレの本質は、過剰発行されたマネーの信用下落

インフレは、マネーサプライの増加が、生産される商品の増え方より相当に多いことが続くときに起こります。経済紙でもあまり使わない金融用語の**マネーサプライ**は、企業と世帯がもつ紙幣と預金です（紙幣と預金のM2、または農協や郵貯および金銭信託を入れたM3：日銀はマネーストックと呼んでいますが、国際的にはマネーサプライです）。なお、先進国では預金通貨が多く、紙幣は少

ないので、**マネーサプライは、世帯と企業の銀行預金**のことです。

【フィッシャーの交換方程式】

物価とのマネーの経済的な原理では、「M（マネーサプライの量）×V（流通速度）＝P（物価水準）×T（実質GDP）」です（フィッシャーの交換方程式）。物価は「実質GDPの増加率を超えるマネーサプライの金額×流通速度」にまで上がる傾向があります。

マネーサプライ（紙幣＋預金）の増加が少なくても、物価の上昇予想から、人々が入ったお金をすぐ使うことにより、マネーの流通速度（預金が使われる回転率）が上がると、インフレになります。人々の予想インフレ（期待物価上昇率）が高く、商品が早く買われるときは実際にインフレになるのです。

なお、この交換方程式は、**1990年以降の先進国**では、デリバティブの多様化、株式の時価総額の増加、通貨交換の巨大化、つまり**金融商品の多様化**のため、マネーサプライの範囲が確定できず、古典的な形では成り立たなくなっています。

共産体制の中で、政府が紙幣を増発してきたためマネーサプライの残高が大きかった中国は、元の切り下げ（マネーの総量の減少）を図《はか》らないと、ロシアのインフレを追って、10倍程度のインフレにはなっていたでしょう。

高いインフレ率は通貨信用を低下させ、金利の高騰と債券価格の下落が生じて金融危機になります。成長どころか、国民の困窮からソビエト体制が崩壊しそのルーブルを引き継いだロシアのように、ハイパーインフレになって経済が壊《こわ》れます。レーニンが言っていたように、**「高いインフレ率は数年で体制を崩壊」**させるのです。

外形は物価の上昇と見える**インフレは、本質ではGDPに対して過剰なマネーサプライが、通貨信用**（購買力）**を落とすこと**です。

ソ連では、国有企業と国営農場の給料と年金が、**財政赤字で増発された政府紙幣**で払われていたため、世帯のタンスに過剰発行されたルーブルがたまっていました。政府は政府紙幣のルーブルを、国有企業を通じて限界なく発行していたのです。

【消費財の価格が統制されていた共産主義体制】

ソ連や中国の共産体制の中で、インフレが政府統計に出なかったのは、政府が商品価格を決める**価格統制**をしていたからです。価格が供給と需要で調節される市場経済ではないため、闇《やみ》の物価は高くても、公的な経済統計上では、**大きく物価が上がるという概念はなかったのです。**

物価上昇がないかわりに**店頭の棚には商品が欠落**していました。国民は長い列を作り、争って商品を買わねばならない。賃金は上がり、タンスにはレンガブロックのようにルーブルがあっても、買う商品が欠乏していたからです。

政府価格よりはるかに高く売る闇価格《やみかかく》は、高騰していました。ソ連が崩壊し、価格統制が外れた途端に闇価格に近づき、初年度が25倍のハイパーインフレになったのです（1992年）。なお、ロシアで飢《う》えが出なかったのは、ほぼすべての家庭が郊外に自家菜園（ダーチャ：平均1000㎡）をもち、食物は自給ができたからです。

わが国にも、国債のかわりに返済がいらない**政府紙幣の発行を主張し、マネーでの共産主義をいうリフレ派のエコノミスト**がいますが、政府紙幣の発行を続ければ、ソ連崩壊後のロシアに類似するインフレになるでしょう。

中国でも、共産主義の時代の国民の賃金は、1948年に設立された人民銀行が発行する政府紙幣で支払われていました。

人民銀行は、共産党政府の要求で通貨を増発する機関だったのです。**人民元は過剰**になっていました。買い物のときの、輪ゴムでくくった束をテレビで見た方も多いでしょう。世帯にお金はあっても、買う物がなかったからです。

過剰発行されてしまった元は、ロシアの轍《てつ》を踏まないように、切り下げねばならない。これが、開放経済に向かった1994年の中国の、最大の課題でした。

【中央銀行制度の発祥】

20世紀の資本主義国が**政府から独立した中央銀行**を作ったのは、財政支出の増加分発行が増える政府紙幣では、インフレが避けられないからです。

中央銀行は通貨価値を守ることを本義に、設立されています。ただしその後は、しばしば本義から逸脱しています。米国のＦＲＢは、１９１３年に国際金融資本（ロスチャイルド）と米国の石油資本（ロックフェラー）で作られたものです。それ以前の米国では、個々の民間銀行が、米国債保有または金準備をバックに、ドルを発行していました。

日銀は、その前の国立銀行が発行していた不換紙幣を回収する目的で、１８８２年（明治15年）に、資本金を現在と同じ1億円として、政府と民間資本で作られました。１８８５年から１円を銀15グラムとする銀本位制の円を発行しています。１８９７年には金本位制とし、金０・75グラムを1円としました。第一次世界大戦（１９１５年）の前は、世界の主要国は金本位制だったからです。**わが国の金本位制は、過剰発行された円の価値下落のため、流出していた金の海外輸出を禁じた１９３１年まで**続いています。

なお、明治中期の1ドルは1円でした。明治後半から、過剰発行された円は2円に下がっています（1／2への円安）。現在、1ドルは１１０円付近です。これは、戦後の１９５３年に１銭を廃止して１００倍の１円にしたことの引き継ぎです。

世界の通貨は長期では大きな変動を繰り返しています。**歴史的には低い3％のインフレでも、物価は50年で4・4倍**になるからです。これは通貨価値が23％に下がることです。

(5)巧みだった、開放後の中国の通貨戦略

1994年にドル準備に相当する元を発行するように変え、人民元を切り下げて、過去のマネーサプライを減らした中国政府の通貨戦略は賢明でした。

このため、ソ連崩壊後の初年度のインフレ率が25倍だったロシア（1992年）に比べ、はるかに低い24・1%で収まっています（1994年）。翌95年は17・1%、2年目の96年が8・3%、3年目の97年には2・8%という普通の上昇率に下がっています（IMF）。開放後4年間の物価上昇は、合計で60%でした。

1994年の元切り下げの通貨戦略（マネーサプライの総量を減らすこと）のおかげで、自由化後の中国は、**ルーブルの過剰発行を引き継いだロシア**より、ずっと高い経済成長をすることができたのです。

政治・経済の体制変更のときは、**世界の購買力平価に近づくための、通貨切り下げ**が必要です。購買力平価とは、物価で見た通貨の購買力です。1980年の1元150円のレートでは、中身のない人民元が10倍高くなり、**対外的な物価と賃金が10倍高かったこと**になります。

(6) 人類史で最大の中国の経済成長

世界史上未曾有の、中国の経済成長

開放経済での成長は、ドル準備を元に、1元を0・12ドル（円では11円）として**米ドルにリンク**（連動）**させた、1994年の人民元改革**からでした。

1元が150円の時期の日本への輸出品は、骨董《こっとう》の家具、陶磁器の美術品、毛筆と印鑑、100万円の緞通《だんつう》や30万円の羽毛フトンでした。元が10倍高いと、輸出価格も10倍になるからです。中国は、毛沢東主義の赤いカーテンで閉じられていました。今それらは元の切り下げにより、1／10に下がっています。

図2-3に、中国のGDPを日本と対照してドルベースで示しています。**1994年には5664億ドル**（62兆円）**と、2016年の1／20**でした。九州と四国を合わせたくらいの経済規模と総所得、商品の中で、12億人が生活していたのです（現在の人口は13・5億人と日本の約11倍）。

1人当たりのGDPは年5万円にすぎず、世帯の平均年収は12万円くらいで、超貧困層が人口の半分でした。当時の日本は、1人当たりGDPが400万円、世帯の年収は約750万円でした（1994年）。所得では、中国の70世帯分が日本の1世帯分でした。

図2-3　中国の公式のGDPと、奇跡の成長

データ：IMF

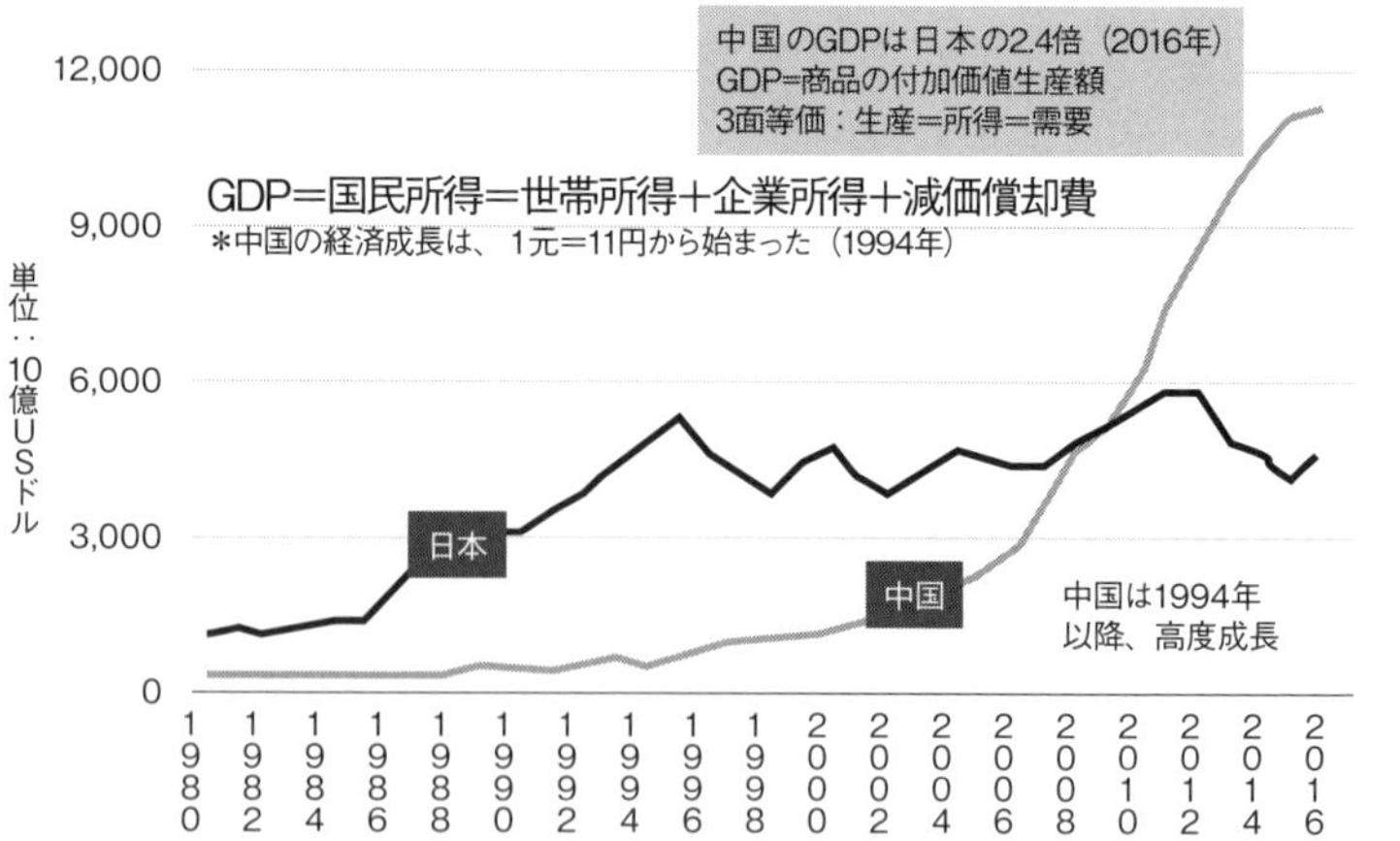

振り返れば記憶が圧縮され、昨日見た夢にも思える23年前です。当時、中国のウォルマートを訪問し、店頭には茶碗が10円から30円で並んでいるのを見て、「日本の物価もいずれこれに近づく」と思ったものです。それから約5年ほどして、100円ショップのダイソー、衣料のしまむら、ユニクロ、ニトリ等では、中国物価の2倍から3倍が実現しています。交易される生活雑貨、衣料、家電の価格は、数年を経て、世界平準化に向かいます。リカードの比較生産費の仮説が、世界に対して実現したのです。

2016年の中国のGDPは、**11・4兆ドル**（1250兆円相当）**に増え、日本の4・73兆ドル**（520兆円）**の2・4倍、1人あたりのGDPでも8400ドル**（92万円）**に上がっています。**日本では、1人当たりGDPが3万7500ドル（413万円）ですから、中国は日本のほぼ1／5にまで上がっています。

【開放後20年で20倍の経済成長】

この間の中国のGDP成長は、20倍です。**年平均の成長率は14％**と高い。5年で2倍、10年で4倍、15年で7倍、20年で14倍。GDP（国内総生産）は、1年に生産される商品とサービスの総量であり、国民所得と需要でもあります。なお、2008年以降の中国のGDPには、省をまたがる固定資本投資の二重計上から、3％程度のかさ上げがあるでしょう。

この20年、日本の名目GDPは、ほとんどゼロ成長でした。**世帯所得は96年の781万円が最大で、14年は713万円に下がっています**（児童あり世帯）。5300万の全世帯の平均所得は、94年が664万円、16年は542万円と82％に減っています。18年後の名目の世帯所得が減る経験をしたのは、先進国では日本だけです。

①退職し、夫婦で210万円の年金がおもな収入の世帯が1937万世帯（構成比43％）に増えたこと、

②単独生活世帯が増えたこと、

③賃金が低い非正規雇用（派遣、パート、アルバイト）が労働者の37・5％に増えたことが原因です（2016年）。

国内の商品生産を示すGDPは、所得の面では、①企業所得（99兆円）、②世帯所得（262兆円）、③財産所得（26兆円）、④減価償却費（約100兆円）です（16年：国民経済計算：内閣府）

わが国5300万世帯の所得262兆円のうち、大きくなってきたのは、年金支給額の54兆円

（所得の21％）です。

26兆円の財産所得は、預金の金利、株の配当と値上がり、不動産の賃貸料の合計です。100兆円の減価償却費は、建物と設備・機械の、経年劣化分です。

【GDPと国民所得】

GDPの実質成長とは、われわれの実質所得が増加することですが、中国が大成長をした約23年、わが国では、世帯所得が増えていません。

ただし筆者は、2022年から2025年ころからのAI産業革命が進む時期から、仕事にAIを使って生産性を上げる人の1世帯当たりの世帯所得は、年率10％は増えると想定しています（拙著『財政破産からAI産業革命へ』）。現在はパソコンですが、AI機能をもつものになっていくからです。

人手不足で、アマゾンの当日配送も問題になっていますが、2022年ころからトラックやタクシーも、自動運転されるAI車になっていきます。農業でも、広い面積を耕作するAI農業になっていきます。あと5年から8年、しばらくの辛抱でしょう。

工場でロボット化が進んでいる日本では、AIの導入も他国よりはやくなるでしょう。リアリティを問題にしないアニメ、AIロボットだった鉄腕アトム、そして鉄人28号の文化をもつ国は、雇用を奪い賃金を下げるとして、移民を制限し始めた米国や欧州に比べ、AIへの世間の抵抗が少ないからです。

中国の経済成長は、**米国、日本、欧州、台湾、香港から資本と技術を導入し、農村が供給する豊富で安価な現場労働力を提供する**という方法でした。このため、**外資を入れるため通貨の安定**が、必要だったのです。

【中国の個人所得は、都市部に行くと3・3倍に増えていた】

2000年ごろ、深圳の電話機や家具の工場を訪れたことがあります。100メートルくらいの生産ラインの前に、10代に見える同じ背丈の少女が、100人以上並び、組み立て作業をしていました。当時の賃金は1万／月くらいと記憶しています。こうした工場が、GDPを急成長させてきたのです。

農村では、1人3000円以下の所得しかない。新しい工場が作られていた深圳に行けば、最低賃金でも月1万円はもらえたからです。GDPは所得です。農村から出て工場で働くと3・3倍になります。90年代から2010年の中国は、**農業より5倍以上生産性の高い、工場で働く人が増える人口ボーナスの時代**でした。リーマン危機の前、2007年まで続いたのが、平均年率14％の超高度成長でした。2017年では、深圳市の最低賃金は、月2130元です（現在の1元16・1円で3・4万円）。毎年12％は上がって3倍になったのです。最低所得の増加は、GDPの増加率と等しい。

ドル危機でもあったリーマン危機の前、2007年までの中国が未曾有の成長だった理由は、

①**要素1**：1元を1980年の150円から、94年の11円に切り下げたことで（1994年）、対外的に賃金の低い労働力が豊富になったこと。賃金の低さはGDPの小ささですから、その後の増加は大きくなります。中国はしゃがんでエネルギーを蓄《た》めて、ジャンプして跳躍したのです。

②**要素2**：特区や沿岸部の工場に勤めると、翌日からは、賃金が3倍から5倍になったこと。このため、多くの人々が沿岸部の都市の工場、土木・建設、商店で働くことで、GDPが急成長したこと。

1978年には10億人（全人口の83％）だった農村人口が、当時は2億人と少なかった都市に移動していきます。2010年には、都市部は4・8億増えて6・8億人になり、農村を上回っています。2015年には都市部が7・7億人で、都市比率は56％に上がったのです。

現在も、都市の1人当たり所得は、農村の2・7倍です。都市に移動すると所得が上昇し、GDPが増えます。5・5億人の民族大移動が、GDPを大きく成長させたのです。

③**要素3**：全土で、猛烈な道路、鉄道等のインフラ、設備、不動産投資が行われたことです。このため中国のGDPの内容は他の国に比べ、固定資本投資が40％以上と大きく、個人消費が35％と少ないという特異なものになっています。

中国の経済発展の要因は、4つにまとまります。

・**人民元のレート**が低い中で
・海外の**資本と技術を導入**し
・工場には世界史上最大の**人口ボーナス**が提供され
・借入金による**設備投資**、**インフラ投資**、**住宅建設**が盛んに行われてきたことです。

(7)設備投資が47％の構成比という特異さをもつ、中国のGDPの問題

図2-4に、中国のGDPの内容を示します。特徴は、
①日本でGDPの59％、米国で71％、新興のインドでも57％を占める**個人消費**が35％とひどく少ないこと、
②**政府と民間の固定資本投資**（設備投資）が2010年では47％と約半分を占めることです。新興国では、政府主導の投資が行われるため、一般に、固定資本投資の割合は大きくなります。それでも中国では大きすぎます。

GDP比での、官民の設備投資合計（住宅投資、民間企業設備投資、公共投資）は日本が20％、米国は15％、インドは31％です。いずれの国もGDP構成比で中国の1／2から1／3です。

中国の貿易黒字のGDP比8％（2008年）は、08年のリーマン危機で米国と欧州の輸入が

図2-4　総固定資本形成（中身は不動産投資）が大きく、特異な中国のGDP

中国のGDPの内訳比率（%）			
年度	2008年	2009年	2010年
個人消費	35	35	35
政府最終消費支出	13	13	13
総固定資本形成	41	45	47
在庫品増加	3	2	2
輸出ー輸入	8	4	4

（注）需要面で見た中国のGDP構成

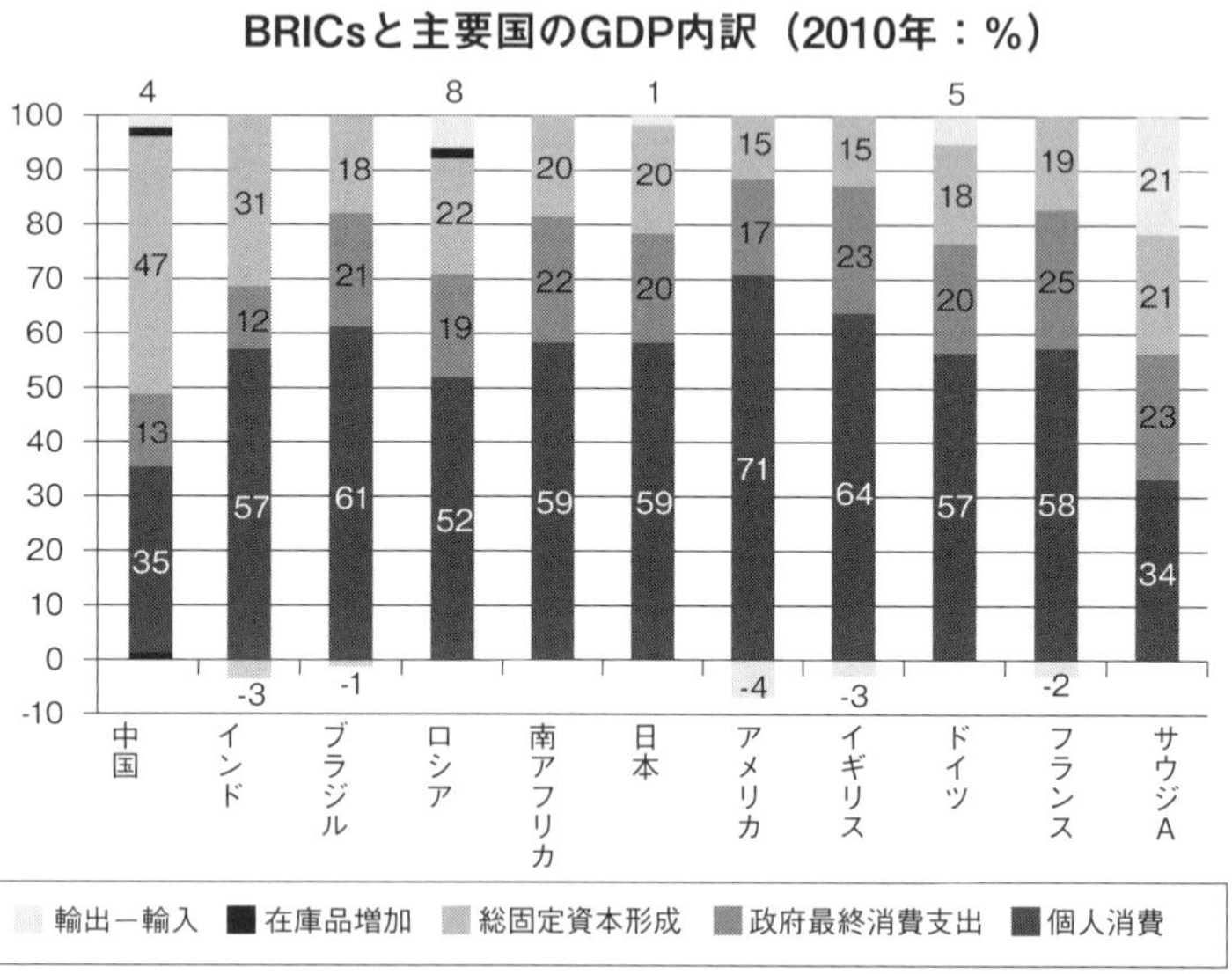

●中国のGDPでは、官民の固定資本投資が、構成比47%と特異に大きい。日本はGDP比20%、米国は15%、インドですら31%でしかない。中国政府は、官民の固定資本投資（中身は不動産投資）で、GDPの増加を煽ってきたことを示している。

同時に減少したため、ＧＤＰ比で４％に減っています。

政府は**不況対策として、４兆元**（64兆円）**の経済対策**を打ち出しました（２００９年）。それが増加借入金による民間設備投資になり、08年には41％だった**固定資本投資は、10年には47％の構成比**に増えています。

設備投資とは、世帯の住宅購入と、企業の土地・建物・機械等の購入です。中国のＧＤＰ計算では、民間住宅も設備投資に含んでいます。設備投資のうち不動産投資は、ＧＤＰ比23・７％と巨大であり（２０１６年）、**積年《せきねん》の不動産バブル**を生んでいます。

【国有の土地の売却収入が実質的な税収】

中国の土地は全部が国有です。開放後は、70年の使用権が土地価格として売買されます。使用権売却の収入は、省政府に入ります。政府が土地価格上昇を歓迎する理由がここにあります。土地を開発し、企業に高く売ると省政府の収入が増えるからです。この土地売却収入があるため、中国では政府負債がＧＤＰ比46％と少ない（２０１６年：日本はＧＤＰ比２３２％の政府負債です）。中国の土地売却は、返済と利払いのいらない国債発行と同じだからです。

他方で、土地を政府から買っている**企業の負債が、ＧＤＰで１６４％の18兆ドル**（１９８０兆円）**と破壊的に大きくなっています**（２０１６年：ＢＩＳ 世界の部門別負債統計）。企業負債は、近々の、金融危機を示す規模です（この件は後述します）。

比較すれば、**日本の不動産投資はGDP比0・8%の4兆円**です（2016年）。中国は、不動産投資のGDP構成比は日本の約30倍です。ここからも中国の不動産バブルの規模の大きさがわかります。**中国の不動産バブルは、企業と世帯が負債を拡大できる間は続きます。**

しかし、負債額には利払いと返済ができる限界があるので、その上限に達したとき、1998年から起こってきた中国の不動産バブルは崩壊して、銀行に大きな不良債権が生まれ、リーマン危機よりスケールが大きい金融危機を発生させます（この件は後述）。これは、これから数年というスパンでは確定しているように思えます。

中国世帯の、可処分所得の38%という高い貯蓄率（2015年）は、消費の少なさも意味します。世帯は**所得のうち38%を貯蓄し、62%しか消費財の購入には使っていないからです。**

この世帯貯蓄が、①政府資金の投入、②銀行の貸出し、②および25兆元（400兆円）とされるシャドーバンクの理財商品を通じて、**設備投資のための企業の総借入金18兆ドル**（1980兆円）と、日本の政府負債の約2倍になってきたのです。

【GDPの中で47%と大きすぎる固定資本投資（設備投資）の帰結】

中国は、他の国に比べ約3倍、GDP比での設備投資が多い。この設備投資から、**他国の3年分以上の変化が1年で起こる速度**で道路・建物・住宅・工場・商店が増えてきたことがわかります。わが国の高度成長期で、設備投資が大きかった1960年代の10年の変化を、1994年のあと23年も続けているのです。

GDP比で過大な設備投資は、①**民間企業の借入金の過剰**になり、②**不動産のバブル**を膨らませる問題を生みます。

設備投資のGDP構成比が減る時期は、必ず来ます。

そのとき、不動産と住宅価格バブルの崩壊が起こり、金融危機が必然になるからです。

中国の不動産価格は、借入金での投資が続くことにより上がっています。不動産が下がると銀行借り入れが不良化し、金融のシステミックな危機になります。中国バブルは、2000年からの6年で2倍になった米国不動産のスケールを超えています。

【不動産バブルの性格】

バブルとは、経済的に非合理な価格を超えても資産が買われ続け、価格が一層上がることです。**上がるという理由で買いが増える**ので、極点まで上がります。そして、ある日、高すぎる不動産価格への、**社会的な共同幻想での認識の臨界点**が来て、崩壊に向かいます（複雑系の経済学）。

個人消費は、年率10％程度で増加してはいますが、設備投資の構成比を40％以下に減らすほどのものではない。このため、2017年も、①**世帯貯蓄の増加**、②**企業借入金の増加**、③**設備投

（注）中国と米国の企業の過剰な借入金については、後述します。

資の増加、④大都市部での不動産高騰が続いています。2017年の不動産投資が、前年比10%で増えているからです（国家統計局）。

バブルは崩壊するまでは、バブルと認識されません。**認識がないから、バブルになります。**存在するのに観測されなかった氷山に衝突したタイタニック号のように、近い将来100%の確率で不動産バブルが崩れ、リーマン危機以上の金融危機が起こることは確定しています。

中国の資産は、早く別の船に乗りかえておかねばならない。これが、**2015年、2016年の民間による「ドル買い／元売り」**です。習近平《しゅうきんぺい》主席による汚職の統制も重なって、国有企業の共産党幹部により、**1兆ドル**（110兆円）**がドル買いに逃げています。**

この「ドル買い／元売り」を放置すると、大きな「元安／ドル高」になります。このため、2014年には3・9兆ドル（430兆円）の外貨準備をもっていた**人民銀行が、民間とは逆に、1兆ドルの「ドル売り／元買い」を行い、崩壊的な元安をとめたのです。**トランプ大統領の認識と違い、人民銀行が2015年から16年に行っているのは、「ドル買いという逆介入」です。

【中国の外貨準備の、急減の理由】

中国の外貨準備が1兆ドル減り、3兆ドル（2016年末）に減ったと米系メディアが報じています（WSJ）。しかし裏では、民間が1兆ドルの買いを行っているので、ドル危機にもなっていません。**ドル危機は、中国の不動産バブルがはじけてマネー量が縮小し、民間のドル買いが減**

って（経常収支の黒字が減少）、**人民銀行が外貨準備を売るときです。**

米国の貿易赤字7334億ドル（81兆円）のうち、対中国の赤字は3470億ドル（38兆円）と47％の構成比です（2016年：米商務省）。中国のドル買いがもっとも多い。海外にばらまかれるドル（貿易赤字分の7343億ドル）の47％を買っている国が、バブル崩壊から金融危機になってドルを売れば、ドルも危機になります。

【2020年から2022年の不動産バブル崩壊】

これも、時期を言います。世界史上最大の不動産バブルが、政府が財政または金融対策をとってもはじけるのは、**中国の企業負債の増加速度から見て、遅くとも5年後、2022年でしょう。早ければ3年後の2020年**からでしょう。利払いと返済が難しくなる企業負債の増加が原因になるので、時期のズレはあります。しかし、不動産バブルの規模、13・5億人の人口、購買力平価ではすでに世界一のGDPの3要素からして、リーマン危機より大きな金融危機が襲うことは必然です。

(8)米ドルを元発行の準備通貨にした人民銀行

人民元の問題

経済を開放し、海外と交易を拡大するときの課題は、第一に人民元でした。通貨には、国際的な交換の際に、**「ハードカレンシー」という概念**があります。1990年代には米ドル、ユーロ（当時は独マルク）、円、英ポンド、スイスフラン、カナダドルでした。世界からの通貨信用があるため、銀行の店頭の外為市場で他の通貨と自由な交換（通貨の売買）ができ、為替レートも安定している通貨です。

条件は、①**世界からの通貨信用**、②**発行国のGDPの1人当たりの大きさ**、③**世界の銀行店頭で安定したレート**で他の通貨と交換できることです。たとえば円は、いつでもいくらでも、ドルやユーロと交換できるハードカレンシーです。日本政府が決めることではない。法は国内だけで有効であり「国際」には及びません。世界が円をハードカレンシーと認めるのです。

日本は1968年には、GDPで世界2位になっていましたが、円がハードカレンシーと海外から認められたのは、外貨への交換を制限していた外貨法が廃止され、資本を自由化した1980年代からでしょう。

【中国がとったドル準備制＋ドルリンク制】

１９９４年の人民元は、**ハードカレンシーとしての信用はありませんでした。**ＧＤＰは世界2位になっても資本規制（元の交換制限）があるため、現在もハードカレンシーではありません。前掲の図2-2にしたように、中国政府が決めていた公定レートを、１９８０年０・67ドル（151円）、85年０・34ドル（82円）、90年が０・21ドル（30円）と１／５に下げても、まだ国際的な信用を得るレートではありませんでした。

商品の付加価値生産高であるＧＤＰは小さく、輸出力も低かった。12億人の１人当たりのＧＤＰ生産高は４８６ドルであり、先進国の１／１００しかなかったからです（１９９０年）。中国経済と商品の、世界へのプレゼンスは、ほとんどありませんでした。

中国政府はこのとき、既述のように**中国経済をフロンティアと見ていた米国**の協力を得て、１元を０・11ドルに切り下げています。そして人民元の発行では、米ドルを準備通貨として行い、**ドルリンクで交換レートが固定される制度**にしています。

1元が０・11ドルなら、海外の商品価格と並ぶ購買力平価付近に下がり、中国の輸出力も出るからです。**ドル準備制によって元の交換性を確保**したのです。（注6）

（注6）17年4月のレートは、1元16円付近で、94年に比較して33％上がっています。

ドルを準備通貨とするドルリンクの通貨は多い

ドルを準備通貨にして、外貨と安定した交換性を確保するのは、中国に固有の方法ではありません。サウジアラビアの通貨リアルも、ドル準備での発行であり、ドルにリンクされています（1ドル3・75リアルの固定相場）。中東の産油国は、イランをのぞき、ドルリンクです。香港ドルもドルリンクです。ロシアはドルリンクではありませんが、ルーブル発行の準備資産として63％を海外債券（ドル債券とユーロ債券：36兆円分）にしています（17年1月：ロシア中央銀行のバランスシート）。

歴史的に言うと、円も1915年の第一次世界大戦前、基軸通貨だった英国のポンドとリンクしていました。**英ポンドを外貨準備にし、ポンドをバックにして円を発行**していたのです。当時の円は、ゴールドかハードカレンシー（英ポンド）を準備通貨にしないと、外貨との交換の信用がなかったからです(注7)。

前述しましたが、1980年の公定レートの1元0・67ドル（当時のレートでは151円）のままに、対外交易が増える開放経済に突入していたら、**物価が10倍には上がる準ハイパーインフレ**になり、人民元は、インフレ率が3％のドルやゼロ％の円に対しては、1／10付近に暴落していたでしょう。

その国の物価の上昇は、上昇の分、通貨の価値が下がることです。そのとき、元の金利は高騰します。中国経済は10倍の物価と、1／10に下がった人民元（中国の所得）によって、金利（借り手の利払い）の高騰もあいまって破壊されることになったはずです。

外貨準備を、人民元発行の裏付け資産にした人民銀行（1994年）

図2-5は、ほとんど見かけない**人民銀行**（中国の日銀にあたる中央銀行）のバランスシートです。既述のように、中国は、開放経済にあたり**高すぎた公定レートの人民元を、1元0・11ドル**（12円）**に切り下げ**ています（1994年）。対外債務が少ないときの通貨切り下げは、輸出の増加に効果があります。紙幣と預金である**マネーサプライも外貨に対して1／10の金額**に減り、開放後のインフレは1・6倍で回避されました。

（注7）現在の日本円は、ドル準備制での発行ではなく、政府の財政信用が担保になった管理通貨（Managed Currency）です。円の通貨信用は、政府財政の信用から来ています。国債が償還できないと、世界の金融市場から見られるようになると、円の信用も低下します。信用があるのは、まだ償還できると、見られているからです。同じ管理通貨であるドルの信用は、GDPの1・9倍の32兆ドル（3520兆円：16年）に増えていても、いずれは対外債務を償還できると見られているからです。これらは、金融市場が相互関係からいだく共同幻想です。米ドルを他国も信用して商品や資産を売る。したがって、私も信用してドルを買うということの、心理的な無限連鎖があるのです。

図2-5　人民銀行のバランスシート
（単位は億元：04年と11年の対照：出所：中国人民銀行）

資産	2004年10月	2011年10月	構成比(%)
対外資産	41,240	240,107	84.0
外貨	40,011	232,960	81.5
貨幣用金	337	670	0.2
その他対外資産	892	6,477	2.3
対政府債権	2,976	15,400	5.4
対中央政府	2,976	15,400	5.4
対金融機関等債権	19,935	23,525	8.2
その他資産	9,268	6,698	2.3
資産総計	**73,419**	**285,730**	**100.0**

負債と資本	2004年10月	2011年10月	構成比(%)
通貨	52,667	212,820	74.5
発行銀行券	21,842	51,058	17.9
金融機関預金	30,693	161,761	56.6
人民銀行債券	9,010	21,465	7.5
対外債務	526	3,996	1.4
政府預金	9,903	38,790	13.6
その他負債	1,093	8,439	3.0
資本金	220	220	0.1
負債・資本総計	**73,419**	**285,730**	**100.0**

2014年の人民元発行の裏付けは、23.3兆元（373兆円）の外貨準備である。外貨準備に、①5.1兆元の紙幣（82兆円）と、②金融機関が人民銀行に預けている預金通貨（16.1兆元：248兆円）が対応している。外貨準備は60％から70％がドル預金、ドル証券、米国債と見ていい。30％がユーロだろう。

【人民銀行のドル準備制】

1994年、「新人民元」と言える通貨を発行するときの**裏付け資産には、対外的な信用の低い中国国債ではなく、ドルの外貨準備**を使っています。目的は、ドルをはじめとするハードカレンシー（ドル、ユーロ［当時はマルク］、円、英ポンド、スイスフランなど）との交換性の確保です。

これを示すのが、図2-5の資産側（上側）にある外貨の23・3兆元（373兆円）です（2011年）。外貨準備は、企業が輸出で受け取ったドル（当時はユーロがなかった）を、人民銀行が買い上げたものです。

ドルを買い上げた分、発行されているのが**5・1兆元**（82兆円）**の紙幣と16・1兆元**（248兆円）**の金融機関の預金**（準備預金）**です**（2011年）。これが中国のベースマネーであり、国民のマネーサプライ（紙幣と預金通貨）のもとになっているものです。

なお銀行が中央銀行に預けたベースマネーに対する、銀行のマネーサプライの金額を**信用乗数**（Credit multiplier）といっています。

ベースマネーは中央銀行の口座にある銀行の準備預金です。これは銀行の預金であり、世帯と企業のものではない。中央銀行に口座をもつのは金融機関と政府だけです。

中央銀行が決める**準備率**（Reserve Ratio：たとえば10％など）を上限にして、国民のマネーサプライになる貸付金を増やすのは、中央銀行ではなく民間銀行です。

準備率が10％のとき、貸付金の最大枠は、銀行が中央銀行にもつ準備預金額の10倍です。マネーサプライは、企業と世帯がもつ紙幣と銀行預金です。紙幣の割合は10％程度やそれ以下と少ないので、民間銀行の預金をマネーサプライと考えていい。

ミクロとマクロの預金

マネーサプライの全体は、銀行の貸付行動（預金通貨の創造）**により増加**し、貸付金の減少で減ります。

個人の預金口座のマネーは、給料の入金によって増えますが、給料は会社の預金から振り込まれ、振り込んだ分、会社の預金が減っています。このため、会社と社員の合計預金は、同じ額です。

企業を経営していれば、自社の預金が、

①銀行からの借り入れ増加、企業間負債の増加、利益の増加によって増え、

②負債の返済、他企業への仕入れ代金の支払い、社員への給料の銀行振り込み（いずれも預金になる）、および損失の発生で減ることがわかるでしょう。

マネーサプライは、全部の企業（日本では稼働している260万社）**と世帯**（5300万世帯）**がもつ銀行預金と現金**です。ある会社が銀行預金（ミクロの預金）から支払っても、送金で受け取った別の口座の預金が増えるので、全体（マクロの預金）のマネーサプライは同じです。紙幣でも同じであり、私が紙幣で払えば、それを受け取る人や商店の紙幣が増えますから、紙幣の全体

量は同じです。

ミクロの預金と、合計したマクロの預金の動きは別のものです。お金は、人々の売買取引により流れ、払った口座の預金は減っても、入金したほかの口座が増えるからです。マクロとミクロの預金を混同すると、銀行貸付金の増加により行われているマネー創造がわからなくなります。

2013年4月からの異次元緩和で、日銀が国債を買って円を増発すれば（銀行の準備預金が増えれば）、マネーサプライ（企業と世帯の預金と紙幣）が直接に増えるとしていた4年前の岩田日銀副総裁（およびリフレ派の一部）と安倍首相の考えは、**通貨論の基礎で誤っています。**こうした肝心な知識の不足は、国の政策を誤らせ、実質の国民所得に損をもたらします。

GDPの増加予想がない国では、企業の借り入れによる設備投資は増えず、借り入れが増えないため、銀行保有の国債に振り替わった当座預金がいくら増えても、銀行の貸し出しは増えません。事実、**わが国の企業借り入れは2000年には649兆円でしたが、2016年には504兆円に減っている**のです（BIS統計）。

(9)ドルを準備通貨とすることから生じる、人民元発行の矛盾

ドルを準備通貨にするときの通貨の発行は、**中央銀行がドルを民間銀行から買い上げる方法に**

図2-6　人民銀行（PBOC:People's Bank of China）の外貨準備の増加

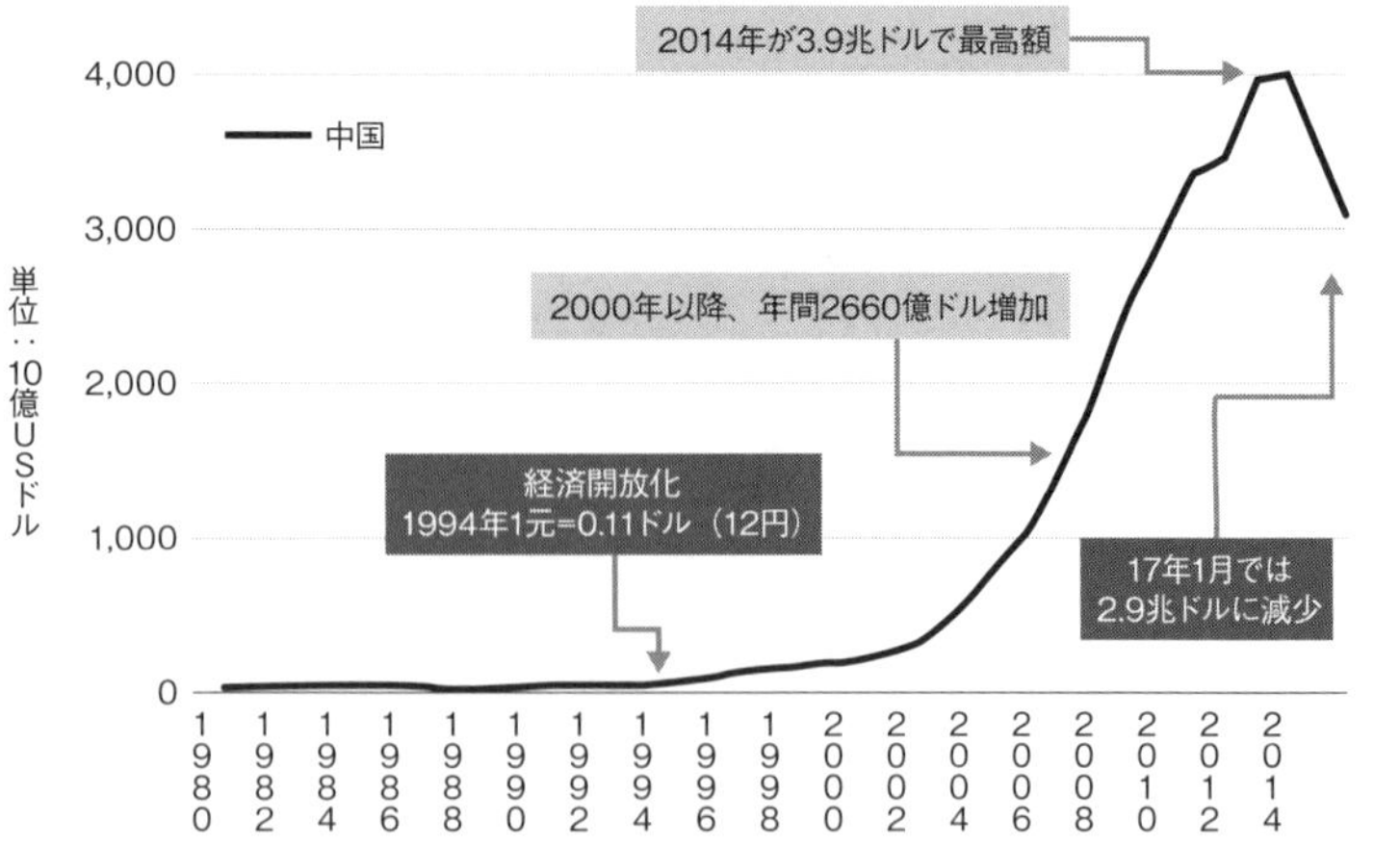

データ：世界銀行

よって行われます。

①中国の輸出企業は、国内での支払いのため、米国、日本、アジアへの輸出で得たドルを、銀行で元に交換します。

②銀行にはドルがたまるので、中央銀行が買い上げて外貨準備にします。銀行には、ドル売りの代金として、元が交付されます。

以上のプロセスで、人民銀行がドルを買った分の人民元が増発されます。これが、外貨準備による元発行の仕組みです。**人民銀行が米ドルを買うことにより自国通貨が発行される**のです。

ドルは、中国の貿易収支の黒字から銀行にたまったものです。貿易（正確には経常収支）が赤字だと、海外へのドルの支払いが超過するので、外貨準備のドルが減ります。そのときは、中央銀行が米国ＦＲＢからドル、またはＩＭＦからＳＤＲ（特別引出権）を借りる必要が出るのです。

ドルリンクの維持による自国通貨の安定した発行のためには、**中央銀行の外貨準備が増え続ける必要**があります。

これは、ドル準備制によるハードカレンシーへの交換性の確保と引き替えに、米国経済の通貨であるドルの価値に依存した通貨になることと同じです。中国は、人民元の国際化と外国資本の安定した導入のために、後述する**制約があるドルリンク**を選択したのです。

図2-6に人民銀行の外貨準備の増加を示します。2000年以降、貿易黒字は毎年2660億ドル（29兆円）というペースで増えています。2014年にはその累増の結果が、3・9兆ドル（429兆円）という巨額の外貨準備になったのです。

GDPの二桁の急成長とともに、人民銀行のベースマネーの発行量も増え、それを準備預金とする銀行のマネーサプライ（M2：紙幣＋預金）も、貸し出しの増加により年率20％以上で増え続けています。マネーサプライは、2016年には160兆元（2528兆円）に達しています（Trading Economics)。中国のマネーサプライは、**日本の紙幣と預金の2倍**です（M3：1296兆円：17年3月：日銀統計）。

ドル準備制が生む矛盾

ドルを準備通貨にすることは、**元の発行枠が、外貨準備の量とレートに従属するという矛盾**をかかえます。図2-6は、経常収支黒字が大きくなった2000年から、外貨準備が年に

図2-7　上海総合株価：2015年6月から9月の暴落

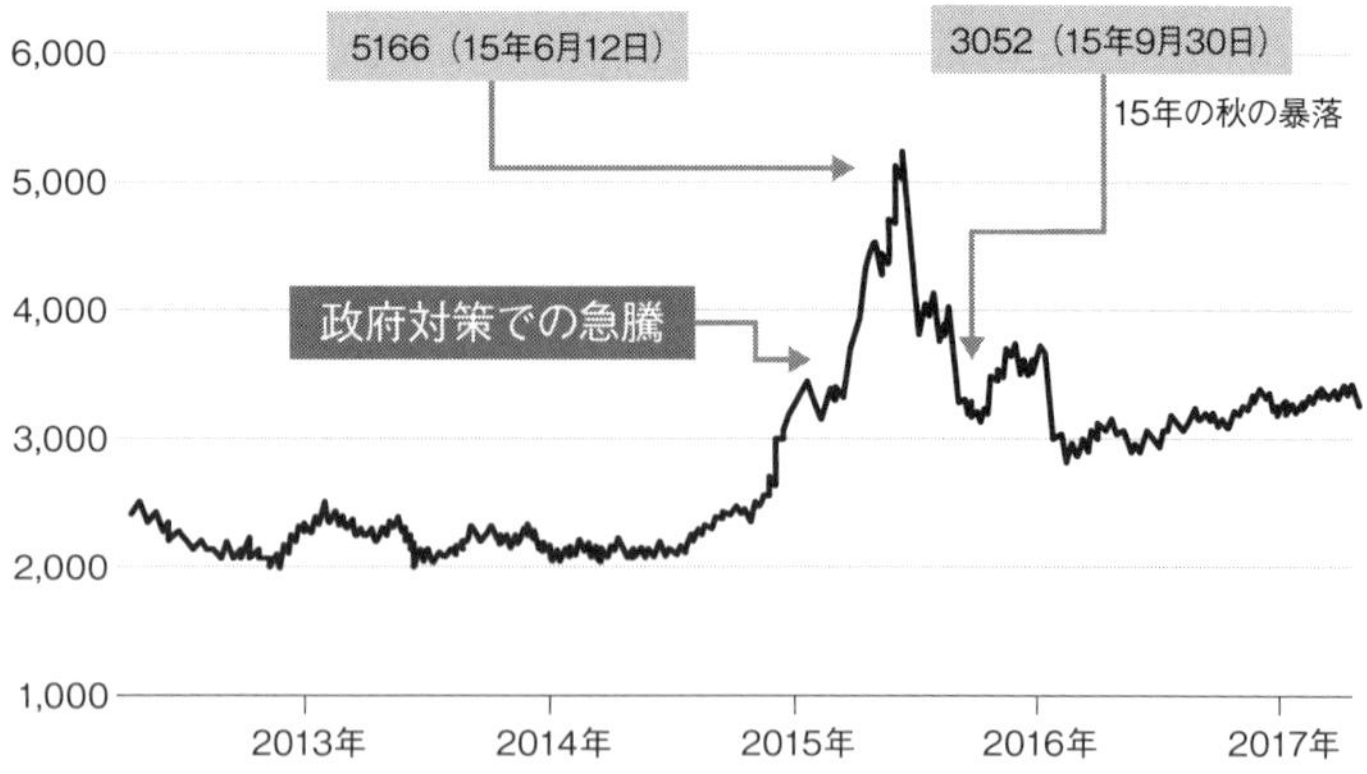

●外貨準備は、3.9兆ドル（2014年）から2.9兆ドル（17年1月）に減少

2660億ドル（29兆円）ずつ、直線的に増加したことを示すものです。

近年を見ると、2014年が3・9兆ドル（429兆円）のピークで、**15年と16年に約1兆ドル減っています。**この説明には、原稿用紙3枚の字数が必要です。3・9兆ドルの外貨準備は日本の1・2兆ドルの3・3倍、ドイツの1・7兆ドルの2・3倍であり、世界最高です。

【カバーされた人民元のエクソダス（国外脱出）：2015年、2016年】

図2-7で株価を見ると、2015年6月12日に5166ポイントという歴史的なピークをつけた中国株（上海総合）が、同年9月30日に3052ポイントへと、41%も下落しています。約1年で2・5倍に高騰した株のリスクが高まって売られ、株を売って入った元では米ドルが買われたのです。

国営企業から転換した民間企業と、そのヘッドである共産党幹部によるマネーの脱中国は、15年に5000億ドル（55兆円）、16年に5000億ドルの「ドル買い／元売り」という大きさでした。1兆ドル（110兆円）の「ドル買い／元売り」の超過は、元相場を暴落させます。民間企業は、**二重計上の設備投資でかさ上げされていた中国のGDP成長**が低下すると考えていたのです。

前述のように、中国の固定資本投資はGDPの47%を占めるくらい大きい。①設備投資の計画を完工とした分、②省をまたがる設備投資が両省で二重計上されることがあることにより、**GDPの3%分くらいがかさ上げ**されています。省の共産党幹部は、省のGDP成長率の高さで人事的な評価を受けているからです。県知事の成績評価が、県のGDPで順列がつけられることと同じです。

人民銀行は**外貨準備を使い、民間の「ドル買い／元売り」に対抗する「元買い／ドル売り」の緊急介入を1兆ドル**（110兆円）**行った**のです。株と元の下落が同時に起こり、中国が金融危機に至ることを、人民銀行がとめています。

わが国に置き換えれば、2015、2016年の人民元の危機の大きさがわかります。日経平均が、1万8000円から1万8000円付近（40%安）に暴落すればどうなるか。加えて、株を売って入ったお金で、民間が100兆円スケールの「円売り／ドル買い」をし、100兆円のマネーがドルに脱出したらどうなるか。株をもつ銀行や年金基金は危機になり、700万人の投資家の資産も40%減って、円は50%以上も暴落するでしょう。

人民銀行は、必死の「元買い/ドル売り」を行って、元のエクソダス(国外流出)を止めたのです。これが前掲の図2-6に見える**2015、2016年での外貨準備1兆ドルの減少**(ドル売り/元買い)でカバーされた実態でした。グラフは外貨準備の減少を示すだけですが、110兆円のマネーの動きは波乱があったのです。人民銀行が、3・9兆ドルの外貨準備をもっていたからこそ、できたことでした。

【1998年のアジア通貨危機】

歴史的な事例を挙げると、**1998年の東アジア通貨危機**のとき、タイ、マレーシア、インドネシア、韓国の中央銀行の外貨準備は、十分ではありませんでした。米系ヘッジファンド(ソロスファンドが先鞭)が、利益目的で、先物売りにより仕掛けた「タイバーツ売り/ドル買い」に対抗できず、まずバーツが50%下がって(通貨危機)、金融危機と対外債務危機に至り、他国に波及しました。バーツの1/2への下落により、タイのドル建ての対外債務が2倍に膨らんだからです。

中国は、「外貨準備売り(ドル売り)/元買い」により、「元と金融の危機」を回避することができたと言っていい。**表面では「何もなかった」**ように見えていますが、1994年からの開放経済以来の、隠れた元危機が生じたのが2015年6月から9月でした。

通貨危機から来る金融危機は、銀行内部のバランスシート上での、数値的な、しかも、下落した通貨と債券を売るまで未実現とされることが多い損失からきます。倒産するまでは、外部の目には見えません。東芝本体のバランスシート（資産と負債の明細）には現れていなかった、ウェスチング・ハウス（WH：原発開発会社）の含み損のような感じだからです。

リーマン危機を含む金融危機は帳簿上の金額評価ですから、国民には目には見えないのです。対外的な面子《めんつ》を重んじる中国政府は言わず、エコノミストも、すんでのところでの「**中国の通貨危機・金融危機**（2015年9月）」を見のがしています。人民銀行のバランスシートに現れた1兆ドルの「ドル売り／元買い」の原因を見ていなかったからです。

【ドル準備制での元発行の矛盾】

2015年、2016年の元危機と金融危機を避けることができたのは、中国が3・9兆ドルという世界一の外貨準備をもっていたことの恩恵でした。外貨が元発行の準備通貨であることから生まれる矛盾は、以下で示します。

ドル準備制での、人民元の発行は図2-8の方法で行われます。**ドルが下落**（人民元は上昇）**するときは**、米国の不況の時期です。米国不況は、中国にとっては対米輸出の急減であり、中国景気は悪化します。この不況のとき、人民銀行がドル準備に忠実なら、資産のドルの下落にあわせて、負債である元の発行を減らさねばならない。マネー量の減少は、中国景気を一層悪化させます。ドルが下落するとき、人民元の発行量も減らさねばならないからです。

逆に**ドルが上昇**（人民元は下落）**するとき**は、米国の景気がいい。中国からの対米輸出は増え、景気が過熱する時期です。このときはドル準備の評価が上がり、人民銀行のバランスシートでドル資産が膨《ふく》らんで、元増発の余力が出ます。景気が過熱に向かうときは、本来は通貨の発行は抑制し、金利を上げなければならない。ところが、このときに元発行の余力が生じます。

以上が、ドルを準備通貨にする国がかかえる経済運営の矛盾です。ドル準備制は元が国際化するのに必要でしたが、物事の両面から構造的なディレンマもかかえます。**米ドルからは自国の好況、不況、インフレという、通貨と金利が生む経済問題が中国に輸出されます。**ドルリンクで通貨のレートを米国と共通にすると、米国経済とＦＲＢに従属することになるのです。

日本の2倍、世界の2位になったＧＤＰ（11・8兆ドル：１３００兆円：２０１７年）を背景に、２０１６年10月からの人民元は、円より大きな比重として、ＩＭＦの国際通貨ＳＤＲの構成通貨に採用されています（円8・33％、元10・92％）。

しかし、元には強い資本規制が残り、自由に外貨とは交換ができない。日本の工場が中国で利益を上げても、元のドルとの交換には制限があります。このため、国際社会からはまだ「ハードカレンシー」とはみなされず、ドル準備制が必要です。[注8]

⑽ Ｇ20に提出された人民銀行の周小川論文

２００９年、リーマン危機の前後からのドル下落後、ドル準備制をとっている人民銀行の周小《しゅうしょう》川《せん》総裁はロンドンで開催されたＧ20で、基軸通貨の変更を提案する論文を提出しています。内容は、以下の要旨のように妥当なものです。本書をここまで通読された読者なら、十分に理解されるでしょう。

①グローバル金融危機は、国際通貨システムに内在している脆弱性とシステミックなリスクからきている。**準備通貨を発行する米国は、世界に流動性を供給すると同時に、通貨価値を維持することはできないというトリフィンのディレンマ**をかかえているからだ。(注9)

②国際準備通貨は、ルールに則《のっと》って発行され、柔軟な供給量の調節が可能で、その調整が一

（注8）２０１５年、２０１６年の民間の資金流出を抑えるため、政府は元と外貨の交換を制限する資本規制（銀行の窓口指導）を一層強化しています。

（注9）特定の国の通貨を基軸通貨とする場合、基軸通貨の供給と、その通貨の信用の維持を同時に達成できない矛盾をいいます。１９６０年、当時のブレトンウッズ体制において経済学者のロバート・トリフィンは、ドルを国際通貨として使用する制度の問題点を指摘していたのです。

（注10）バンコール：創設された国際機関が、金準備で発行する国際通貨。

（注11）ＳＤＲ：ＩＭＦが、中央銀行と政府向けに発行している国際通貨で、通貨バスケット制をとっています。

国の経済情勢や収益に左右されないという条件をみたす必要がある。**ケインズが提唱したバンコールのように、国家を超える準備通貨制の創設**が長期的な目標といえる。（注10）

③ＩＭＦのＳＤＲ（特別引出権）は、超国家の準備通貨としての特徴と潜在力をそなえている。**短期的には、ＳＤＲの役割を強化することが妥当**である。現在は、政府と国際開発の間の取引に限定されているが、国際貿易と金融取引に拡大すべきである。（注11）

ドル準備により通貨を発行するときの問題は、**ドル下落**（米国の景気低下）**のとき、元の発行を抑制しなければならなくなること**です。ドル建ての対外資産も下がり、中国にとっての損も生じます。国籍のある通貨は、ＧＤＰが世界一のドルであっても、価値が安定すべき国際通貨の役割を果たすことはできません。**海外へのドルの供給は、米国の経常収支の赤字を意味し、経常収支が赤字の通貨は長期的には下落を続ける**からです。戦後の円に対しては、ドルは３６０円から１００円付近にまで72％も下がっています。

【ケインズの提案：バンコール】

戦後の国際通貨の体制を決めたブレトンウッズ協定（１９４４〜71年）のとき、滑り落ちた基軸通貨国の英国の代表だったケインズは、**金本位の通貨であるバンコールを提案**しています。ＩＭＦあるいは国連のような国際機関を作り、金とリンクした無国籍通貨のバンコールを発行するというものです。バンコールなら、周小川総裁が指摘したドル基軸がもつ構造的矛盾は避けることができます。

対立したのは、米国代表のホワイト案でした。**米国の通貨であるドルを金準備制にして、国際通貨にする**というものです。戦後の米国は、世界の中央銀行がもっていた金の70％（2万トン）をもち、ＧＤＰでも世界の50％以上を占め、海外に物理的な強制ができる軍事力も圧倒的でした。結果はホワイト案が採用され、現在のドル基軸体制が始まったのです。

内在する矛盾は、時期が来れば、矛盾としてあらわれます。基軸通貨は、貿易の決済通貨として海外に供給されねばならない。海外へのドル供給は、米国の経常収支の赤字を意味します。これが赤字続きだと、ドルは長期的に下がります。しかし、ブレトンウッズ制の固定相場の中では1ドルが３６０円で固定されていて、ドル下落は見えません。

世界の通貨の基準になっているドルの下落は、何によって見るべきでしょうか。**基準を計る基準は何か**ということです。それは、ドルの交換対象だった金の市場価格です。金の公定価格は1オンス35ドルでした。１９６０年代の金市場では、1オンス59ドルへと69％も上がっていたのです。当然の行動として、経常収支の黒字累積分のドルをもつ海外の中央銀行（当時は欧州）は、ＦＲＢにドルと金の交換を要求しました。ＦＲＢは、金ドル交換を掲げているので、要求を拒むことはできません。

米国は、１９７1年から73年にドルを切り下げました（スミソニアン体制）。円は３０８円にしたのです（14％のドル切り下げ）。しかし、金はそれ以上に上がり、交換されて流出がとまらなかった。このため、戦後は2万トンだった米国FRBの金は、1万2000トンも海外（ドイツ、フランス、スイス）に出て、8133トンに減っていたのです（1973年）。

【1971年の金ドル交換停止】

「**金は重要な準備通貨**」と認識していた米国は、ニクソン大統領が、1971年に「金ドル交換停止」を世界に向かって通告します。この日、ドル中心の固定相場が終わり、通貨が相対的に動く変動相場制が始まったのです。金とのリンクを失ったドルは、8年後の1979年に、世界通貨に対する実効レートで150から100にまで33％下落しています。上がっていた円に対しては、1／2でした。

しかし**下がるドルを世界は忌避しませんでした。**IMFのSDRには想いが及ばず、「ほかに代わるものがない」として、ドル基軸は続いています。その中で、**ほぼ17年周期での米ドルの1／2への下落**という構造的な矛盾が続いてきたのです。

周期的に大きな損をもたらすドル基軸の体制を支えてきたのは、世界への輸出でドル受け取りが大きかった**日本**、**ドイツ**、**産油国**でした。いずれも米国が軍隊で守ってきた国です。最大は、日本です。**GDPの約2倍の999兆円という対外資産**をもっています。対外負債は644兆円で、対外純資産は355兆円です（日銀資金循環表：17年3月）。

日本の対外資産は、累積した経常収支の黒字額に相当します。貿易黒字でドルを受け取って、ドルで対外資産を買ってきました。トヨタ、日産、ホンダの車が、米ドルと米国債に振り替わってきたと言っていい。

【無視された周小川提案】

2000年からは中国の黒字が大きくなり、16年に日本とドイツを超え、リーマン危機前の08年には4205億ドル（46兆円）と両国の2倍以上になっています。ドルをもっとも買うことによりドル基軸を支える国が、軍事的・政治的には敵対しつつ、経済の構造で緊密に結びつく中国になったのです。

周小川提案に対して、オバマ大統領は**「ドルは強い通貨と世界から認められている」**として反発しています。日本、ドイツ、産油国も、ドル基軸を守る側に立っています。このため、中国の提案に対しては、国連チームだったノーベル賞学者のスティグリッツが支持したものの、さしたる議論はなく取り下げられました。論理性が必要な議論をすれば、ドル基軸の矛盾が露わになるからです。無視は、もっとも強い拒絶です。

IMFのSDRを国際通貨にする提案に対しては、**戦後70年で「通貨の自然」**になっていたドル基軸にとって、「荒唐無稽」にも思えたからでしょう。「基軸通貨の特権を知る米国の反発を招くから、実現は難しい」と三菱東京UFJ銀行も述べています。わが国はドル基軸を守る側です。

リーマン危機のように70年に一度起こることは、確率的には、日本の大地震のようなテールリ

図2-8　ドル準備制での、元の発行（金額は仮の数字）

人民銀行の資産（借り方）	資産に対応する負債（貸方）
銀行からのドル買い　1000億ドル	人民元の発行　1000億ドル分（6890億元）

●人民銀行は、銀行からドルを買い上げげて、その分の人民元を、当座預金に振り込む。これが、人民元の発行の仕組みである。米ドルレートが下落した場合、人民元の発行枠は減少してしまう。

スクとされます。世界の国と通貨投資家はドル基軸が終わることは、今も想定していません。大地震を想定して、投資活動はできないからです。ところが、本書の後半部で見るように、再びの世界金融危機は、黒い白鳥（ブラック・スワン）の誕生の確率のように低いテールリスクではない。世界の負債の、GDPの伸びをはるかに超える増加から、20年に一度、15年に一度というように加速しているでしょう。

【IMFのSDR】

中国は、人民元をアジアの基軸通貨にする動きも見せています。2013年から中国が主唱したアジアインフラ投資銀行（AIIB：80か国：2017年：日米は不参加）の設立がそれです。**先進国側の妥協策は、世界経済で比重が大きくなった人民元を、SDRの構成通貨にすること**でした。

IMFが発行している通貨バスケットのSDRは、中央銀行と政府だけが使う通貨です。SDRでドル、ユーロ、円を買うことができます。ドル、円、ユーロに換えてはじめて使える通貨です。これは制度的なものなので、中国に加えてドイツ、日本、産油国がSDRを貿易の決済通貨にすることに合意すれば、大統領選で新大統領が登場するように、ドル基軸も終わります。**国際通貨の価値は、輸出商品と引き替えに多く受け取る側が認めるもの以外ではないからです。**

【通貨の価値は、受け取る人が寄せる信用】

通貨の価値は、国家が保証しているとする人々もいますが（法貨派：通貨の価値は法が決めると考える）、通貨の流通の実際は、そうでない。法貨は、金貨に対してFiat Moneyと言います。法の命令で流通する通貨という意味です。信用通貨あるいは管理通貨ともいいます。

使用価値のある商品と引き換えに、物理的には紙の価値でしかない紙幣（有価証券の一種）を受けとる理由は、**商品を売る人が、その紙幣で他の商品、労働、資産が買えるという価値を認めているから**です。国家権力にもとづかない民間のビットコインの登場を見ても、それがわかるでしょう。

特定の国家からは離れる国際通貨は、国家の経済権力に基づく必要はない。各国の為替介入（ドル買い／自国通貨売り）は、ほんとうはドル基軸体制を支えることですが、国際通貨へのイマジネーションがないトランプ大統領は、**「自国通貨を下げるための為替介入」**と非難しています。

トランプ氏の要請にしたがい、中国、日本、ドイツ、産油国の政府・中央銀行が、銀行にたまったドルを買い上げる為替介入（銀行窓口でのドル買い）を停止すれば、海外に散布され続けるのに最終的な買い手を失ったドルは暴落し、ドル基軸体制は確実に終焉《しゅうえん》に向かいます。**ドル基軸は、**

世界の政府・中央銀行が外貨準備として、ドル保有を増やすことによって維持されているからです。ドルを支えるという言葉ではなく、ドルを買うという行動によってです。

民間では、三菱ＵＦＪフィナンシャル・グループのように、それとは意識されることなく、ドル基軸を支えてきたドル買いの動きの中で、長期的には価値を下げる米ドルのディレンマ（矛盾）は、ドルが国際通貨であり続けるかぎり、続きます。

マネーの国際インフラの供給国である米国の対外債務は増え続け、債務バブルの危機を大きくしていく。**日本の金融機関がドルを買っているのは、増え続ける円国債の買いと同じように、最終的には、自国の中央銀行が買い上げるという期待があるからです。**

中央銀行が買い上げを停止する時期が来れば、民間銀行のドル買いも国債買いも、終わります。**ドル基軸は、世界の中央銀行のドル買いによる、外貨準備の増加という一点で支えられています。**世界の外貨準備は12兆ドル（１３２０兆円）に増えています（２０１６年）。

⑾ドルの反通貨である金の、１９８０年からの動き

図2-9の⑴は、各国の中央銀行の金保有です。ＩＭＦに申告されているものですが、中国では金保有は機密事項なので、実際の保有量と明らかに違っています。米国ＦＲＢの８１３３トンも、１９７１年以来１トンの変化もない。１９８０年代から90年代にかけて、ＦＲＢは金価格を

下げるために、ブリオンバンク（金取り扱いを許可された銀行：ゴールドマン・サックスやJPモルガン）へのリースと装って売っていますが、この売りはデータには反映していません。中国の3％は底上げされたGDP統計と似ています。しかしデータとしてはこれしかない。IMFのデータを公開しているWGC（世界金委員会）は、ロスチャイルド系です。例によって、金本位論者の元FRB議長のグリーンスパンが寄稿しています。http://www.gold.org/

図2-9の⑴の右側のカラムは、**各国の外貨準備額に対する、取得価格での金準備の割合**です。米国はドルが国際通貨なのでドル外貨準備の必要がなく、ユーロや円が少しあるだけです。金の準備率は、74％と高くなっていますが、これは無意味です。

【外貨準備に対する金の準備率：これは知らない人が多い】

ドイツが68％、イタリア67％、フランス62％、オランダ63％と欧州がもっとも高い。外貨準備（65％はドル）の増加に対して、金保有を増やしてきたことを意味します。時価で言えば、欧州の金保有高は数倍になります。欧州は、外貨準備の1・5倍以上の金をもっています。これにより、**通貨発行をドル準備に依存しない体制**を作っています。欧州の主要な中央銀行は、金を準備通貨として構成しています。

ドルやユーロが下がるときは、ほぼいつも、金の市場価格が上がります。金保有を増やしておけば、ドル安のヘッジができるのです。欧州は、いずれ崩壊する宿命のドル基軸の矛盾を、金保

図2-9　主要国の外貨準備に対する金準備率(2016年12月)と、中央銀行の金保有の増加

(1)主要国の金保有と金準備率（IMF統計）

中央銀行	金保有（トン）	外貨準備に対する金準備率
米国FRB	8133	74%
ドイツ　ブンデスバンク	3377	68%
イタリア中央銀行	2451	67%
フランス中央銀行	2435	62%
中国人民銀行	1842	2%
ロシア中央銀行	1615	15%
スイス国立銀行	1039	6%
日本銀行	765	2%
オランダ中央銀行	612	63%
インド中央銀行	557	6%
欧州中央銀行（ECB）	504	26%

世界の中央銀行の金保有は**3万2075トン**　　データ：WGCとIMF

(2)世界の中央銀行の、2010年からの金保有の増加（単位：トン）

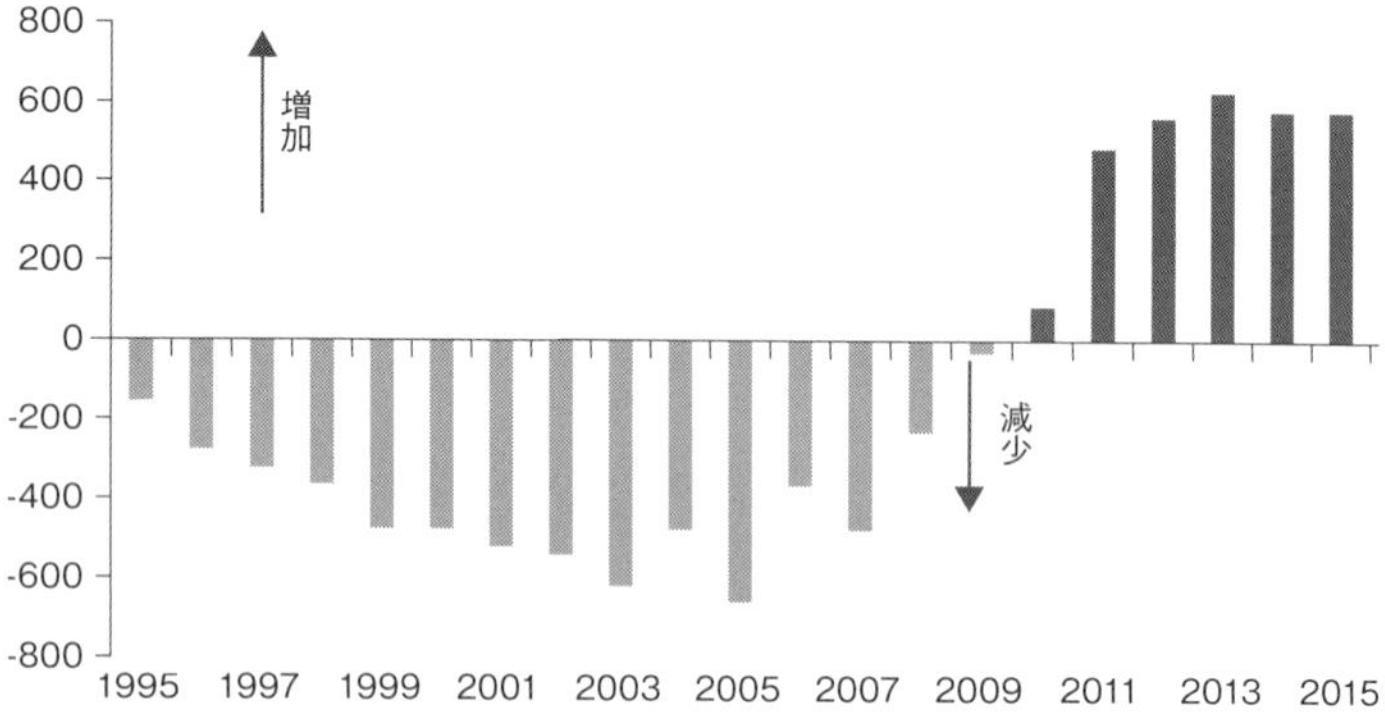

●2009年までは、年平均400～500トンを売り越してきた中央銀行は、2010年から一転して、金保有を増やしている。もっとも大きく増やしているのは、中国の人民銀行である。なお金1トンの時価は、45億円である（17年5月）。

有によってカバーしています。**中央銀行の伝統が長い欧州諸国が寄せるドル信用は、絶対ではないことが、ここからわかります。**スイスの銀行で話を聞いたことがありますが、マネーの運用での彼らの視野は、100年です。日本では考えられない長期です。

日本の外貨準備（1・2兆ドル：132兆円：2016年）に対しては、金は765トン。取得価格で2％、時価（34兆円）でも26％にすぎません。**ドル下落を金価格によってヘッジする発想はありません。**日銀が、米国からドルの反通貨である金の買いを禁じられているからでもあります。中国も、外貨準備（2・9兆ドル：320兆円：2016年末）に対し2％です。日本と並んで低い。ただし中国の金保有高はIMFへの申告データです。実態は違います。

【世界の中央銀行による、金の売り越しの20年と、買い越しへ転換の時期】

図2-9の(2)は、世界の中央銀行による金の売り越し、買い越しの総量です。中央銀行は**2008年までは、年間平均400トンの金を放出**していました。この金売りの目的は、FRBの呼びかけに応えて、市場の金価格の上昇を抑え、ドル基軸を強化することだったのです。

1991年のソ連解体のあと、約20億人の共産圏も崩壊しドルを使うようになって、世界は米ドル一極になって、ドル買いが増加していました。シンボルは、米国のIT株（ナスダック）の高騰でした。米国の株を海外が買うことは、ドル買いと同じです。共産圏崩壊後、米国は世界からマネーが集まる**金融ローマ帝国**になっていました。(注12)

【第二次石油危機後の、FRBによる反ゴールドキャンペーン】

金に話を戻すと、第二次石油危機（1バーレルが2・5倍の30ドル台への高騰）でのドル下落を嫌った産油国の緊急の買いにより、金は**1980年のピークでは1オンス850ドル**（1978年の4倍）**に高騰**していました。これに対してFRBは、その後20年続いた「**反ゴールドキャンペーン**」をよびかけ、世界の中央銀行の協調を得て、金を扱うブリオンバンクを通じて放出を行い、金価格を下げていたのです。金が上がることは、世界からドル信用の低下とみなされるからです。

これが、前掲図2-9の⑵の、90年代の、中央銀行による金現物の売り越しでした。

年間平均では400トンですが、当時は3000トンだった金の産出（現在は年4300トンくらい）に対して、需給面では大きなものです。世界の金需要は、過去も現在も一定量で増え続けているからです。**金はいったん保有されると、短期での売買が多い株と違い、売られる量は少ないという性格**をもちます。このため中央銀行の売りによる市場への供給は、金価格の下落を促《うなが》しました。

新規産出3000トンの13%の金放出が、80年代、90年代の金価格を、年平均5・6%下げ続けていいます。先進国の中央銀行団が400トンという平均放出量を決めていたのには、このような金の需給の根拠があります。

1980年から99年まで、20年続いた反ゴールドキャンペーンにより、1980年の瞬間の高値850ドルが、**19年後の2001年に1オンス255ドル**（1グラムでは当時のレートで1000

円）**という歴史的な安値**をつけています。一方で米ドルの、世界の通貨に対する実質実効レートは、FRBの狙いどおり、1991年の100が、2002年には130に上昇しました。**FRBは、金との20年戦争に勝った**のです。

【1999年からのワシントン協定】

金の下落とドルの上昇に安心したFRBは、**1999年に主要国の中央銀行との間に5年間有効な「ワシントン協定」**を結んでいます。金の売却量を制限したこの協定は、2004年、09年、14年と3回の延長を経て、現在も有効です。欧州の中央銀行とともに日銀も加わっています。

①**金は、重要な準備通貨を構成**することを確認する。

②中央銀行の、**金の放出は、合計で年400トンを超えない**ことを協定する。

これがおもな内容です。中央銀行は、合計でほぼ3万2000トンの金をもっています（2016年）。年間の放出を1・3％以内に制限したのです。

（注12）　1991年には株価指数で3777だったナスダックは、2000年には13倍以上の5048に上がっています。2000年のバブル崩壊と、2001年の同時多発テロ（世界貿易センターなどの崩壊）からイラク戦争の2003年には1282まで下落しましたが、2008年9月15日のリーマン危機のあと、2009年からの3度の量的緩和（QE：4兆ドル：440兆円）によるドル増発から、再び5983（2017年4月：PERは22倍でバブル水準）に上がっています。

図2-9の(2)に見るように、中央銀行の金の売り越しは、2008年まで続いています。

ところが、この間、2001年に1オンス255ドルの底値だった金が、リーマン危機直前の08年1023ドルにまで、約4倍に上がっています。理由は、**2001年の同時多発テロのあとのドル危機、株価危機に対して、世界からの投資用金**（ゴールドバー）**の需要が増加していた**からです。現物金の需要増は、騰落が激しい株よりゆっくりしています。しかし、いったんトレンドが作られると、長期で確実なものになります。

【ペーパーゴールドの金ETFの導入：1994年】

ナスダックが暴落したあと、2001年からは世界から売られたドルの実質実効レートが130から110にまで15%下落しています（2003年）。このとき、金の供給を増やし価格を調整する目的で、**大口需要に応じるためとして金ETFが導入**されています。**金ETF**はペーパーゴールドです。発行の最大手は、ロスチャイルド系のSPDR（スパイダーゴールド社）です。金の取引では、伝統的に、傘下の銀行（イタリアのデル・バンコやスコシアモカッタ銀行）を通じて重きをなしている**ロスチャイルド家**がからむのは当然でしょう。

採掘可能な埋蔵量が減り続けている金鉱山以外でも、金**ETF**によって、金と同等とみなされる証券を「産出」できるようになったのです。**ETF**は、金価格と同じことを発行元が保証する証券です。発行元の金保有と1：1で対応しているものと、金保有がなく、解約価格が金と同じと保証されているものの2種があります。

ＥＴＦと金価格の差は、瞬間の価格差を狙う裁定取引（アービトラージュ）の仕組みで保証されています。**ＥＴＦ**が少しでも安いときは、安い**ＥＴＦ**の先物を買って高い現物金の先物を売ると、リスクフリーで利益が出ます。ヘッジファンドが24時間、この裁定取引の機会をモニターで自動監視し、瞬間に裁定しているため、現物と**ＥＴＦ**の価格は数秒で一致します。

金ＥＴＦは、現在２１４２トン分の発行残高があります（２０１６年）。金が上がるときは、金ＥＴＦの発行が増え、下がるときは売られて減っています。

【金ＥＴＦの売りを、金の下落調整に使う、米国ＦＲＢの意向を受けた投資銀行とヘッジファンド】

ＦＲＢが金価格の下落調整に使うのは、80年代から90年代初期の現物金ではなく、94年からは金**ＥＴＦ**です。物理的には紙にすぎない証券を信用していなかったイスラム金融の産油国も、２０１７年2月に、金**ＥＴＦ**を金と同等とみなしています。証券は、株券や国債と同じように、発行元が保証している契約証です。紙幣も契約証です。

図2-9を再び見ると、**２００８年に世界の中央銀行の金放出が終わり、２００９年からは一転して、年平均４００トンの買い越し**になっています。

背景で、何が起こっていたのか。

・２００６年には**米国の不動産**がピークをつけて下がり始め、

図2-10　主要通貨の実質実効レート
（物価上昇を加えた実質：1970〜2016.12）

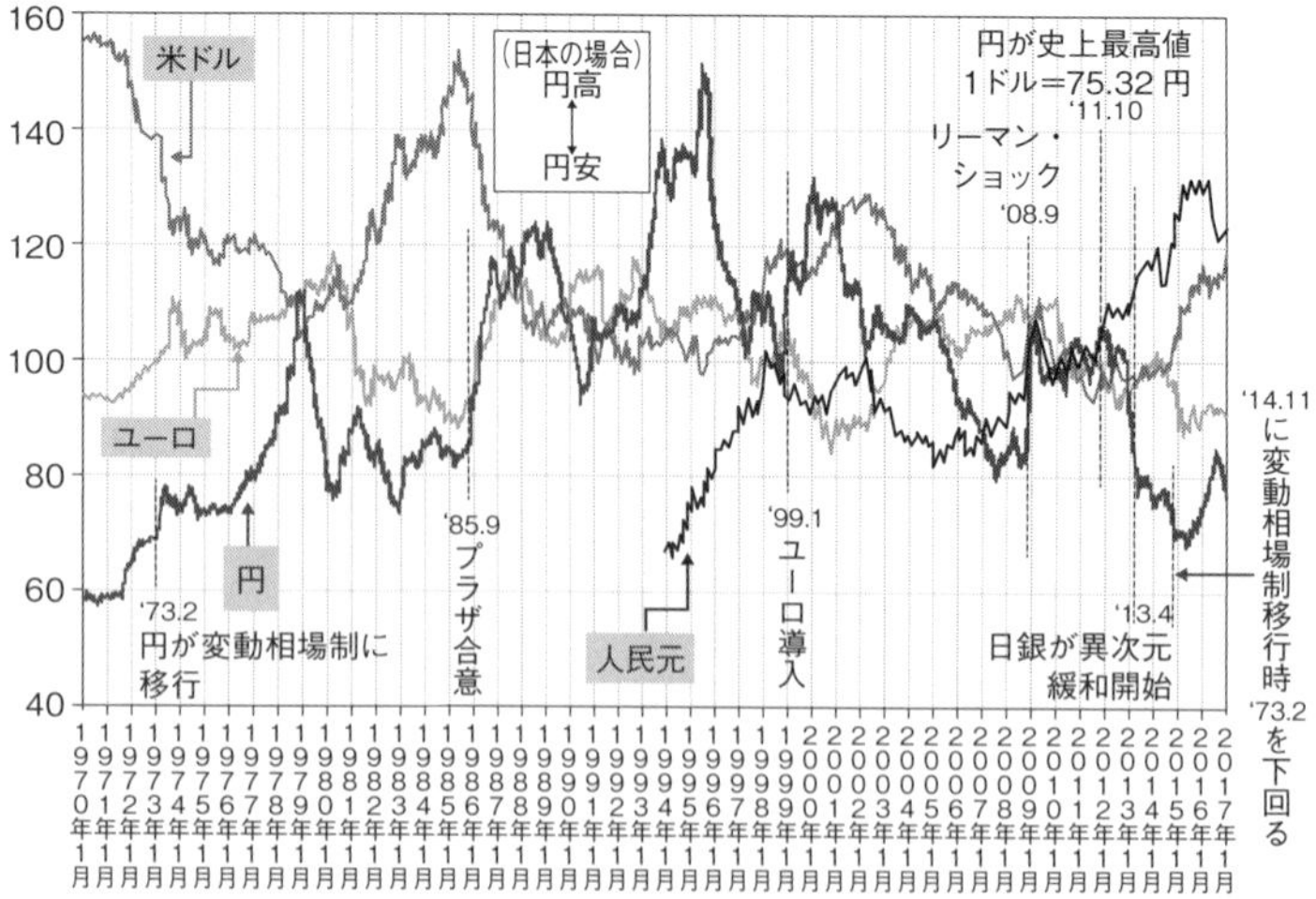

（注）データはBIS：2000年以前のユーロは加盟国の加重平均

・2007年には**英国とフランスの銀行危機**に波及し、

・2008年9月は**米国のリーマン危機**（恐慌スケールの金融危機：瞬間損失1000兆円）でした。

米国の金融危機は、ドルの下落になります。FRBのドル供給支援にもかかわらず、リーマン危機前後の、世界の通貨に対する**ドルの実質実効レートは、115（2006年）から95（2009年）にまで下落**しています。

図2-10として、主要通貨の実質実効レートの46年間の推移を載せます。要因を解釈すれば1冊の本が書ける内容をもちます。

ここでは、イラク戦争の2003年からのドルだけを見ます。**2003年から、2013年までの11年間、米ドルは長期低落傾向**にあったことがわかります（1985年のプラザ合意以降に相当します）。11年のドル下落（130→95）の中で、ドルの反通貨である金は、ほぼ4倍から5倍に上がっていたのです。11年間のドルの下落は、各国の外貨準備の価値を下げます。端的に言えば、ドル準備をもつ政府や中央銀行の損失です。

【転換点は2009年だった：中央銀行が、金現物の買い越しに入った】

リーマン危機後の2009年に、世界の中央銀行は、ドル下落を補うため、1980年以降の約30年売り続けてきた金の、買い越しに入ったのです。総量は年400トンでわずかに見えます。しかし400トンの売り越しから400トンの買い越しへの転換です。市場の金需要を1年に800トン（供給量4300トンの19％）増やしたことと同じです。ほぼ4300トンの供給は変わらない。ある主体が800トンも金需要を増やし続ければ、価格が高騰するのは当然です。

ペーパーゴールドの金ETFの増加発行があっても、2008年の底値1オンス692ドル（当時の円高レートでも1グラム2240円）から、2011年の高値1896ドル（1グラム4677円）にまで、2・7倍に上がったのです。円では2倍ですが、円高／ドル安のためです。

リーマン危機のあと、金価格を上げたのは**新興のBRICs（ブラジル、ロシア、インド、中国）が中心になった金の購入**でした。その主役は、いうまでもなくドルを準備金にして元を発行している中国です。

なお2013年から2015年までのドル高（100→120）は、日銀が異次元緩和で円安策をとって、ドル買い／円売りを主導したからです。その証拠に**円の実質実効レートの下落（100→70）**と反比例して、ドルは上がっています。イラク戦争の2003年からのドルの長期低落の傾向をとめたのは**異次元緩和の日本からのドル買い**でした。ドル買い／円売りを行ったのは、円国債を日銀に売ったゆうちょ銀行、かんぽ生命、年金基金のGPIF（以上で総資金量420兆円）と、民間の三菱UFJグループ（総資金量285兆円）です。保有していた国債を日銀に売って、入ってきた円でドルを買ったと言えばわかるでしょう。

2012年末からのアベノミクスはインフレ目標の達成には効果がなくても、

・通貨の面では「ドル買い／円売り」をして円安にし、
・日米の株の面では、日銀と総資金量420兆円の政府系金融が株を買う官製相場（介入相場）です。

⑿2010年からの突出した中国の金購入と、政府の秘匿

2009年の基軸通貨の変更を求めた周提案が、先進国連合には受け入れられなかったあと、**中国は、2010年から金の買い集めに走っています**。2010年183トン、11年266トン、12年264トン、13年418トン、14年208トン、15年236トン、16年291トン。これは、IMFに申告が必要とされているゴールドバーの購入です。購入で2位はインド、3位がユーロ

諸国（主はドイツ）、4位が米国です。日本は2016年には20トンしか買っていません。

2010年以降の、**世界の投資家と中央銀行によるゴールバーの買い越し**は、1年に1000トンから1600トンでした（データはWGC：世界金委員会）。2011年以降は、このうち、主要国の中央銀行が400トンから600トンを買い増しています。人民銀行の買いは、その50%から70%を占めるくらい大きい。

さらにゴールドバーの買いも、宝飾加工用と申告すればIMFの記録に残りません。中国は2010年492トン、11年606トン、12年645トン、13年1031トン、14年875トン、15年811トン、16年677トンを宝飾用として買っています。50%以上は、政府（または人民銀行）による買いでしょう。

金生産で南アフリカが1位だったのは、70年代までの話です。2014年の金生産では、1位中国450トン、2位オーストラリア273トン、3位ロシア247トン、4位米国210トン、5位カナダ152トンです。南アは6位で151トンに落ちています。

鉱山の金生産は、年間で3000トン付近を続け、2016年は3235トンでした（WGC）。中国は、**金の海外輸出を禁じています。**450トンの生産分は、ほぼ政府が買い上げていると見ていい。

ゴールドバーと宝飾用の買い、そして金生産を合わせると、**中国政府と人民銀行の金保有は、1年に1000トン平均で増加を続けている**でしょう。10年間で1万トンになります。人民銀行の、公称の金保有1842トンは、まるで違います。

【中国の金集めの目的】

中国は、何のために、金の世界生産（4570トン：16年：うち電子機器や宝飾からのリサイクルが1300トン）の22％を占めるゴールドバーを、陰で買い集めているのでしょうか。大量の金買いが始まったのは、新しい国際通貨としての**IMFの通貨バスケットのSDR、または金本位のバンコールの提案**が、G20（2009年）で見送られたあとです。

中国は、3・9兆ドル（430兆円：14年：16年は2・9兆ドルに減少）と、日本の2・5倍から3倍の**外貨準備の保有**をつづけています（ドルが65％、ユーロ30％、円が5％程度）。しかも、その**外貨準備をバックにして元を発行**しています。ドルおよびドルと一緒に下がることが多いユーロの下落は、外貨準備の評価額を減らして元発行の枠を小さくしてしまうという矛盾をはらんでいます。

中国が2010年以降の最近7年で、推計7000トン（2016年の時価で32兆円）のゴールドバーを買い集めた理由は、**「近い将来の金準備制」への備え**以外ではないでしょう。外貨のかわりに、価格が安定した金を準備通貨にする方法です。

【中国政府の金保有の臨界点の推測】

政府・人民銀行の金保有は2016年では9000トン以上に増え、FRBの8133トンを超えていると推察します。しかし、FRBの公称保有にほぼ並ぶ8000トンで、金準備制に変えることはないでしょう。**1万3000トン付近（世界の中央銀行の金保有の40%）を超えたあと、時期では2020年から2022年**と見ます。米ドルが基軸通貨とされた1944年には、FRBの金保有は2万トンであり、世界の中央銀行の保有の70%付近でした。人民元の、1994年からのドル準備制は、2020年から22年ころ金準備制に変わるでしょう。中国経済は米国とG2とされるくらい大きくなったのです。元がいち早く金本位の通貨になるのです。

生産される商品数量を示す購買力平価のGDPでは、中国は21兆2917億ドルです。18兆5691億ドルの米国を超えています（2016年）。3位は8兆5691億ドルのインド、4位が日本の5兆2377億ドル、5位がドイツの3兆9802億ドル、6位がロシアの3兆7997億ドル、7位がブラジルの3兆1413億ドルです。19世紀と20世紀は、GDPで1位の国が、基軸通貨国になってきました。ドルは果たして例外になりえるのか。

【BRICs4か国のGDP合計が、米国＋ドイツ＋日本を超える日が近い】

親和性のある新興国のBRICsが連合すれば、購買力平価での合計GDPは36・7兆ドルであり、ほぼ世界のGDPの半分まできています。これが意味するのは、BRICsが連合して金準備の基軸通貨を作った瞬間、ドルはポジションを失うことです。

われわれは、21世紀の世界の経済成長の内容を見ておかねばなりません。米国、日本、ドイツを合わせても、購買力平価のGDPでは27・8兆ドルであり**BRICsの76%**に下がっているからです。世界中どこを旅行しても中国人が目立つのはこのためです。

通貨の面ではBRICsは、南アフリカを加えて5か国で、G20の枠組みの外で**BRICs**開発銀行を作っています。2013年には、中国の主導で、アジアインフラ投資銀行（AIIB：80か国）も作っています。中国は、米国主導のIMFのような、国際通貨を発行する国際機関を志向しています。日本と米国は出資していませんが、欧州を含む世界57カ国から出資を受けています。

当初の資本は1000億ドルです。

⒀金本位とはどんな制度か

19世紀では主要国の通貨発行は、ほぼ金本位制でした。このため、マネー量の必要以上の発行が原因となるインフレも、必要以下の供給が生むデフレもなかった。1971年に金保有が8133トンに減った米国FRBが、**金ドル交換制を停止**し、80年代、90年代と**反ゴールドキャンペーン**を張って価格を下げ、「金は無意味な金属」と言い続けたあと、金本位は、現代社会に適合しないという見方も多い。

【金本位制への反対論が含む誤り】

エコノミストは、理由を挙げることなく、**「過去のもの」**という。1929年からの大恐慌も、金準備にしばられFRBがドルの増発をできなかったからという誤った説が流布されています。ではは長期で下がり続けるドル準備に忠実であれば、通貨の発行量が制限されますが、それはいいのか、ということになるのですが、それは誰も言いません。金本位がダメだということと、ドル準備制がいいとすることに、論理的な関係はないのです。

実際は、**金準備でも、通貨の発行は保有高にしばられることはない**。金融危機で増発が必要なときは、**金の価格を上げるかまたは金準備率**を下げればいい。中央銀行が保有する金の時価に対して50%の準備率から25%に下げれば、2倍の通貨の発行枠（ベースマネーが2倍）を作れます。10%なら5倍です。ただし、この場合、金に対する通貨価値の下落が明白になるので、当局にとっては不都合とされているのでしょう。金準備率を下げて通貨を増発すれば、1960年代のように、金価格が上がるからです。

GDPの増加率を超える通貨の増発は、通貨の価値を下げることです。**通貨の価値を守ることが第一の使命である中央銀行**は、それを指摘されたくない。もともと、形式上では政府から独立する中央銀行が、通貨発行を担《にな》っている理由は、財政赤字傾向になる政府による通貨の過剰発行が、通貨価値の下落をもたらしインフレを生むということだったからです。**通貨価値を守ることは中央銀行の存在の根拠**にかかわることです。

有史以来採掘され、金塊、金貨、宝飾品として残っている地上の金は**18万トン**（**現在の時価で810兆円**）です。量のイメージでは50メートルプール3杯分。採掘が可能な、地下の**埋蔵は5万トン**と言われます。3200トンレベルの鉱山からの生産が続くと、16年で枯渇します。

埋蔵から採掘と精錬のコストを引いたものが、金鉱山の株価になっています。現在の生産コストは、1オンス分（31・1グラム）が800ドルです（2015年：カナダの鉱山最大手のバリック・ゴールド社）。

このうち、**中央銀行が保有している金は、公称では3万2000トン付近**ですが。ただしこれには中国やロシアなどの公称に表れていない金保有が入っていません。実際は4万トンを超えているでしょう。

金本位に反対している論者は、**「金は準備通貨としては少なすぎる」**ともいう。確かに、世界の中央銀行が、**世界の総量の約1／3の6万トンに増やしても、現在の価格での時価総額は270兆円**です。堅実な50％の準備率とすれば、通貨の発行枠は540兆円です。これでは足りない。世界のGDP8000兆円（2016年）に対して、30％の2400兆円の通貨発行（マネーサプライではなく、中央銀行のベースマネー）は、必要になるときが来るからです。(注13)

金は少なすぎるのか……実はそうではない。**中央銀行が金を買い続けることで、価格を上げればいいから**です。2017年4月では金1グラムは4918円（田中貴金属：税込み小売価格）、国際卸価格では1オンス（31・1グラム）で1274ドルです。2017年は、1月の1200ドルから4月の1270ドルになっています。なお、円での金価格には、小売の販売マージンと消費税8％が含まれています。わが国では金は、通貨ではなく消費される金属とされているからです。このため消費税をかける。通貨であるドルには消費税をかけません。(注14)

米国FRBが、金価格が急騰に入ったとき（近年では1896ドルに上がった2012年）、**金ETFの先物を売って金価格を下げてきた**のは、ドル基軸を否定することになる金準備制への移行を防ぐためです。ドルが下がって金が高騰すると、世界の中央銀行ですでに大きくなっている金準備の金額が一層、拡大するからです。

なお、**2010年からの中央銀行の年400トンという平均の買い越しは、市場の金価格を急**

（注13）2014年10月からのFRBがテーパリングを停止し、2015年12月、2017年3月と0・25％ずつ利上げして、2017年度に3度の利上げと国債の売りも行うとしている理由は、「次の金融危機」で必要になるドル増発に備えるためです。3度のQE（量的緩和）で膨らみきっているFRBのバランスシート（4・5兆ドル：495兆円：17年4月）のままでは、金融危機への対応ができないからです。次の米国の金融危機は、ダウのPERが17倍、ナスダックが22倍の米国株価（17年4月）の下落から起こります。FRBのイエレン議長と、IMFのラガルド専務理事はこれを確実視しています。

騰させないための上限枠です。金の買いに積極的なBRICs（特に中国、ロシア、インド）の中央銀行が、金準備制に向かう長期目的で、800トン、1000トン、1200トンに買い越しを増やせば、金は急騰します。**金が5倍から6倍の価格に上がれば、準備通貨としての金は不足しなくなります。反対論者がいう金不足は、価格を安く固定しているからです。**

中央銀行の買いが増えて、金価格が5倍に上がったとします。2001年の1オンス255ドル、2010年には1426ドルをつけ、9年で5・6倍に上がっています。今後5年で5倍に上がることは、十分に予想できる範囲です。**5倍になれば、中央銀行の所有として想定される6万トンの金準備は、現在価格での270兆円の5倍の、1350兆円に膨らみます。**中央銀行の口座であるベースマネーに対する50％の準備率なら、2700兆円の通貨発行の枠になり、世界にとって十分です。

年間4500トンからは増えない供給の中で、ヘッジファンドの短期保有以外では、**いったん買った個人投資家が売ることは少ない。**ヘッジファンドによる、数十倍のレバレッジがかかる売買は、3か月や6か月の限月《げんげつ》（反対売買の期限日）が多い先物です。買ったあとは、限月までに、買いと同じ額の清算売りになるので、**長期の金価格に対しては中立的です。**

準備通貨にする目的で、中国を筆頭に、BRICsと欧州の中央銀行が金購入を増やしたとき、今後5年で、金価格が5倍に上がるのも確実になるでしょう。

金本位は、金の準備をバックに通貨発行する制度です。**金準備は、通貨と金との交換に備える**

金という意味です。

次は、金準備制度での通貨発行のイメージを示します。19世紀と戦前の金本位を知っている人は少ないからです。金が5倍に上がるとも予想できる２０２２年と想定します。

円での金準備制の事例（注15）

【前提】

日銀は、**１グラム２万５０００円の公定価格で通貨と交換**することを保証する。

（注14）２０１５年の人民元切り下げ以降、国内で元危機が認識されたことを主因に、１ビットが３万円付近から、６倍の17万９０００円に急騰しているビットコイン（17年４月末）に対しても、日本政府は消費財として消費税を課していました。わが国もようやく通貨として認め、２０１７年春からは消費税がなくなる予定です。ビットコインは、ドル買いの規制がある中国で90％が取引されているので、人民元の下落予想で高騰します。２０１３年のキプロス危機から11倍に急騰しその後下落しましたが、２０１５年の元切り下げから、再び６倍に上がって、現在は最高値水準をつけています。ビットコインを、自由に取引できる通貨として認める国は、米国をはじめ16か国です。中国では、香港においては自由です。ビットコインは流通量が少なく投機性の強い通貨ですから、国際通貨にはなりえません。しかし、ブロックチェーンの仕組みは、三菱ＵＦＪグループも採用したように、広がりをもちます。世界は、インターネットやスマホを財布とする電子マネーの時代に向かっているからです。ＶＩＳＡが電子マネーを発行すれば、一挙に世界に広がります。

（注15）日銀が世界に先行して金本位にすることはありません。事例をわかりやすくするためです。

①物価が上がるインフレ傾向のとき：インフレのとき、**金の市場価格は、公定価格の2万5000円より高くなる**（たとえば2万8000円）。インフレと金価格の上昇が意味するのは、円の過剰発行であり、発行しすぎた円の価値は低くなっている。

このとき、市場では金が2万8000円に上がっているので、**公定価格2万5000円での日銀への交換要求**が増える（3000円の利益が出るから）。

同時に海外からは、市場より3000円低い公定価格（2万5000円）で金と交換ができる円の買いが増えるため（円の公定定価で金と交換すれば3000円の利益が出るから）、**円レートは上がる。**円が上がると、輸入物価は下がり、**インフレは抑制**される。

日銀は、金価格が公定レートの2万5000円に下がるまで**円の発行を抑える。**発行が減る円は、金価格が2万5000円に戻るまでレートが上がる。

②物価が下がるデフレ傾向のとき：①の逆です。

デフレのときは、**金の市場価格が、公定価格の2万5000円より低くなる**（たとえば2万2000円）。デフレと金価格の下落が意味することは、**円の発行不足**であり、発行が抑制された円の価値は高くなっている。

このときは、市場では2万2000円でしか売れない金に対して、**3000円高い公定価格2万5000円での、日銀への金の売りが増える**（3000円の利益が出るから）。

同時に、海外から、市場より3000円高い公定価格でしか金が買えない円の売りが増えるため、**円レートは下がる**。円が下がると、輸入物価が上がり、デフレは抑制される。日銀は、金価格が公定レートの2万5000円に上がるまで**円の発行を増やす**。発行が増えた円は、円での金価格が2万5000円になるまでレートが下がる。

以上のように、通貨発行を、経済に対し適切な量にするのが金準備制度です。

金準備制度（金本位と言っても同じ）のいい点は、**インフレとデフレの少ない経済になること**です。このため、長期で通貨価値と、預金の購買力が保証されます。そして通貨の価値が安定するので、財政赤字も抑制される傾向が生まれることです。長期で大きな財政赤字は、いずれのインフレを狙い、政府の借金を、インフレ分、帳消しにすることだからです。

インフレでは、国債の金融資産としての価値が減り、同時に、国民の預金の価値も減ります。近年の極端な例は、日本の戦後の1／100、1990年からのロシアの1／1800、1994年の中国の、1／10に切り下がった通貨価値です。

【2%のインフレも、30年で見れば通貨価値の45%下落】

日本政府が現在目標にしている2%のインフレでも、40歳の人が70歳の完全退職の時期になる30年後には、現在より45%も預金と年金の価値は減ります。

政府は、2％のインフレにより年金・預金・国債の価値を、30年でほぼ半分にすることを政策の目標にしています。これから先といえば、30年という長い期間も、過ぎてしまえば意外に短い。これが、スイスの人々が、100年スパンで資金運用を考えている理由でしょう。

【金準備制は、基軸通貨の必要をなくす】

加えて、**金準備制度のいい点は、ドル基軸通貨の必要をなくすこと**です。**金準備の通貨は、元であれ円であれ、そのまま国際通貨**になります。金との公定レートでの交換の裏付けがあるからです。元の為替レートが下がったときは、人民銀行に公定レートで金との交換要求をすればいい。円も同じです。

中国がドル準備制から金準備制に変わると、世界との貿易の決済のためのドルは、必要がなくなります。外為市場での、実質実効レートでの通貨の変動は、金準備率を変えるとき以外はほぼなくなるのです。

金がバックにあることで交換性があれば、通貨の変動が少なくなり、ドルの基軸通貨はいらない。現在、ドルリスクは輸出で受け取るとき、外貨資産をもつとき、そして外貨準備の保有コストになっています。

米国政府とＦＲＢが、金準備制度を非論理的に、しかもヒステリックに否定するのは、**ドル基軸が終わることを知っているから**です。

エコノミストは、金準備制度では、FRBの言をオウム返しにして、金融危機のとき通貨増発で金融機関が救済できなくなるとも言っています。現在の国債準備制度では、際限のない通貨発行が可能だからです。

【金準備制での、金融のシステミックなリスクへの対応ができる】

しかし金融のシステミックな危機対応は、金準備制度の中で十分に可能です。金融危機は通貨の下落危機であり、そのときは金価格が高騰して準備率が高くなって、通貨発行の余力が出ます。**金が高騰しないときは、金準備率を下げれば、緊急の危機対応としての通貨増発ができる**からです。

中国が、金を集めている理由の背景には、**ドルがいらなくなる「金準備制」への備え**があるでしょう。それ以外に、1年に1000トンの金を増やし続けている理由は考えることができません。

３章　世界の負債が極点に達しつつある

(1)米欧中のリーマン危機対応は、中央銀行のマネー増発だった

信用恐慌：株価と不動産の下落が、なぜ実体経済の恐慌を引き起こすのか

１９２９年から33年の世界恐慌は、米国の不動産と株の過熱から生まれ、まず株価（ＰＥＲ30倍）が暴落し、不動産の下落が続いて、銀行の信用収縮を引き起こしています。３８１ドルだったＮＹダウ（29年９月）は、３年後の32年には、41ドル（89％下落：ＰＥＲ６倍）にまで下がったの

です。70％まで回復したのは、第二次世界大戦をはさみ、30年後の1960年代でした。ローンを悪化させた不動産の下落は5年で26％でした。

信用恐慌とは、銀行がもつ資産（株、国債、債券、担保不動産）が下落することで、銀行信用が低下して、**預金口座に数字はあっても引き出せなくなることから起こるマネー不足**です。全米の1万1000の中小銀行が、国民の預金引き出しに応じることができずに閉鎖され、全銀行も休業しました（1933年9月）。

引き出せるお金が銀行にないと、生産と売買の経済活動は、マネー量に比例して減少します。工場や店舗の設備はあっても生産できないという経済活動の低下は、企業の売り上げと世帯収入を減らします。このため、銀行の貸し付けにはデフォルトが増え、銀行資産（貸付金＋証券）はさらに劣化します。これが一層の銀行信用の低下をもたらします。

銀行信用とは、マネー量のこと

銀行信用とはマネー量（マネーサプライ＝預金）のことですが、その預金を国民が引き出して使えるマネーの量が減ってしまいました。資産が下落した銀行は、信用が必要な新規の貸し出しができず、過去の貸付金の回収のみになって、国民が使えるマネー量を一層減らしました（これがマネーサプライの減少）。

マネタリストの祖ミルトン・フリードマンは、『大収縮1929－1933』で、1929年には米国の**マネーサプライが35％減っていた**と示しています。マネーサプライとは企業と世帯がもつ預金総額のことですから、企業と世帯が使える預金と現金が35％減ったという意味です。これが、フリードマンが描いた銀行信用の収縮でした。恐慌とは、銀行信用の急落だったことを知る人が意外と少ないので、ここに記しました。

商品の生産と売買である実体経済は、マネーのやり取りで動きます。35％減ったマネーサプライは、①米国の工業生産を30％減らし、②商品の需要額であるＧＤＰも45％下げて、③失業率を25％（１２００万人）に増やしたのです。これが銀行の信用収縮がもたらした実体経済の恐慌でした。

大恐慌の前、第一次世界大戦後の１９２１年から１９２７年まで、ＮＹダウは6倍に上がり、高くなり続けていた株価から**「永遠の繁栄期」**と言われていたことを忘れることはできません。長期好況が資産バブルを生むと、蔓延する楽観的な予想に反して恐慌の母になります。

信用恐慌は、不況から起こるのではない。長期繁栄の頂点をわずかに過ぎたとき起こります。変化の臨界点を示すのが、好況のとき増える借入金による投資からの、資産価格（株価と不動産）の高騰です。

- **恐慌は低い金利の上での株価と不動産の高騰で準備**され、
- **資産バブルの崩壊となって銀行信用の縮小**を引き起こして、
- **マネー量を減らし生産、需要、所得という実体経済を縮小**させます。

この原則と展開は、いつの時代も同じです。

1990年代に「もはや恐慌はない」と言われたのは、中央銀行が信用マネーを増発して銀行に供与し、**中央銀行が減った銀行信用の肩代わり**をすることができるとされたからです。したがって現代の問題は、**中央銀行の信用がどの程度まであるのか**ということになります。事実、2008年のリーマン危機のときは、中央銀行の信用拡大が行われています。本書では、その過程と帰結を精査せねばなりません。

(2) 21世紀型では、デリバティブ証券の相互連結がシステミックな危機を生む

元FRB議長のグリーンスパンが、100年に一度と形容した銀行の信用崩壊は、FRBがマネー供給（2兆ドル：220兆円）の時期と規模をためらっていたら、世界恐慌に至るスケールのものでした。1929年と違う点は、デリバティブです。2000年代に米銀で増えていたデリバティブ証券の急落が、またたく間に1000兆円に達して（当方の推計）、**システミックな危機**になったことです。

銀行間のデリバティブ契約の大きさ

金融機関は**相互の貸し借りで連結**しています。毎日大きな決済がされているので、大手銀行の決済不能は、玉突きのように他の銀行に波及します。これが**システミックな金融危機**です。「大きすぎて潰せない」と言われた理由は、21世紀は銀行間の**デリバティブ契約と後述するレポ金融**により、深く連結した金融になっているからです。FRBは、銀行信用のシステミックな縮小を、4・4兆ドル（484兆円）の現金の供給で補ったのです。

70年代にオプション価格を決めるブラック・ショールズ方程式が開発され、80年代には金融工学が盛んになって、90年代には金融の証券化とデリバティブ契約が進みました。

世界の銀行間の簿外のデリバティブの存在を認識できなかったため、当時のわが国の財務省と与謝野馨《よさのかおる》財務大臣は、国会答弁で「日本には蚊《か》ほどの影響もない」と断じました。

米国FRBにも、当時のグリーンスパン議長が回顧録（『リスク、人間の本性、経済予測の未来』2013年）で述べているように、**「デリバティブの全貌が見えない」**ものでした。

このためQE（ドルの増刷：量的緩和：4・4兆ドル）を、3度も行っています。実験的な3回の手術と同じです。われわれは、リーマン危機後の中央銀行の信用拡張（いわば底上げの大量の水）の上の経済の中を生きています。GDPに対する負債の増加から、今後も周期的に襲う金融ショックを理解するには、**デリバティブを知らねばなりません。**

金融危機の原因になるのは、金融資産の肥大

金融危機が12年くらいの周期で来るのは、総金融資産と同額の「政府の負債＋世帯の負債＋企業の負債＋対外負債」の増加率が、ＧＤＰの成長率を超えて大きくなってきたからです。**金融資産には、それが別の人の負債であるという構造**があります。

ＧＤＰに対して金融資産が大きくなりすぎると、運用の利回りが下がって金利は低くなり、低金利が借り入れを増やします。負債の増加は投資を増やし、現在の中国の不動産や米国株のように、資産価格を高騰させます。これがマネーサプライの増加が原因の**資産バブルによる好況**です。資産バブルの時期は、経済は大きく活性化します。

中国に目を転じると、**不動産の高騰が続く中国のマネーサプライ（M２：預金）**は、２００８年を１００とすると17年5月の４００へと4倍に増えています。資産バブルを引き起こすに十分な、年率18％のハイペースでの増加です。マネーサプライの平均増加率が18％なら、不動産が年率で20％上がるのも当然でしょう。企業と世帯の預金も、９年間で4倍に増えているからです。

簿外のデリバティブ契約

銀行間の契約高が５４４兆ドル（約6京円：２０１６年：ＢＩＳ）のデリバティブ証券は、決済日までは損益が確定しないため、バランスシートに載せなくていいとされている**簿外資産または**

簿外債務です。6京円（世界のGDP8000兆円の7・5倍）の銀行間の契約があり、21世紀の金融取引の主流になっているにもかかわらず、資産・負債統計には、出てきません。このため、実現した損が大きくなったとき**「好況のなかの突然の巨大損失」**として人を驚かせます。

リーマン・ブラザーズでは、破産のたった2週間前、リチャード・ファルドCEOが、「当行は市場最大の利益を上げた」と豪語していました。その利益は、デリバティブの偶発債務の上の、はかない影でした。CEOも現場のデリバティブを知らなかったのかもしれません。デリバティブは、約定日までは表に出ない担当者の間の約束であることも多いからです。

・**海面から出た氷山が、リーマンの利益**でした。

・**海面下にはその何十倍の、デリバイブによる未精算の偶発債務**があったのです。

リーマン危機の原因とされているサブプライムローン130兆円のデフォルト額は、その20%の26兆円と小さなものでした。そのデフォルトがMBS（不動産ローン担保証券）やCDO（債務担保証券）などの**デリバティブ証券の全面的な暴落と、CDS（債務回収保証保険）の暴騰**になって波及し、合計で1000兆円の不良債権に発展したのです。

デリバティブが大きくなっていなかったら、サブプライムローンがいくらデフォルトしても、リーマン危機は起こらなかった。リーマン危機の原因を詳しく述べている理由は、次の金融危機もデリバティブから起こるからです。

【CDS（債務回収保証保険）は1210兆円】

債権の回収を保証する証券のCDSでは、対象となる債権のデフォルトの認定がされない間は、保証している債務が帳簿に現れません。公的機関がデフォルトの認定を行うまでは、CDSがかかったものは正常債権とされます。CDSは、契約した条件（デフォルトの認定）のときのみ損失になるので、**偶発債務**と言っています。

①デリバティブの一種である**先物の売買契約**、

②限月までに、契約価格で通貨、株、債券を**買うことができる権利を買うオプション**も、約定の決済日（限月）までは利益、または損害が確定していない**偶発債務**です。

3か月が多い期間損益（P／L）とバランスシート（B／S）には、現れないものが多い。

契約の対象とする債権がデフォルトしたとき、**回収を保証する保険であるCDS（Credit Default Swap：本書では債務回収保証保険と訳す）**は11兆ドル（1210兆円：16年：日本ではその1／10）かかっています。2008年と比べると、FRBやECBによるCDSの規制と資金供給のため、大きく減っています。しかし、未だにその契約高は、日本の政府債務に相当する1200兆円を超えています。CDSをかける債権は、債権・債務のデフォルト予想が高まると増えて行きます。

保証する銀行（プロテクションの買い手）に、CDSの保険料を払って保証保険をかけた証券は、不良債権であっても**銀行のB／Sでは、正常な証券**とされています。お互いの不良債権にCDS

をかけあって相談し、決済日を延ばすこともできるでしょう。簿外のデリバティブにより、決算書のP／LやB／S（氷山の上の部分）では金融機関の本当の財務内容（氷山の全体）は判断できなくなっています。(注1)

(3)リーマン危機の起点、展開、帰結

起点は、2000年に対して価格が2倍に上がっていた住宅が、05年からのFRBの利上げ（FF短期金利：0・25％ずつ1％から5％へ）を契機に、06年央から下落し始めたことでした。これが、住宅ローンの回収権を原資産として作られ、国債並みの信用のAAA格だったMBS（不動産ローン担保証券）に40％の下落をもたらしました。さらに、**MBSを他の債権と合わせて合成したCDO（債務担保証券）**も暴落させ、**ローン回収を保証していたCDS（債務回収保証保険）**が高騰し、金融機関に波及したのです。

当時は、現在の5倍の6000兆円の債権にかかっていたCDSは、**連帯保証の保険**と類似しています。連帯保証は、債務をかかえた人が支払い不能になったとき、保証人が支払いの義務を負うものです。CDSがかかった債権は、この保証があるので正常債権とされます。

デフォルトがないときは、保証する銀行が受け取る保証料は利益です。火災がないとき、保険料は損害保険会社の利益になり、火事が起こったときのみ保険金の支払い義務（これも偶発債務）

になるのと同じです。ＣＤＳの債務は火災が大きく広がったときの保険金の支払いと同じです。予定していた火災確率が数十倍になれば、損保は潰れるでしょう。

まず不動産のデリバティブ証券（ＭＢＳやＣＤＯ）に火災が起こり、類焼して広がったのです。ＣＤＳは、**原資産の債権のデフォルトの確率によって、価格が変動**する独立した金融商品として売買されています。債権・債務（原資産という）の上に、別の証券を作ることができるようになったのです。日本語では、原資産の上にその確率的な利益を予想して作られるので**金融派生商品**と言っています。その確率は過去のものです。未来の確率は、原理的にありえないからです。

ある国の国債が財政のデフォルトの確率が高まったと認定されて売られて価格が下がり金利が上がった場合、ＣＤＳの流通価格も上がります。ＣＤＳの料率は、原資産である国債、社債、ローン債権のデフォルトの確率を示しています。期間5年のＣＤＳの保証額に対する料率が20％な

（注1）デリバティブがＰ／ＬやＢ／Ｓの簿外なのは、決済日までは損益が評価できない偶発債務や偶発利益であるためです。一般にはデリバティブ契約は、Ｂ／Ｓに注記されねばならない。しかし、現状の会計基準では、「市場価格の算定が困難な金融商品は、注記しなくてもいい」とされています。このため、決済期限をお互いの相談で延ばす「飛ばし合い」も有効になっています。違法の飛ばし合いは、生じた損の同額を、お互いが引き受けて、表面に表れる決算書では、両行に損がないように見せることです。花見酒という落語があります。辰さんと熊さんがそれぞれ酒を買い、花見客に高く売って儲けようとする。途中で酒が飲みたくなり、まず熊さんが10文払って辰さんの酒を飲む。辰さんも受け取った10文で熊さんが背負っている樽酒を飲む。酔っぱらった2人は、花見の場所に着く前に、10文をやりとりして買った酒を全部飲んでしまったのです。2人の手許には、10文だけが残った。一体どういうことか。ＣＤＳの掛け合いは、花見酒の経済と同じです。10文がやり取りされただけで、お互いのお金は増えていません。

ら、その間にデフォルトする確率が20％と予想されていることです。

ＣＤＳは、作成者のオリジネーター（作成者である金融機関）が証券として販売しています。オリジネーターではクォンツと言われる金融工学者がＣＤＳを作成して、手数料収入を得ています。未来予測に確率を使う金融工学により、もとの証券（原資産）の上に派生的な証券（デリバティブの原義）が作られ、２０００年代に巨大化し、米欧での金融取引の主流になっているのです。

住宅ローン（米国では残高約１０００兆円）、商業用不動産ローン、国債、社債のデフォルト確率が高まると、ＣＤＳの価格が上がります。資産規模で**世界一の保険会社ＡＩＧと、投資銀行のリーマン・ブラザーズには、ＣＤＳを引き受けたことによる偶発債務が巨大だった**のです。デリバティブ契約で生じる偶発債務は、約定の条件が成立したとき債務になるものです。対象の債権が**デフォルトしたとき、回収を保証するＣＤＳ**はその典型です。

簿外の偶発債務が、危機になると巨大債務になる

ＣＤＳで保険料をもらって保証義務を引き受けても、簿外の偶発債務であり、その債権のデフォルトの認定まではバランスシートに載りません。

ＡＩＧやリーマンのように、ＣＤＳの保険金が支払い不能になると、ＣＤＳをかけていた銀行側に不良な証券と貸付金が増えて、システミックな金融危機になっていきます。

２００７年からまず欧州（ＢＮＰパリバ）に、次に米国の金融にこれが起こり、08年9月15日

には、リーマン・ブラザーズ（負債総額64兆円）、保険会社のＡＩＧ（ＣＤＳの偶発債務５００兆円）、シティバンク、バンク・オブ・アメリカなどの大手銀行が同時に支払い不能に陥《おちい》ったのです。

21世紀型の金融危機は、古典的な単体だったバッドローンの回収不能からではなく、不動産ローン、通貨、金利、株、証券、国債を集合してかった**デリバティブ（証券化金融）の下落や高騰**から起こります。契約金額が大きな、通貨および金利の交換（スワップ）もデリバティブです。

債務危機は、氷山のように**好況期の水面下で大きくなり**、資産価格が臨界点に達したある日、海水がすっかり引いたように債務超過の銀行が突然現れ、その暴発が他の銀行に連鎖します。デリバティブの危機は、長期好況の末期に負債が臨界点に達して、予告なく襲います。

リーマン・ブラザーズは、総負債が64兆円と小さかったので、政府は支援せず、潰されました。しかし**ＣＤＳの偶発債務が５００兆円と大きかったＡＩＧ**は、決済不能になると波及が大きすぎるとして、政府が資本を出し、ＦＲＢが不足マネーを供給したのです。

「金融機関は資産・負債が大きくなれば、政府・中央銀行からの支援でつぶれない」ことがモラル・ハザードを生んでいます。ＦＲＢはリーマン危機のあとデリバティブの一部規制をしていますが（**マクロ・プルーデンス政策**の一環）、それで利益を得ている銀行やファンドの反対で十分ではありません。

金融の自由化とグローバル化の中で、21世紀の金融は、幹部の年収数十億円のみならず数百億円の高報酬と、**株価の上昇利益を求めて強欲**になっています。株価が上がると、低い価格で株を

買うことができるオプション権の行使で利益が出るからです。(注2)

(4)FRBによる資金供給4兆ドルが対策だった

システミックな危機への対策は、中央銀行による銀行への**不足マネーの供給**しかありません。株価の上昇策も、金融機関の資産を増やすため、対策にはなりますが、迫る決済には間に合わない。

FRBはゼロ金利を敷くとともに、3度の量的緩和(QE)で、

①まず**1・7兆ドル(08年11月から10年6月)**、

②次に**0・6兆ドル(10年11月から11年6月)**、

③3度目は**1・7兆ドル(12年9月から14年10月)**、**合計で4兆ドル(440兆円)**を、破産する規模の不良証券をかかえた金融機関に注入しています。

3度のQEを行ったのは、QEをやめるたび、銀行の水面下の資金不足が浮かび上がったからです。FRBのマネーの増発を示すバランスシートは、**2017年4月でも総残高4・4兆ドル(484兆円)**であり、マネーの増加供給は8年半続いています。

15年12月と17年3月にはそれぞれ0・25%の利上げをしました。しかし5倍に膨らんだ資金供給量は維持しています。

買った国債とMBSを売って**ドルの供給量を減らす出口政策**は、まだとられていません。明確な出口政策をとれば、国債価格が下がって金利が高騰し、過剰流動性で上がってきた株価も下落します。このためFRBは買った国債とMBSを売ることができないのです。FRBは、2017年6月に短期金利を0・25％上げて、保有国債とMBSへの再投資を停止する方向を示してはいますが、景気動向次第では、実行できるかどうか不明です。

中央銀行のマネー増発量は18兆ドル（1980兆円）

高騰を続けている世界の株価、不動産価格、そして何よりも、ゼロ金利で流通価格が上がっている国債を含む証券価格は、全部が中央銀行の信用拡張（マネー増発）の上にあります。

（注2）2016年の第1四半期では、544兆ドル（6京《けいえん》円）のデリバティブ契約があります（BIS：デリバティブ統計）。世界のGDP8000兆円の7・5倍に相当します。1兆の1万倍である京という単位は、イマジネーションを超える額です。ローン債権、通貨、証券、金利の原資産にかかっている証券会社間や銀行間の契約です。たとえばドイツ銀行は、EU、米国、日本の銀行との間に、総額で75兆ドル（7250兆円）のデリバティブ契約をしています。偶発債務が発生したとき、もし政府やECBが支援せず、総資産263兆円（13年）のドイツ銀行が破産すれば、債務の決済ができなくなって、カウンターパーティー（契約の相手銀行）になっている世界の銀行危機が一瞬で引き起こされます。デリバティブの増加から、金融機関に広がったモラル・ハザードとは、たとえば火災保険をかけたことで、保険金を目的に、火災の危険への通常の注意を怠ることです。油鍋をかけたガス台をつけっぱなしで外出するようなことです。米国の大手投資銀行のゴールドマン・サックス（総資産94兆円：14年）は、ギリシャ政府の債務偽装を暴露しましたが、その前にはギリシャ債にCDSをかけていたのです（2010年）。

主要4か国では、**①米国FRB（4・4兆ドル）、②欧州ECB（4・4兆ドル）、③人民銀行（4・7兆ドル）、④そして日銀によるマネー増発（4・5兆ドル）、合計18兆ドル（1980兆円）です。**

主要国の中央銀行のバランスシートの規模、つまり中央銀行の信用は、これこそが未曾有《みぞう》なものと言えるくらい膨らんでいます。

今後の問題は、中央銀行が市場だけでは下落していた証券価格の下落をカバーした上で、さらに過剰な流動性の投入で上げてきたため、**表面では「何も起こっていない」ように見えることです。**

株を売買している投資家やファンドも、過剰流動性相場とは考えていないからです。わが国でも、異次元緩和の上の株価と思っている人は少ない。

過剰流動性の土壌に咲いた花が、米国の株価

米国の史上最高の株価（ダウ2万1000ドル、ナスダック6100：17年5月初旬）は、FRBの4・4兆ドル（484兆円）のマネー供給がもとになった**過剰流動性（典型が中央銀行の当座預金）の上に咲いた花**です。30％から40％、高すぎる水準を続けています。

たとえばアップル株の世界一の時価総額7536億ドル（83兆円：トヨタの4・6倍：17年4月）は、いかにも異常でしょう。2013年からアップル株が3倍に上がったのは、「上がるから上がる」

というバブル的な理由しかないのです。

NY証券取引所の時価総額19兆ドル（2090兆円）、ナスダック8兆ドル（880兆円）、合計27兆ドル（2970兆円：16年11月）が、投資家、銀行、企業がもつ株式の金融資産です。**株価という形で、銀行と投資家への2970兆円のマネー供給**になったものが、この時価総額です。

米国では、株式の50％は個人投資家がもち、あとはファンド、銀行、事業法人です。しかし日本では、個人分が18％と少ない代わりに外国人（ヘッジファンド）が30％のシェアです。民間・政府系金融機関は28％、事業法人が23％です（2015年）。個人と民間金融機関が株の売り越しを続けたため、外国人の持ち株シェアが増えつづけています。

日本は持ち株の構成比では、先進国と政府からの資本投入に頼る後発国になっています。金融機関では、官製相場の推進により政府系金融（ゆうちょ銀行、かんぽ生命、GPIF、日銀）の持ち株シェアが増えているだけです。

FRBが供給している過剰なドルの一部、たとえば1兆ドル（110兆円）が買い越し購入に回ると、株価指数は少なくとも30％は上昇し、時価総額で8兆ドル（880兆円）は上がることになるでしょう。FRBのマネーは、井戸の呼び水ではない。FRBが供給している過剰流動性そのものが、株価を上げてきたのです。

日米欧の中央銀行が、同時に誘導している**株の買いは、約8倍のレバレッジがかかって、株をもつ投資家と銀行へのマネーの供給**になると推計できます。

【資金投入の8倍の株価上昇は、マネーの増刷投入と同じ】

リーマン危機のあと、FRBは**直接には4兆ドルの現金を供給**しています。仮にその25%に相当する1兆ドル（110兆円）が銀行とヘッジファンドを通じて株式市場に流れると、株の資産の面で、国民に対しては、ほぼ8倍の8兆ドル（880兆円）のマネーの増加供給と同じになるでしょう。

投資家のもつ1億円の株が30%上がって、時価で1億3000万円になれば、3000万円の金融資産が増えたことになります。そのうち、3000万円分を売れば、3000万円の預金（マネーサプライ）となってマネーが増えるからです。株価の上昇は、現金の直接の増加でありませんが、資産価値の上昇により現金の増加を行うのです。

政府の株価対策は、レバレッジのかかるマネー投入

リーマン危機以降の世界では、政府による株価対策が普通になっています。なぜ政府が、それ以前は介入しなかった株価対策を行うようになったのか。

FRB、日銀、ECB（本部：フランクフルト）、そして人民銀行が株価を重視するのは、**株価上昇がマネーサプライ（銀行信用）の増加と同じ効果**をもつためです。FRB、ECB、そして

日銀が行ってきたLTRO（債券を買い取る長期資金供給オペ）は、株の買越額の6倍から10倍のレバレッジがかかるマネーの供給の一環です。

アベノミスクの**官製相場**も、株価を上げて投資家（700万人）、株をもつ金融機関、事業法人、海外ファンドにマネーを供給することです。政府は、政府系金融のゆうちょ銀行、かんぽ生命、年金基金運用のGPIF（以上で総資金量420兆円）による株買い増しと、日銀も年間6兆円の株ETFを買う株価対策を続けています。

わが国では、**貸し付けをしない政府系金融の資金量が420兆円と大きい**ことが株価指数を30％から40％は底上げする官製相場を生んでいます（2013年から2017年）。個人と民間金融機関が株の売り越しを続ける中で、国内では政府系金融と日銀だけが買い越しているのです。

NYダウは、リーマン危機後のボトムだった**6626ドル（09年3月）から、2万1000ドル（17年5月）にまで、3・2倍に上がっています**。米国株の総時価も、約3・2倍の2970兆円です。中央銀行によるマネー増発以外に、株価上昇という形をとって、米国では**約1000兆円、日本では200兆円の株式マネーが「信用創造」**されています。

ただし、リスク資産の上昇による信用創造は、米国と日本の株価指数が30％下がると、1070兆円も減るという不安定なものです（米国＋日本）。

米国株が下がると、海外ファンドによる売買が60％から70％である日本株の平均指数も、ドル換算で、ほぼ同率下がります。上がるときも下がるときも、ほぼ両者の動きはリアルタイムで連動しています。

その動きは、**「米国株（時価総額2970兆円）↓日本株（時価総額約600兆円）」**です。日本は、**株の時価総額が米国の約1／5**なので「マネー力」の違いがあり、「日本株↓米国株」という動きではない。スイスのデュカスコピー（Dukascopy）がインターネットで提供しているリアルタイムサイトで見ると、上がるときも下がるときも、米国ダウに10秒単位で連動して動いている日経平均がわかります。

1秒に数万回の売買を繰り返している**ＨＴＦ（High Frequency Trading：超高速売買）**のシェアがNY、東京、ロンドン、シンガポール、フランクフルト市場の**全売買の60％**に増えているからです。人間の「場立ち」は消え、**証券取引所には静かに唸るスーパーコンピュータが鎮座**しています。

コンピュータの信号になったマネーが、１秒に１００万回の取引を行うＣＰＵの中で、増殖しているのです。マネーの増発の形態は、19世紀とは違い、紙幣の印刷ではありません。コンピュータのデジタル信号である株価や預金通貨に対して、紙幣は補助的なものになっています。

１９８０年代からの金融では「輪転機を回す」というのは比喩でしかない。コンピュータとインターネットが、マネーを信号に変えたのです。現在は、株券、国債、預金、証券もすべてがデジタル信号に変わっています。国債も含み、紙の証券はすでにないのです。

サミュエルソンは、教科書、『経済学』の中で、**「マネーが電子信号に変わったとき、金融・経**

済は根本的な変容を蒙《こうむ》るだろう」と述べていますが、それがまさに21世紀です。確かに、電子化＋コンピュータ化＋高速通信がなければ、契約額6京円のデリバティブも生まれませんでした。(注3)

(5) ECBによる資金供給2・4兆ユーロ

リーマン危機は、欧州では**2008年のデリバティブ証券と2010年からの南欧の国債（ギリシャ、スペイン、ポルトガル、イタリア：いずれも負債が多い）の下落**として波及しました。欧州中央銀行（ECB：19か国が加盟）は、2008年の年初に2兆ユーロ（248兆円）だった通貨供給を、11年には3兆ユーロに、12年には4兆ユーロに増やして、これを止めています。15年には、いったん2・5兆ユーロに縮小しましたが、17年には再び4・4兆ユーロ（546兆円）にまで増やしています。

リーマン危機後のユーロ増刷は、2・4兆ユーロ（298兆円）です。17年現在も南欧債の価格維持のため毎月、日銀の8兆円より多い800億ユーロ（9・9兆円）を増加供給し続けてい

（注3）これから、世界で急増するフィンテックもマネーを電子化し暗号化して、支払いと預金を容易にするものです。スマホが財布になり、その中の暗号がマネーです。

（注4）LTRO：Long Term refinacing Operations：中央銀行は、マネー供給を正当化するため、いろんな言葉を使っています。全部が、銀行に現金を供与することです。

ます。ＬＴＲＯと言われ、ＥＣＢが長期債を買って下落を止める方法です。(注4)

南欧国債の下落と、ＥＵの銀行危機

財政リスクのため、利回りが高い南欧債はＥＵ（欧州連合：28か国）の銀行がもっているので、それが下落すればドイツ、フランス、イタリア、スペイン、ギリシャの銀行危機になります。欧州中央銀行のＥＣＢは、**大手銀行を救済する目的で、２０１７年も日銀より大きな年間１２０兆円の規模でユーロの増加供給**を続けているのです。

バッドローンが多いイタリアの最大手ウニクレディト、そしてモンテ・デイ・パスキやバンコ・ＢＰＭ、スペインのサンタンデール、ポピュラール、そしてドイツ銀行は、ＥＵとＥＣＢからの資金支援に頼っています（２０１６年から２０１７年）。

リーマン危機のあとの**不良債権と不良貸し付けの含み損が残り、銀行のバランスシートの本当の中身は改善していない**からです。ＥＣＢによる資金供給とは、ＥＵ（欧州連合28か国）の銀行のバランスシートに、根雪のように重なった不良債権を肩代わりすることです。次の金融危機は欧州発と言えるくらい、ＥＵの銀行には不良な貸し付けが隠れていますが、総額は誰にもわからない。銀行の資産監査であるストレステストを行う金融当局も「見ないふり」をしています。

ある担当は、「それは言わない。言えば大変なことになる」とフィナンシャルタイムズ紙に漏らしています。ストレステストは、お手盛りです。わが国でも１９９８年の金融危機のとき、金融庁が言った不良債権30兆円は、実態の1／7でしかなかった。後述しますが中国の不良債権でも、政府発表は日本総研の推計の1／10です。

なお2016年6月にEUからの離脱を決めた英国のイングランド銀行（英国中央銀行）も、バランスシートの信用規模を4000億ポンド（58兆円）と4倍に膨らませて、HSBC（香港上海銀行）やバークレイズ等に資金供給しています（2016年から2017年）。

未決済のデリバティブが含む偶発債務

欧州の全域が、**潜在的な銀行危機**を続けています。銀行のバランスシート内の隠れた危機と、簿外債務になっているCDS（債務回収保証保険）や、類似するCDO（債務担保証券）の、**未決済のデリバティブからくる偶発債務**は、銀行の側や当局からは決して言いません。

当局が危機や不良債権額を漏らすと、不安にかられた預金者から預金の取り付け（Bank Run）が起こって、支払い不能になった銀行が破産するからです。信用で成り立つ銀行は、信用不安のうわさだけでもつぶれます。

金融危機は、**中央銀行のマネー増発**により、どこまで先送りができるのか、2017年現在、**EU（欧州連合）が実験場**になっていると言っていいでしょう。

政府または中央銀行が**増資資金**を出すか、**返済のいらない劣後債**を買わないかぎりは貸し付けですから、銀行の不良債権とバッドローンは、**表面が冷えて黒くなったマグマ**のように消えません。

政府が増資資金を出すことは、銀行の国有化です。その国有化により、今度は、政府財政が悪化します。政府は「天や神」ではない。財務では税収を収入とする企業と同じです。中央銀行はマネー創造ができる神でしょうか。これも違います。

根本では、民間銀行と同じ構造で信用創造をしている機関です。銀行としか取引をしない点と、紙幣を印刷できることだけが民間銀行と異なるだけです。

(6)中国の財政拡張が4兆元(65兆円)

中国にとってのリーマン危機は、対米・対欧の輸出の急減でした。資本の自由化(外貨交換)に制限がある中国には、08年当時は、金融での波及は小さかったのです。

しかし08年に4205億ドル(46兆円)だった貿易黒字が、11年には1361億ドル(15兆円)へと2844億ドル(31兆円:GDP比6%)も減っています。貿易黒字の減少は、中国のGDPを6%減らし、二桁だったGDPの成長を6%下げる要素になります。

危機対策の4兆元(65兆円):08年11月

中国政府は、4兆元(65兆円)の緊急財政拡張(08年11月から)を行って、GDPの6%の急減

を補いました。GDPの増加が8%を下回ると失業が増加し、雇用保険等の社会保障が未整備なので都市流民《るみん》が増えて、社会不安が起こるからです。国民に対して情報統制をしている政府は決して言いませんが、政府が群体性事件と呼び、警察や軍が出動する暴動は1日500件、年間18万件とされています（2015年）。

一方で中国の内部では、日本の国債の約2倍の**18兆ドル（1980兆円：2016年）に増えている企業への貸付金に、不良債権**の発生があります。

前述のように、中国の**GDPのうち47%が官民の設備投資**です（14年：固定資本形成：前掲図2-4）。65兆円の政府の拡張財政の多くは、官民の増加負債による不動産投資になっています。65兆円の経済対策とともに、民間企業は、銀行からの借り入れを増やし、GDPを下げないための不動産投資を実行したのです。中国では土地は国有です。1800万社の企業が使用権を買うと、それがGDPに算入されます。土地購入は、中国のGDP成長率の高さを支えている要素になっています。土地が私有の国では、土地取引は株の売買と同じ資産取引ですから、GDPの構成要素ではありません。GDPは商品の付加価値額を計算するものだからです。

2009年からの不動産投資の急増により不動産価格とGDPを上げた

2009年からの不動産投資の急増で、2010年の上海万博のあとに予想されていた不動産バブルの崩壊とGDP増加率の低下はとめることができました。

その代わり、**政府の負債と、とりわけ民間企業の負債**が増えて、現在に至っているのです。この件は、**2017年以降の中国経済にとって肝心な問題**になるのでデータを示して後述します。借入金の増加による不動産投資によってその場のGDP低下問題は解決されますが、その増加した借り入れが5年から10年後には、返済できないバッドローンになってはね返ります。

なお日本にとってのリーマン危機は、金融面での波及ではなく、中国のような経常黒字の急減でした。2010年には2209億ドルだった黒字は、2012年には597億ドルへと1612億ドル（73％）も減っています。これは輸出（外需）の急減ですから、2008年以降の**日本経済で、商品供給力が需要を超過して、物価が下がるデフレ圧力**になったのです。

日本は、インフレ目標費として4年で約400兆円の国債を現金化

2012年12月に政権についた自民党の安倍内閣は、日本経済の問題を、第一に物価が下がるデフレと断じました。対策として、インフレ目標を2％とし、インフレの誘発のために、**日銀が年70兆円から80兆円の国債を買い増して円を増発する、異次元緩和策**をとっています。2013年から17年4月の4年間で、**日銀のバランスシート（信用創造額を示す）は493兆円**にまで拡大しました（日銀営業毎旬報告）。国債を市場で買うという方法で、**4年で400兆円の増加供給**が行われたからです。

これは日銀が国債を直接買うことと同じ**財政ファイナンス**であり、**政府負債の増加（1年に35**

兆円から45兆円）と国債価格の維持を助けています。

・世帯と企業は、財政の健全化を図ったため、負債は増えず、

・政府の負債のみが、日銀の国債買いにより増えてきたのが日本です。

(7)主要国の中央銀行の信用(Credit)の拡大

図3-1では、リーマン危機のあと米国FRB、欧州ECB、人民銀行、日銀の中央銀行のバランスシートが、同時に大きく膨らんで、通貨が増発され続けて現在に至っていることを示しています。

危機の前は4大通貨の合計で、6兆ドル（660兆円）付近でした。2017年3月で、**合計18兆ドル（1980兆円）**と、**約3倍のマネー増発**が行われています。

平常時には決して行わない非常策が実行された理由は、**国債の下落とデリバティブ証券の不良化**による金融機関の破産が生むシステミックな危機から、世界恐慌に至らないようにすることでした。

ICU（集中治療室）のたとえ

世界経済に**人工心肺をつけ輸血もするICU（集中治療室）**に入れたようなものです。ICU

図3-1 リーマン危機以降の米国、欧州、中国、日本の中央銀行のバランスシートの規模の拡大

中央銀行のバランスシートの増額は、負債である通貨発行量の増加を示している。

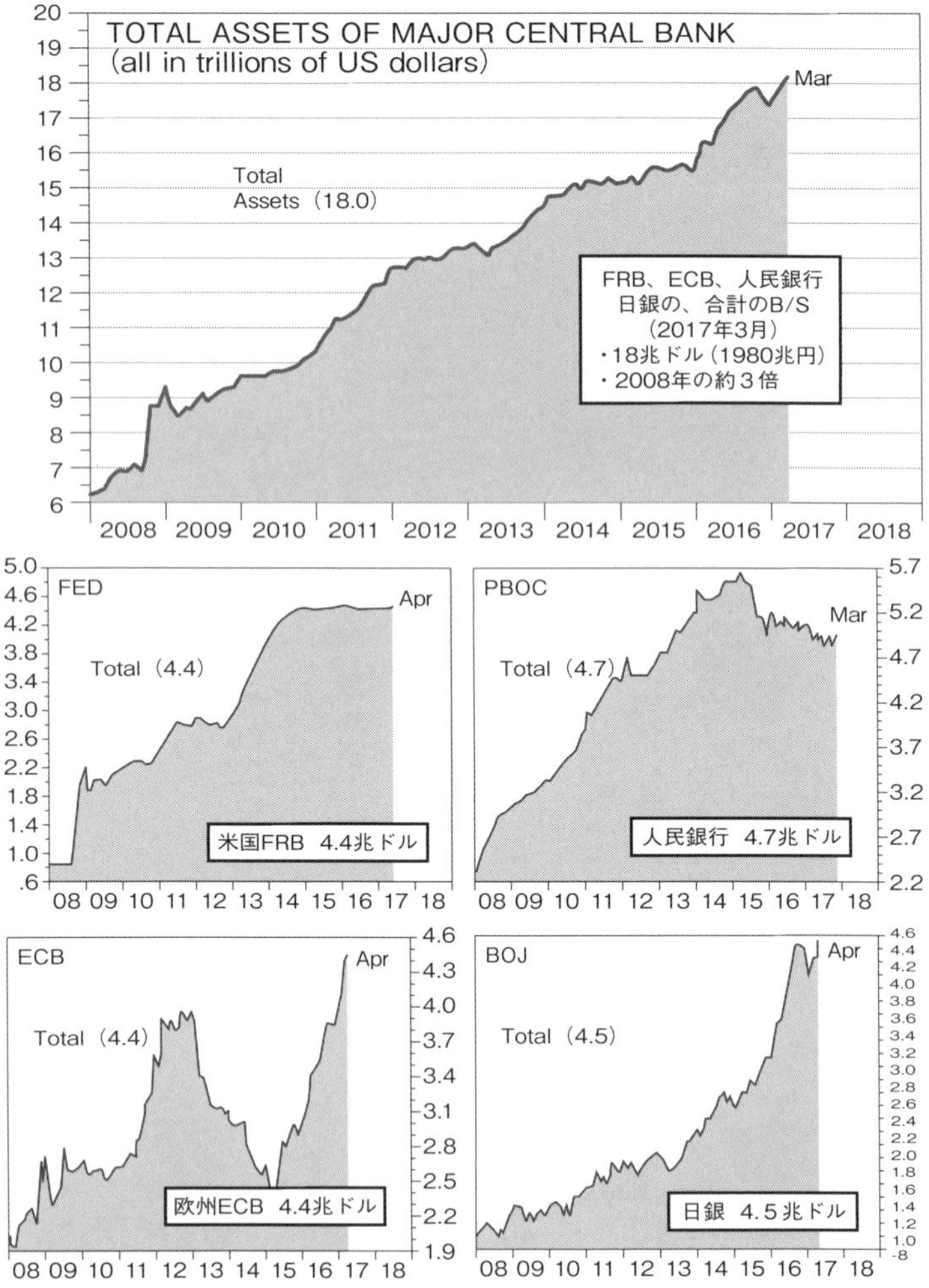

●2008年以降、米国FRBは4.4兆ドル、欧州ECBは4.4兆ドル、人民銀行は4.7兆ドル、日銀も4.5兆ドルにバランスシートを拡大して、合計で$18兆（1980兆円）のマネーが増発されている。まさに、未曾有の、マネー増発状況が、2017年現在も続いている。

データ：BIS（国際決済銀行） http://www.yardeni.com/pub/peacockfedecbassets.pdf

からは、いずれ出口プラン（**退院**）が問題になります。それが2017年です。

日米欧中の中央銀行が信用創造した1980兆円相当のマネーが、

・国債の買いとMBS（不動産ローン担保証券）等のデリバティブ証券の買いとなって、

・国債とデリバティブ証券の下落をとめ、

・金融機関の損失の露呈をカバーしています。

しかし2015年からのドイツ銀行とイタリア、スペインの大手銀行に見られるように、本当のバランスシートの悪化は、中央銀行のマネーにより覆われているだけです。融資の不良債権は日本の金融機関が健全ですが、問題は、ゼロ金利でバブル価格まで上がっている国債が、金利上昇時の潜在リスクになっていることです。

出口政策の困難

その証拠に、中央銀行が**増発したマネー量を正常に戻す出口政策**がとれないでいます。ICUから出すと命が危ない患者と同じです。中央銀行がマネー増発を行わなかったら、銀行の損失カバーがはずれ、不良債権と、金利ゼロのときは潜在的だった国債の下落損が表面化するからです。**米国FRB、欧州ECB、日銀が買ってきた国債を売る出口政策**をとれば、日米欧の国債価格は同時暴落して金利が高騰し、3か月くらいで、金融のシステミックな危機に至るでしょう。人体で言えば、血液（経済ではマネー）を送る心臓が不全になるようなものです。中央銀行によるマネーの増刷は、通常は行わないＩＣＵのような非常策であることを忘れてはなりません。ＩＣＵ入りが８年も続くとこれが当たり前に見えてきますが、鼻からは酸素吸入し、腕には人造血液（フィアットマネー）の点滴装置をつけたままなのです。

日銀の異次元緩和の真義は、財政ファイナンス

日銀のマネー増発は、米国、欧州、中国と目的が違っていて、**政府の赤字財政をファイナンスする**ことを目的とした国債買いです。

日銀と政府は、政府から直接には買わず、金融機関が入札したものを買っているので、財政ファイナンスではないとしています。しかし、発行国債の50％近くを買うことが、財政ファイナンスでないわけがありません。財政ファイナンスは、フィアットマネーの信用を徐々になくして、結局はインフレを招くことになるとして財政法が禁じているので、政府・日銀は「屁理屈」を言っているのです。

この財政ファイナンスは、日銀が４００兆円余の国債買いをしていなかったら、**国債価格が下落していたはずですから、国債価格の維持による金融機関の潜在損失のカバー**にも該当します。日銀による年間80兆円の国債の買い増しで、財政のファイナンスと、銀行にとって損失になる国債の価格下落の防止が、同時に行われているのです。

中央銀行が国債を買うには、買う分の通貨を増し発せねばならない。**この通貨発行は、中央銀**

行にとっては、バランスシートの右側に記載される負債です。**負債の拡大は、信用（Credit）の拡大であり、それは中央銀行の負債の増加**です。日銀は国債を買うことで政府の負債を、日銀の負債の通貨で肩代わりしています。

以上が、中央銀行のバランスシートの拡大に隠されたことの本義です。**マネーの増発は、中央銀行の負債の増加**です。負債の拡大は、国民の承諾を得ないで行われます。このため中央銀行はいくらでもマネーを増発できるというリフレ派の幻想も生じています。

次項では、リーマン危機以降の政府、世帯、企業の負債の増加を、米国、日本、中国を例に述べていきます。この中では、一般には知られていない**偶発債務になるデリバティブと、中央銀行の信用**について根本的なところを示す必要があります。

4章

米国と日本の部門別負債

もっとも近い例は1929年から33年の世界恐慌しかないため、100年に一度のスケールとされたリーマン危機は、**中央銀行の増発マネー供給で糊塗《こと》**され、現在に至っています。銀行のバランスシートには、現金供給がなかったら不良化した**バッドローンと不良債権が「熾《おこ》り火」のように残っています**。

債務超過になった企業が、追い貸しによって延命し、バランスシートの中の不良資産の露呈がカバーされていることと同じです。

しかし、中央銀行と銀行の関係は、金融政策がからむ密室であり、特殊です。**銀行を救うための追い貸し**とは言わず、経済のためのマネー供給としています。銀行は、マネーサプライの提供をする機関として、国民経済を担保にとっているからです。民間企業の体裁をとってはいますが、銀行はマネーサプライを司る準公的な機関です。事実上、政府の特殊法人（現在は独立行政法人）と同じと言えばわかるでしょうか。

(1) FRBのドル増発の意味

米国のFRBの方法は、
①金融機関がもつ**国債を現金化し**（2・5兆ドル：275兆円）、
②不動産の下落のため時価が60％に下がっていたMBS（不動産ローン担保証券）を、**発行額面で買い上げることでした**（1・8兆：198兆円）。

買った額面と時価の差は、**FRBの含み損失**になっています。

これは、債券とデリバティブ全体の下落による信用恐慌により、決済資金が不足していた金融機関に4・5兆ドル（495兆円）の現金を供給することでした。

国全体のマネーの流れを示す資金繰表では、**金融機関の信用収縮からきた資金不足をFRBが肩代わり**しています。目的は、金融機関の破産から生じるシステミックな危機（危機の全体への連鎖）を避けることでした。

図4-1　FRB（Federal Reserve Bank:連邦準備銀行）のバランスシート（簡略化）

FRBにとっては、発行したドル紙幣と、国債とMBSを買ったとき代金として振り込んだ預金通貨（当座預金）は負債になる。このため、1971年の金本位停止のあとのマネーを、管理通貨（Managed Currency)または負債性のマネーとも言う。1971年以前の、金本位性のときは、金準備率に相当する金証券のマネーをドルとして発行していた。金本位は金準備率に、通貨の発行が制限されるので、日米欧の中央銀行はこれを嫌って、マネー発行の裏付けは国債、民間証券、外貨準備である管理通貨になっている。通貨発行の制度は、国民の承諾なく、変更されている。

市場から購入してきた金融資産		資産に対応する負債と資本		短い解説
金準備	110億ドル	ドル紙幣の発行	1兆4995億ドル	①金準備は、70年前の取得価格が現在の時価では、約35倍になっている。
IMFのSDR（国際通貨）	50億ドル	当座預金の預かり	2兆4952億ドル	②SDRはIMFが発行している国際通貨で、中央銀行のみが扱う。
買った米国債	2兆4648億ドル	その他負債	4359億ドル	
額面価格で買ったMBS	1兆7690億ドル	（負債合計）	4兆4305億ドル	③MBSの1兆7690億ドルは、額面価格。時価との差が、銀行への信用供与に相当する。
その他資産	2214億ドル	FRBの自己資本	406億ドル	④当座預金は、国債やMBSを買った対価として振り込んだ、預金通貨（所有者は銀行）
資産の合計	4兆4712億ドル	負債および資本	4兆4712億ドル	

2017年3月14日時点：https://www.federalreserve.gov/releases/h41/current/

FRBの信用の肥大

図4－1に示したFRBのバランスシートの規模（4・5兆ドル：17年4月）は、FRBに当座預金をもつ銀行と紙幣をもつ国民からの、中央銀行の負債額を示しています。

ただし銀行の当座預金も国民の預金に対応するものなので、中央銀行のマネー発行は、結局は、全部が国民に対して行われていると言えるのです。

中央銀行のバランスシートの内容は、メディアからは論評されることが少ない。しかしこれは、**中央銀行にとって負債になり、銀行**

と国民にとっては、現金性の資産になる通貨の発行の仕組みも示す重要なものです。

ＦＲＢは、前述のように米国債を約２・５兆ドル（２７５兆円）、不動産ローン担保証券のＭＢＳを１・８兆ドル（１９８兆円、発行額面で買い上げ、ドル紙幣を１・５兆ドル（１６５兆円）、銀行がＦＲＢにもつ当座預金に２・５兆ドル（２７５兆円））を供給しています。

これが、ＦＲＢの信用創造した金額です。

合計の４兆ドル（４４０兆円）は、銀行がＦＲＢにもつ預金口座である当座預金に振り込まれ、**ＦＲＢからの銀行に対するマネーの供給**になったものです。

銀行は、保有していた国債とＭＢＳをＦＲＢに売って、現金に換えています。

マネー供給のうち紙幣の１・５兆ドルは、銀行がもつ当座預金のマネーで買われたものです。預金者が、銀行からドル紙幣を引き出すとき、紙幣の発行が増えます。その紙幣が、使われないタンス預金になると、マネーサプライの減少と同じことになるのです。

20世紀後半からの経済取引では、預金によるオンライン決済やクレジットカードが増えているので、中央銀行による紙幣の発行額は少ない。

過去の習慣から「中央銀行は紙幣を発行する」と言っていますが、実際は紙幣の印刷ではなく、**当座預金の中の預金通貨の増加**です。マネー発行の実際は、銀行が中央銀行にもつ当座預金の口座に、全銀手順で電子信号になった金額数字が書き込まれることです。これがＴＣＰ／ＩＰのインターネット手順で暗号化されれば、フィンテックになります。

マネー創造になる中央銀行の信用増加は、負債の増加

理解しておくべきは、**マネーの増発は、中央銀行の負債の増加**であることです。負債の増加ですから信用（Credit）の増加です。個人の未決済のクレジットカードでの買い物の増加と同じです。中央銀行は、国民の承諾なく銀行から証券を買って、マネーの増発ができるので、**「信用創造」**と言っています。

信用創造とは**マネーの形をとった中央銀行の負債が増えること**です。国債が政府の負債であるように、**信用通貨の発行は中央銀行の負債**です。このため信用通貨を、それ自体が価値をもつ金本位制の通貨に対して、**負債性の通貨**とも言います。

しかし人々には、マネーが中央銀行の負債だという意識はないでしょう。

銀行間のデリバティブ契約の大きさとレポ金融

なお、中央銀行が不良債権となった証券を、発行額面（Face Value）で買ってマネーを増発するときは、**銀行の損失を、中央銀行がその信用力により肩代わりした**ことになります。銀行の不良債権が現金に変わったからです。ただし、その不良債権は、中央銀行の資産に振り替わったのであり、消えたわけでないことに注意してください。

米国の不動産ローンのデフォルトが増えたとき、MBSの時価はAAA格のシニア債（優先債）でも、60％に下がっていました。リスクが高いメザニン債とエクイティ債（劣後債）には、価格がつかなかった。FRBは、流通価格では1単位が6万ドルに下がっていたMBSを額面の10万ドルで買って、4万ドルを利益供与しています。デリバティブの下落からきた銀行危機を収めるため、FRBは、自分の信用力を使って、銀行の損失を肩代わりしたのです。

デリバティブでは優先、劣後の仕組みも重要です。たとえば1兆円の負債証券のうち、優先的に返済しなければならないものが**優先債（シニア債）**です（たとえば5000億円）。一方、**劣後債**は返済が後順位です（エクイティ債1000億円）。**株式**は、償還がもっともあとの順位のエクイティ債です。優先債と劣後債の中間の順位が、**メザニン債（中二階債：4000億円）**です。オリジネーターは、多くの種類の債権を寄せ鍋のようにかき混ぜ、そこから優先・メザニン・劣後を層分けして（トランシェして）、販売しています。劣後債は、ジャンク債のようにリスクが高く、金利が高いのです。

FRBは、住宅ローンのデフォルトの増加で流通価格が下がっていたMBSのシニア債、メザニン債、エクイティ債を、発行額面で買い上げ、銀行に資金供給したのです。これが、FRBの通貨増発でした（紙幣1・5兆ドル＋当座預金2・5兆ドル：17年3月）。

デリバティブの下落を止めたのは、**FRBによるデリバティブの買い**でした。続いて**欧州ECBが、南欧債とデリバティブの買い出動**をして金融危機を止めています（4兆ドル：12年）。

【銀行間のレポ金融の増加】

もうひとつ、米欧の投資銀行で増えている**レポ金融による信用創造**の仕組みも知っておく必要があります。ある投資銀行が、国債を1兆円もっているとします。その国債を、期限日に買い戻す条件付きで別の銀行に売って、現金を調達する。合意した掛け目（ヘアカット率という）が3％だったとします。9700億円の現金が入ります。その9700億円で、また国債を買ってレポ金融をする。9409億円の現金が入ります。

これを繰り返すと、最大では無限等比級数により、［1÷掛け目3％＝33倍＝33兆円］の現金が創造できます。

この、2000年代から増えたレポ金融の問題は、国債の金利が0・5％上がって価格が10％下がると、13％のヘアカット率になり、総体の現金では、［1÷掛け目13％＝7・7倍＝7・7兆円］の信用縮小が起こることです。一度に25・3兆円も返済するか、追加の担保（個人の追い証と同じ）を入れねばならない。できなければ銀行間のデフォルトです。

レポ金融の増加により、**金利が下がるときはマネー量が大きく増え、金利が上がるときは急に縮小する金融の不安定さ**が生まれています。

レポ金融の中では、FRBが金利を0・25％上げることが、重大な信用縮小を生みます。レポ金融の買い戻し条件付き債券には、国債とデリバティブが多く用いられています。金利の上昇が金融市場の予想外であると、わずかな金利の上昇（国債価格の下落）であっても、金融危機の引き金になることを知っておいてください。FRBのわずかと言える0・25％の利上げが金融政策の大きなニュースになるのは、現代の銀行間金融に、レポ金融による信用創造があるからです。

現代金融のイメージは砂の城

薄氷を積み重ねた上に、現代金融はあります。水をかけると土台が崩れる砂の城とも言えます。マネーがコンピュータ化されたことによって、レポ金融とデリバティブが生まれたのです。古典的な金融だった紙幣の時代は、1970年代に終わっています。

21世紀型の金融危機は、契約高が世界のGDPの6・6倍の契約があるデリバティブの下落から発生します。**レポ金融とデリバティブは銀行間の契約**なので、限月《げんげつ》（期限日）で、大手の銀行に決済不能が出ると、相手銀行に波及し、システミックな全体危機になるからです。

このデリバティブとレポ金融が米欧に比べて少ない日本でも、準大手の三洋証券の決済不能が、北海道拓殖銀行、日本長期信用銀行、日本債券信用銀行にシステミックなリスクを引き起こしています（1997年、98年の金融危機）。これに対して、政府と日銀は緊急に資金貸与をしたのです。結果として預金が守られたので、預金者は信用恐慌の被害を受けず、何事もなかったような感じで、過ぎています。

政府や中央銀行が預金を守ることをベイル・アウト（政府による金融機関の救済）、預金者と株主に損を与えることをベイル・イン（債権者への損失転嫁）と言っています。不良債権が多く、株

図4-2　世界の銀行間デリバティブの契約残高（2016年6月：BIS）

項目	契約額	内容
外為関連	68.6兆ドル（7546兆円）	通貨先物、通貨交換、通貨オプション
金利関連	368.4兆ドル（4京524兆円）	金利先物、金利交換、金利オプション
エクイティ関連	6.1兆ドル（671兆円）	株式先物、株式オプションなど
CDS	9.8兆ドル（1078兆円）	①シングルネーム担保、②インデックス担保、③シンセティック（合成担保）の3種
その他	30.0兆ドル（3300兆円）	
合計	482.9兆ドル（5京3119兆円）	世界のGDP8000兆円の6.6倍

BISのデリバティブ統計より筆者作成：元データ→http://www.bis.org/statistics/derstats.htm

価の下落を端緒に信用危機に陥ったイタリアの最大手銀行モンテ・デイ・パスキ・デイ・シエナでは、ベイル・インも検討されましたが、イタリア政府が、国債を発行して増資に応じることで小康を得ています（2016年12月）。

図4-2に、BIS（国際決済銀行）が集計した、世界の銀行間のデリバティブ契約高を示します。前述のように、2016年6月の**契約高は5京3119兆円、これは世界のGDP8000兆円の6・6倍**です。わが国では、デリバティブの扱いが米欧に比べ少ないので、これを知っている人が少ない。この項の内容は、21世紀の金融と、今後の金融危機を予測するために必須のものです。

(2) 米国の部門別負債の問題

図4-3に、
(1) 2008年からの米国の部門別負債（合計47兆ドル・5470兆円）と、

(2) 32兆ドル（3520兆円）の対外債務、24兆ドル（2460兆円）の対外資産を示します。

米国は、国内の部門別負債以外に、**国として海外から借りた対外債務（32兆ドル：GDP比173%）**がもっとも多い。これらは、海外がもつドル国債、株、証券、ドル預金となっていて、国内の部門別負債にはごく一部しか表れていません。このために、米国の負債として二表を掲げています。

米国政府の負債

まず**政府の負債（主は国債）**です。リーマン危機前は、9・2兆ドルでした。2016年には19兆ドル（2090兆円）と約2倍になり、GDPに対しても104%に増えています。

日本の政府債務の大きさはいつも言われますが、**金額では1248兆円**（日銀資金循環表：16年12月）です。わが国のGDP比では2・3倍ですが、金額では米国の60%です。

米国の9年間で10兆ドル（1100兆円）の政府負債の増加は、リーマン危機後の金融救済と財政拡張が、FRBのマネー増発と並行した国債の増発によってまかなわれたことを示します。年間で1・1兆ドル（121兆円）という、日本の約3倍のペースの政府負債の増加をしているのが米国です。

図4-3　リーマン危機後の米国の負債

（1）米国内の部門別負債

年度	米国の負債：10億ドル			
	政 府	世 帯	企 業	合 計
2008	9,198	14,283	10,313	33,794
2009	10,915	13,853	10,626	35,394
2010	12,240	13,683	10,125	36,047
2011	13,780	13,520	10,040	37,341
2012	15,631	13,346	10,365	39,342
2013	16,818	13,374	10,887	41,079
2014	16,915	13,566	11,461	41,942
2015	17,810	13,929	12,202	43,941
2016	19,045	14,618	13,408	47,070
08年比	**207%**	**102%**	**130%**	**139%**
GDP比	**104%**	**79%**	**73%**	**256%**

（2）米国の対外負債と対外資産

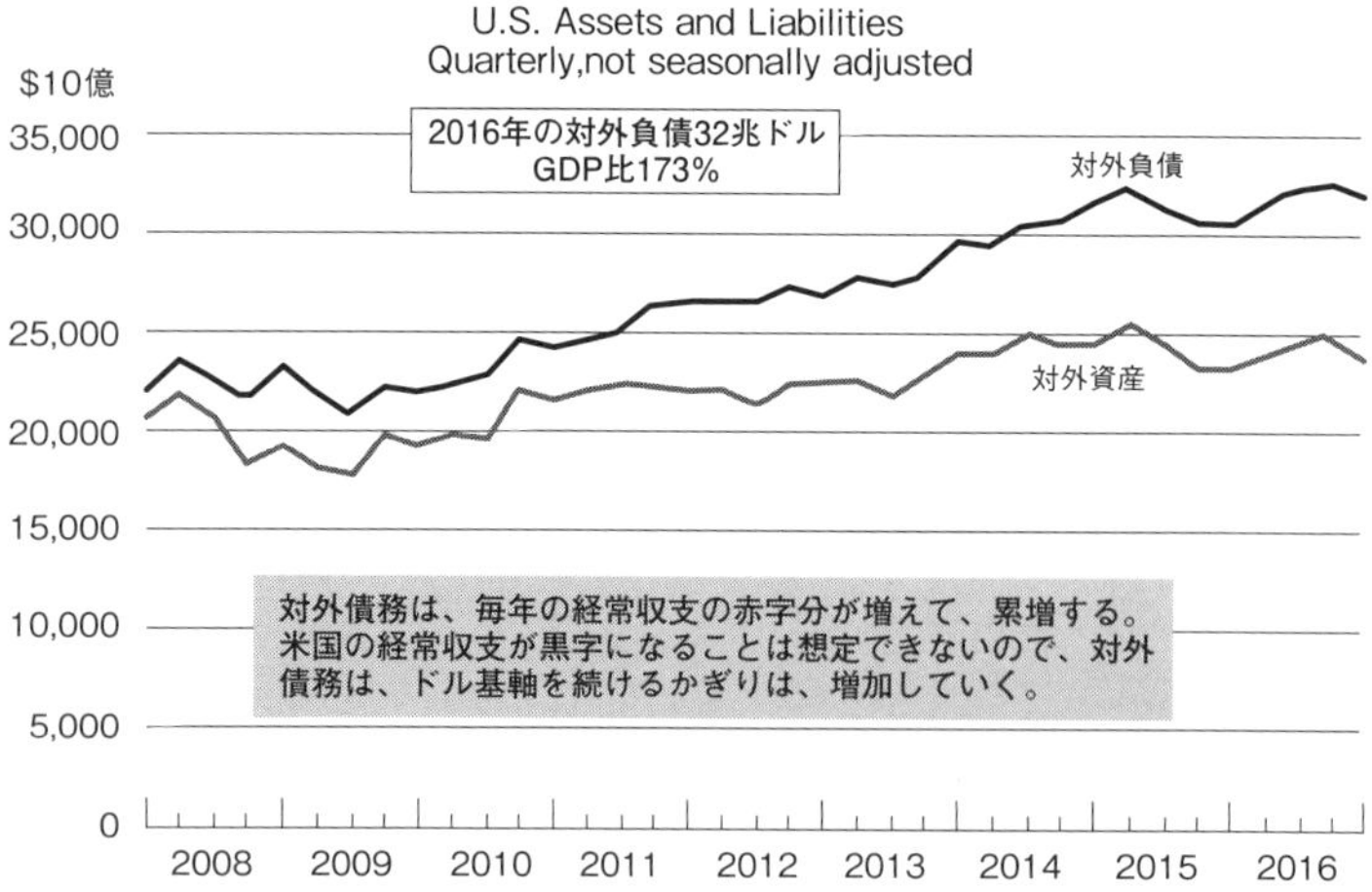

(1)図は、BIS（国際決済銀行）のデータを元に筆者作成：www.bis.org/statistics/totcredit.htm
(2)図は、米国商務省の BEA からのデータ：https://www.bea.gov/newsreleases/international/intinv/

【米国の国債の問題は2022年から】

GDP比で104％の米国の国債の問題は、まだ言われることが少ない。しかし、日本と同じ**ベビーブーマー（8000万人）の公的年金**の支払い、同時に65歳から急に増える**政府保険の医療費の増加**から、2017年以降は、年間1兆ドル（110兆円）を大きく超えるペースで増えていきます。

これに、実現が困難と見られているトランプ減税があれば、年間8000億ドルの国債発行が加わります。5年後の2022年には、米国の国債が23兆ドル（2500兆円）を超え、わが国と同じ「**財政問題**」をかかえることは、確定しているでしょう。

しかし米国、日本、欧州、中国を含む世界の政府では、**5年先の将来の財政や政府負債は見ない、10年先は不透明としてシミュレーションはしないという習慣**が定着しているのです。これもわからないことはない。数字が悪くなると先の予想計算はしないのが人情だからです。企業では、**中期経営計画**にあたる、わずかとも言える5年先です。

米国の世帯負債も問題になってきた

リーマン危機のときの問題だった、米国世帯の住宅ローンと消費者ローンの負債（14兆ドル：08年）は、その後の不動産担保の値下がりのため増えず、2016年まで14兆ドル台（1540兆円）を維持しています。引き金になった**住宅ローン残高は10兆ドル付近**です。世帯は、住宅価格の下落により、ローンを増やすことができなかったのです。

２００７年には、年間２００万戸だった新築住宅戸数は、09年のボトムでは50万戸でしたが、**危機後８年目は、住宅価格の回復で１３０万戸水準**に戻っています（２０１６年）。

全米20都市の住宅価格は、ケースシラー指数で、２０２（２００７年）から１３９（09年）にまで下がっていましたが、２０１７年には、ＦＲＢのマネー供給を主要因として、**再び２００６年のバブル水準の１９２**に上がっているからです。中国と同様、米国も大都市部の住宅は、現在30％のバブル価格でしょう。

米国世帯の負債は、平均年収の１４０％と大きい。１０００万円の年収の共働き世帯が１４００万円の負債を抱えています。実際に負債が多いのは、世帯の50％ですから、１世帯あたり２８００万円でしょう。今は、10年債の国債金利が２・３％と低いため、なんとかなっています。世帯の株式資産の価格上昇も、純資産の増加を助けています。

２０１５年以降の、ＦＲＢのテーパリング（国債買いの順次減少）の停止と、２回の利上げ（＋０・５％）から、金利は上昇傾向です。

ＦＲＢの出口政策から、４％台、５％台の金利に上がると、平均的な世帯所得の伸びは日本と同じようにほぼゼロ％なので、ローンのデフォルトが増える規模の世帯負債と見なければならない。

ゼロ金利の中で、**世帯の消費者ローンが４兆ドル（４４０兆円）**に増えています。そのうち米国の大学生の2000万人が借りている学資ローンは、1・2兆ドル（132兆円）を超えていますが、43％の人が返済せず、すでに1000億ドル（11兆円：8％）がバッドローンになっています。

住宅のサブプライムローンと同じ仕組みもある自動車ローンが1兆ドル（110兆円）、カードローンが0・8兆ドル（88兆円）、住宅を担保にした消費ローンが5000億ドル（55兆円）です（WSJ）。**米国世帯はローンによる消費**をしています。FRBの利上げや出口へ向かう姿勢から市場の金利が上がると、不良債権が否応なく増える構造をかかえているのです。（注1）

企業負債の問題をマスクしている、米国の株価時価総額の上昇

企業負債は、2016年で13・4兆ドル（1474兆円）です。リーマン危機のあと、30％の増加で済んでいます。米国企業は必要な資金（資本）の多くを、株式の発行によって、株主から調達しているからです。

リーマン危機のとき、7500ドルに下落していたNYダウは、2万1173ドルにまで、

（注1）リーマン危機のきっかけになったサブプライムローンは、最初は金利払いや返済が少なく（またはゼロで）、後になるとそれが膨らむローンです。8年間のゼロ金利体制が、サブプライムローンを生んでいます。金利が上がるとデフォルトが増えます。車の需要を増やすための、国民へのマネー供給の方法として、サブプライムローンが認められているのです。

2・8倍に上がっています（17年6月8日）。NY証券取引所とナスダックを合わせた**時価総額は27兆ドル（2970兆円）、日本株の5倍です**。2970兆円に膨らんだ株の時価総額によって、企業の、銀行からの負債の増加が抑えられたのです。

株式は資本であり、会社にとって**返済が最後尾の劣後債**です。しかしその資本は、会社が株主から借りた負債であることに変わりありません。コストは、資本の金利に相当する配当です。株を現金化できる株式市場があるため、会社は、資本を返済しなくてもよくなったのです。

米国企業の多くが、株を上げる目的で配当の代わりになる**自社株買い**を続けています（**2015年は最高額で6900億ドル：76兆円という巨額：WSJ**）。60兆円や70兆円という異常な金額に増えている自社株買いが、米国株を押し上げている分は、少なく見ても30％分でしょう。

比較すれば、日本での自社株買いは、米国の1／10の6兆円です（2016年：日経新聞）。この6兆円でも、株の主体別買い越しとしては、**日銀の株ETFの年間買い枠の6兆円と同じ**で、十分に大きい。日本の10倍の、米国の自社株買いは常軌を逸しています。なお、**米国の金利が上がると、社債発行や借入金で資金調達したものが多い自社株買いは減ります**。

高すぎる時価総額であるアップル（7436億ドル：82兆円：世界一）は、社債発行で借りて、そのマネーで自社株の買いを行っているくらいです。**米国企業は、リーマン危機後の不況と金融危機を、FRBが主導した株価の上昇で乗り切ってきた**と言えます。

しかし株は**市場の売買で価格が決まるリスク証券**です。リーマン危機のあとのように、下落の可能性が否定できないでしょう。

２０１７年のジョージ・ソロスは、米国株の下落で利益が出る先物売り（ショート：先物価格と限月の株価の差が利益になる）と、プットオプションの買い（限月まで株価の下落分が利益になる）を増やしています。先物とオプションは、いずれもデリバティブです。

２０１７年４月の**世界の株価は、米国株を先頭にして「ゼロ金利バブルのクッション」の上に**あります。ＮＹダウの予想ＰＥＲ（株価時価総額／予想企業純益）は17倍、Ｓ＆Ｐ５００社は18倍、ナスダックに至っては23倍のバブル水準になっているからです（ブルームバーグ：17年５月）。

ＦＲＢは株価バブルを認識しつつも下落を恐れて、**買ってきた国債とＭＢＳを売る出口政策（４・４兆ドルになっているドル供給量の減少）へ向かうことを躊躇《ちゅうちょ》**しています。出口政策は、米国のマネー量を縮小させ、過剰流動性相場のなかにある株価を、下げるからです。

危機に近づいているのは、米国の対外債務（32兆ドル：３５２０兆円）

危機に近づく水準に増えてきたのは、**米国の対外債務の32兆ドル（３５２０兆円：ＧＤＰ比１７３％）**です。

リーマン危機の前、対外負債と資産の差は小さかった。08年以降は、対外負債と資産は、ワニの口のように先が拡大し、**２０１６年の対外純債務が８・１兆ドル（８９２兆円）**に増えています。

これは、日本、中国、ドイツ、産油国からの米国の純負債です。なお対外資産と負債をもつ主体は、同じ米国内でも異なるので、対外資産と負債を相殺した純負債で見ることはできません。対外負債が多いのは政府です。

【海外への利払いによって対外負債が増える規模に達している】

米国の対外負債の総額は32兆ドルで、GDPの173%に達しています。平均金利を3%と低く見ても、利払い額が1兆ドル（110兆円）に達し、日本の国家予算（97兆円：16年）を上回ります。**米国の対外負債は、利払いによって増え続ける規模**になったのです。利払いだけによって負債が増えるようになると、普通は、危機の水準です。

企業の借金で考えるとわかるでしょう。自己資金では利払いができず、借入金の増加として加わると**デフォルトの危機**です。銀行が金利と返済分の追い貸しを停止すれば、即日、倒産するからです。

【デフォルトを避けるための追い貸しは、負債を一層大きくする】

デフォルトは、借り手の資金不足のため、負債の利払いと返済ができなくなることです。所得から住宅ローンの返済ができないと、世帯の財政が破産し、担保の住宅をとられることと同じです。

銀行から追い貸しを受けることができても、**利払い分の負債が嵩《かさ》んで、一層、利払いを増やす**

プロセスに入って、事態の悪化になります。借金は借金では、解決できません。より大きくなる負債額での破産の、先延ばしです。世帯では家計の黒字、国は経常収支の黒字、企業は利益を出すことでしか、負債は減りません。

【日本、中国、ドイツからの追い貸しに頼っている米国】

米国は、日本、中国、ドイツからの「追い貸し」によってデフォルトを逃れています。支払い金利と返済分を貸す追い貸しは、延命の間に、経常収支が十分に黒字にならないと、負債を膨らませてより大きな危機を先送りすることにしかならない。追い貸しが必要なくなることが、追い貸しの成功なのです。

国（政府+金融機関+事業法人+世帯）の対外負債は、国の経常収支（5227億ドルの赤字：2017年）が黒字にならないかぎり減りません。1章で述べたように、ドル基軸通貨を続けるかぎり、海外からのドルの外貨準備としての買いにより、構造的なドル高になるため、米国の経常収支が黒字になる見込みはありません。米国の**対外負債は、今後も増え続ける**ということです。

トランプ大統領が貿易を第一の問題にし、ドル高と輸入規制を言うのは、本能的に米国の対外負債の危機を感じているからでしょうか。

しかし米国は、最終的には、切り札をもっています。**1985年のプラザ合意**のような、**協調的な1／2へのドル切り下げ**です。米国の対外資産は現地通貨建て、負債はドル建てですから、

1／2へのドル切り下げで対外資産が2倍になり、ドル建ての対外純負債が帳消しになります。その代わり、海外から見た米国の所得・資産・株、そして経済規模は1／2になります。今は高いNYのホテルや不動産も1／2です。

しかしこのとき、1ドル110円としての対外資産を999兆円（日銀資金循環表：16年12月）もつ日本は、その500兆円もの減少が原因になった、金融危機になります。

【トランプ減税が実行されれば、米国の対外債務が急増する】

実現は難しいと見られているトランプ減税（17年4月時点では**向こう5年で4兆ドル**に減額されました**が**）**が、**万一実行されれば、**財政赤字（7854億ドル：17年）は1年に8000億ドルも増えて、**経常収支の赤字も増やすため、米国の対外債務は、急増していきます。

対外負債と、海外の、政府と中央銀行がドルを買い支えている国際金融について、トランプ大統領には認識がないと思われます。米国政府自体も意識しているのか疑わしい。認識があるなら、対外負債を一層増やす減税は、言わないでしょう。

ただし、基軸通貨の発行国は、チェイニー元副大統領が奇《く》しくもホンネで言及した**「ドル切り下げ」の最終手段**をもっています。数回述べたように、ドル建ての純債務は、債権国の日本には巨大損失を与えるドル切り下げで減るからです。

(3)3・2倍もの株価上昇で米国の債務危機はマスクされた

米国の債務は、リーマン危機のあと3・2倍、時価総額で2970兆円に上がっている株価上昇によりマスクされています。株価が上がると、株式は自己資本とされるため、企業の負債が見えなくなるように、米国の負債もマスクされるからです。対外負債に対応する株価資産が、米国にはあるように見えるからです。

①世帯（50％の株をもつ）と投資家は、株の金融資産が3・2倍に増えたように感じ、

②企業では、自社株の上昇により、バランスシート上では、30％増えた銀行からの借り入れ割合が減ったようになっています。

GDPの1・45倍に膨らんだ株価評価

従来は、**株価の時価総額がGDP（米国は18・6兆ドル：2046兆円：16年）を超えると危険**とされていました（投資家のウォーレン・バフェット）。17年4月末で、米国の株価は924兆円（株価で45％分）もGDPを超えています。これは、バフェット指標（株価時価総額／GDP）では、45％分の下落リスクを抱えていることです。

リスク資産である株価は、45％どころかリーマン危機のあとのように、半分に下落するときが

あります。2000年から02年の米国IT株バブルの崩壊では、**半値八掛二割引**の格言どおり、ナスダックの平均指数は32％に下げています。現在のゼロ金利バブルの株価に、同じことが起こらない保証はどこにもないのです。**米国の対外債務の危機は、株価が下がったとき、露呈**するでしょう。

しかし今はまだ、投資家と企業経営者は経済メディアも含み、**米国株が下がるときの想定はしていません**。時々、WSJ紙は、「負債の上の株価」と言ってはいますが、**過剰流動性相場**という認識も薄い。

このためナスダックのPER（株価／収益率）が23倍であっても、下落リスクの想定がなく、買われ続けています（2017年5月）。

バブルはバブルの中では、投資家に認識されません。グリーンスパン元FRB議長が責任逃れのため言っていたように、「バブルは崩壊してはじめてバブルとわかる」面もあるからです。

しかし本当は、バブルの認識はできます。株価では、**歴史的に妥当な、PER（株価／収益率）で16倍以上**です。しかし市場で株価が上がっている間は、16倍以上でもバブルではなく、**投資家の集団心理によって正常と認識**されます。正常と認識されているから買われて、PERが17倍、19倍、23倍上がってきたのです。上がり続ける間はバブルではないという認識になるからです。

シラーP／Eレシオで見る米国株のPER

株価が、企業の予想純益の何年分になっているかを示すPER（株価／収益率）では16倍、つまり16年分が、**歴史的な妥当値**でしょう。2017年5月のナスダックは5倍分（33%）超えています。

過剰流動性とは、中央銀行の利下げや量的緩和を原因に生じる、金融市場での現金の過剰です。その過剰な現金が、株と不動産への投資に向かい、価格を上げています。

図4-4に示した、**シラーP／Eレシオでは、S&P500社のPERは、17年5月現在、29倍の高さ**になっています（17年4月）。これは、不安定な1年の純益ではなく、インフレ調整後の、10年間の平均企業純益で株価を割ったものです。これによって、株主が株によせてきた、歴史的な期待収益がわかります。

シラーP／Eレシオのグラフのいい点は、140年分の長期統計であることです。

証券アナリストは、せいぜい5年分しか見ていません。5年間では短期の波動しか見えず、現状が肯定されます。**統計データから妥当値を導くには、長期データに基づかねばなりません**。証券アナリストは**方法に問題**をかかえているのです。

140年の米国株の歴史では**シラーP／Eレシオで22倍**を超えたあとの1901年、1929年、1966年、2000年と暴落しています。周期は、28年、37年、34年です。

図4-4　シラーP/Eレシオ：バブル水準の米国株

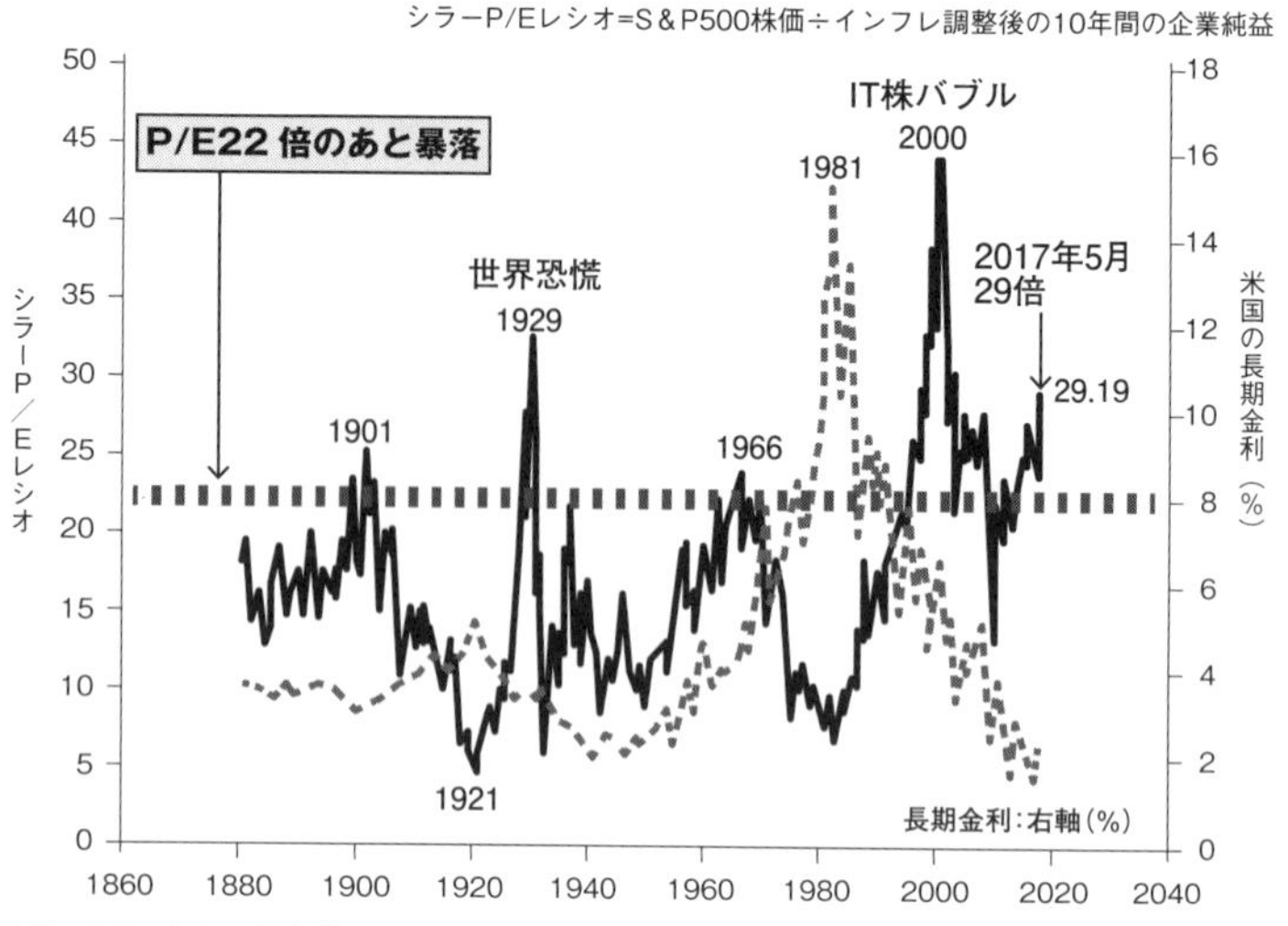

シラーP/Eレシオの、歴史的な平均は16.8倍　http://www.multpl.com/shiller-pe/

ゼロ金利の過剰流動性相場は例外である。ITバブルの2000年のような45倍（実質は30倍）に行く、と言えるでしょうか。

当時は、アマゾンのようにまだ赤字だったナスダックの多くの新進IT株が高く評価されたため分母が小さく、S&P500社のシラーP／Eレシオでは、45倍という異常値でした。このときのPERは、実際は30倍と見なければならないでしょう。

【史上最高のシラーP／Eレシオが現在の米国株価】

この観点で見れば、**2017年5月の米国株価は、29倍であり、史上最高の長期シラーP／Eレシオです。**1929年の大恐慌の寸前の株価（シラーP／Eレシオで実質30倍）と同じ高さだからです。

判断はあえて述べませんが、**ＦＲＢが1回0・25％の利上げではなく、資金供給量を減らす出口政策に向かった時点では崩壊**すると言えるでしょう。繰り返せば、歴史的に妥当なシラーＰ／Ｅレシオは、16倍でした（データソース：http://www.econ.yale.edu/~shiller/data.htm）。

ＦＲＢのイエレン議長とＩＭＦのラガルド専務理事は、２年前から、ＦＲＢのドル増発（４・５兆ドル）による過剰流動性を原因に、シラーＰ／Ｅレシオで29倍に上がりすぎた米国株のリスクを幾度も言っています。

ＦＲＢが量的緩和（ＱＥ：４・５兆ドル）からの出口政策を指向しているのは、二人が予想している、株価の崩落からくる次の金融危機に備えるためです。

ＦＲＢのバランスシートが信用限度まで膨らみきったままでは、再びの**金融危機のとき、ドル増発は外為市場でのドルの評価下落のため難しくなる**からです。

他の通貨が増発されていないとき、ある通貨だけが金融危機のため増刷されると、その通貨は大きく下がります。

5章

中央銀行の信用創造の限界についての予備的な検討

(1)中央銀行の信用創造の限界を探ると

中央銀行の信用の限界というと、多くの人に戸惑いがあるでしょう。中央銀行はいくらでも通貨を発行できる。通貨は、国債のようには利払いと返済がいらない。中央銀行の負債の規模（信用の規模）は、無限にとはいわずとも、相当に拡大できると思いこんでいる人やエコノミストも多いからです。

金融実務家、メディア、財務省も、信用通貨（管理通貨：Managed Currency）を発行できる中央銀行の信用限界についての見解をもっていません。ハイパーインフレというだけで、経済学にも、その限界の定量的な研究はない。**リフレ派は、国債に置き換えるかぎり無限**と考えているふしが見えます。

２０１３年４月からのインフレ目標のため、日銀が国債を買って行ってきた円の増発が４５０兆円を超えても、**表面では何も起こっていない**からでもあります。

ＦＲＢもリーマン危機のあと４・４兆ドル、欧州中央銀行も４・４兆ドル、人民銀行は４・５兆ドルの信用拡大をしています（２０１７年４月）。**４か国の合計で18兆ドル（１９８０兆円）の通貨発行**が行われても大きなインフレにはなっていません。この主要4か国の、同時の信用創造は、歴史上はじめてです。学問は過去の事象を研究し、原則を導きます。はじめてのことについては、黙するだけです

経済的な事象の未来は、人間には確率としてしかわからない。確率は、株価予想やオプションの価格（ブラック・ショールズ方程式）のように、**過去の金利と価格の傾向を、ボラティリティという概念で標準偏差の幅をとり、不確定な未来に延長したもの**にすぎないのです。

確率が示すのは未来のように見えますが、実際は過去です。向こう30年間で70％の確率で南海トラフの大地震が起こるという政府予想は、過去の大地震がそうだったということしか言っていません。地震学では、まだ、地震の原因と結果の関係を方程式にすることができていないからです。

中央銀行の信用創造はどこが限界かという問題

資産価格（不動産と株価）はバブル水準に上げても、消費者物価でインフレを起こしていないことから、中央銀行の信用無限論が出るのも無理もないでしょう。人々は、**近い過去と現在を結んだ線の延長で、未来を見る**からです。このため、現在起こっていないことは未来も起こらないと考える傾向があります。これが、「これだけ国債を発行しても、財政破産はしていないし、インフレでもない。だから、未来も破産せず、中央銀行の信用創造による大きなインフレもない」という考えです。

中央銀行のバランスシートの拡大である信用創造額は、通貨発行額でもあります。通貨は、中央銀行の信用により発行されているからです。

中央銀行の信用無限論は、

・政府の負債である国債の発行には、確かに限度がある。
・しかし、**中央銀行の負債である通貨発行は、返済がいらないから限度がない。**
・このため、国債を中央銀行が買い取る限り、国債は暴落せず、財政破産はないという論に展開されています。

【外為市場での通貨の下落】

しかし、事実は違います。将来の可能な税収を想定しても、利払いと返済ができる限度を超える国債の発行は、国債価格を下落させます。

これと同じように、**中央銀行の信用の限度を超えた通貨の発行は、外為市場での通貨価値の下落という形をとって限界を示すからです。**問題は、どこに中央銀行の信用限界があるか、です。

400兆円の円を増発しても、円は暴落してはいないではないかという声が聞こえそうです。異次元緩和の発表と実行から、2012年の1ドル80円水準が120円の円安（2015年から16年1月）という50％の下落にはなりました。しかしそのあとは、110円から120円の幅で波動しています。2017年5月中旬は1ドル113円付近です。50％の下落は大きなものですが、その後の約10円の上昇があるので暴落とは言えないでしょう。

この理由は**ドル、ユーロ、人民元も、円と同じスケールの約4・5兆ドル（495兆円）の通貨増発が継続**されているからです。

メートル原器のように、価値が不変である絶対通貨がない変動相場での通貨レートは、他の主要通貨との関係でしか計ることができず、相対的なものです。同時に増発した場合、通貨価値の下落は見えなくなります。(注1)

限度を超えた通貨の発行は、通貨の価値を下落させることで、増発の効果をなくします。通貨レートの実質金額では、その国の通貨の増発にはならないのです。

ただし**中央銀行の信用限度**という問題は、まだ解明されていないことなので、次章で検討します。

1998年の東アジア通貨危機と、1992年のポンド危機の事例

限度が見えた実例をあげれば、**1998年の東アジア金融危機**のときタイ、マレーシア、インドネシア、韓国の中央銀行で、信用のもとであった外貨準備が枯渇し、自国通貨を買い支える信用の限界に直面したことです。(注2)

ヘッジファンドが先物で仕掛けた「アジア通貨売り」に対し、自国通貨の買い取りで対抗できなかったことが、中央銀行の**「実際的な信用限度」**を示しています。

東アジア各国の中央銀行が発行する通貨が、無限に信用されるなら、通貨危機にはならなかったのです。増発した通貨が、外為市場で価値をもち続けているなら、自国通貨の売りは抑えることができたからです。

その6年前1992年、外為市場で、ポンドが売り浴びせられたことから生じた**英国のポンド危機**でも、イングランド銀行が信用の限度に達したため、ジョージ・ソロスが主導したポンド売りに負けています。その結果、英ポンドは1992年の240円から下がり続け、95年には140円へと100円（42％）も下落しています。ポンドの下落は、下がると予想されたポンドの、

世界からの売りの超過を示します。

ポンドの下落は、ドルベースの英国GDP（＝英国世帯と企業の所得）を42％減らしたのです。これは、輸出の振興のための、ポンド安ではなく、中央銀行の信用の限度という形で、GDP（＝国民所得）が減ったことでした。英国の平均世帯は、ポンド危機から貧しくなったのです。


【中央銀行の信用創造と通貨レート】


中央銀行の信用創造の限界は、**まず外為市場の大きな通貨下落**になって現れます。通貨が暴落することにかまわなければ、信用創造はできます。しかしそれは、亡国への道です。

たとえば1992年の英ポンド、1998年の東アジア通貨のように、1ドル240円を想定してください。日本経済のGDP、国民所得、株価は、ドルでは1／2に縮小します。基軸通貨のドルで見た株価も半分になるので、株の買いという形で日本の優良企業も中国から買収されるでしょう。

事実、1998年の東アジア通貨危機のとき、ウォンがドルに対して1／2に下がったため、

（注1）増刷できない金との関係が、5年単位以上の中長期では、絶対的なものに近い通貨基準を示すでしょう。たとえば金価格の50％上昇は、通貨の実質価値の50％下落です。ただしこの見解は、正統派経済学がもたないものです。政府が、金は通貨ではないとしているからです。

（注2）自国通貨を買い支えることは、外貨準備を売ることです。ドル売り／自国通貨買いという形になります。

韓国の五大財閥は50％以上の株を海外から買収され、外資企業になっています。たとえば最大企業のサムスンの、米国系ファンドの持ち株比率は、会社経営を支配できる52％でした。5大財閥（サムスン、現代・起亜自動車、ＳＫ、ＬＧ、ロッテ）は、韓国の中の外資企業になったのです。これは、シャープが台湾の鴻海に買収されたイメージです。

米国ＦＲＢの信用創造は、金融機関の負債の肩代わりだった

リーマン危機のあと、金融機関と政府の負債を、ＦＲＢが肩代わりしています。これが、ＦＲＢによる国債とＭＢＳの買いです。このため**ＦＲＢのバランスシートでは、4・5兆ドル（495兆円）の負債に膨らみ、ほぼ信用のリミット**に達していると見なければならないでしょう。

ＦＲＢは、2014年10月に国債の買いあげを順次減らして行く**テーパリングを停止**したあと、**信用創造したドルの量を縮小させる出口政策**をとっていると思っている人が多い。しかしＦＲＢは、まだこれを行っていません。

ドルの供給を縮小させるには、**ＦＲＢが買ってきた国債とＭＢＳを、銀行に売り戻さねばならない**。これを行えば、再び国債とＭＢＳの価格が下落して、金利は上昇します。このため、2017年5月現在も、国債の満期償還とＭＢＳの配当支払いが来た分の国債とＭＢＳを買い上げて、ドルの発行量を示すバランスシートの残高を4・4兆ドル（484兆円）で維持している

のです。

この2年間、ＦＲＢのイエレン議長は「ＱＥ（量的緩和）からの『出口政策』をとらねばならない」と言い続けてはいます。しかし、それを実行すれば、**金利が想定以上に上がり、ドル国債が大きく下落する可能性**が高いため、買ってきた国債とＭＢＳの売りを行うことができないのです。

日銀の黒田総裁は、記者からの質問の多い出口政策に対し、「**時期尚早**《じきしょうそう》」と2年間も言い続けています。国債の買い増しを停止、または売るときの、国債金利の数％の上昇（長期国債価格の暴落）を恐れているからです。

異次元緩和が始まった２０１３年以降の4年間、金融機関は「**ゼロ金利国債を買って増加保有する習慣**」がなくなってしまったからです。

国債の信用価値は、発行する日銀または政府ではなく、それを買う金融機関が付与するものです。株価を決めるのが、株の買い手であるのと同じ構造です。買い手が少なくなれば、国債も株も下がります。

国債を買って、円を発行している日銀の信用創造（マネーの増発）は、国債の価値が維持される限度までのものです。日銀、ＦＲＢ、ＥＣＢも、無限の通貨発行ができるのではないのです。

金準備制度のとき、中央銀行の通貨発行が、金の保有高と準備率で上限になっていたように、**金準備制ではない管理通貨（Managed Currency）でも、金の代わりを果たしている国債の流通価**

値という上限をもっています。

(2)国債の増加で、金利が重大な意味をもつようになっている

金融が自由化された先進国の金利は、国債の利回りで決まります（1980年代以降）。国債は、発行時の額面に対する利率は償還日まで同じです。しかし流通価格が下がると、買われた価格に対しての利率が上がります。逆に、流通価格が上がれば、利回り（イールド）は下がります。

事例：国債の流通価格の下落と、金利上昇の関係

発行額面100万円、発行金利1%、残存期間10年の国債は、買われる価格が90万円に下がると、10年間の金利が、［(100万円×1%×10年＋差額10万円）＝20万円］になります。10年後の満期償還はデフォルトがないかぎり、額面の100万円です。買った90万円との差の10万円も、金利に相当します。

価格が90万円に下がると、発行時の金利は1%でも、その後1年間の利回りは、［(金利20万円÷購入価格90万円）÷期間10年≒2・2%］に上がります。これが、国債の下落による、その国の

全体金利の上昇です。

国債価格が上がるときは、この逆であり、金利は下がります。

【事例の、少し難しい解説：金融市場での「期待金利」の意味】

国債の流通価格が下がる原因は、金融市場で、**マネーの貸し付けのときに必要と共同で想定する金利**（**期待金利という**）が上がるからです。期待金利とは、現在の金利ではなく、GDPの実質成長と予想インフレ率をもとにした1年、2年先の予想金利を言います。

期待金利は、満期に償還される元本の金額が、予想インフレ率の変化に応じて上がる仕組みの「**物価連動国債**」の金利と、償還額が固定される普通国債の金利の差で計ることができます。物価連動債の金利は、物価予想の上昇で上がるからです。

「**市場の期待金利＝物価連動債の金利－普通国債の金利**」です。

市場の期待金利が2・2％なら、金融市場の多数派が、「将来の物価は年率で2・2％程度は上がる」と予想していることになります。期待金利が上がると、普通国債の必要利回りも、期待金利の上昇分（＝予想インフレ分）上がります。

満期までの期間が10年の普通国債は、満期に償還される元本（100万円）と金利（1％）が、発行のとき固定されています。このため、**流通価格が事例のように90万円に下がることにより、上昇した期待金利に一致させる**のです。

実際の国債金利には、国債の回収リスク率が加わる

なお実際の金融市場での**名目金利は、「実質金利（≒実質GDPの期待上昇率）＋将来の期待物価上昇率＋債権回収のリスクプレミアム」**です。

たとえば、ギリシャの10年債の、実際の名目金利は5・6％です（2017年4月）。ギリシャの実質GDPの上昇はマイナス1・4％で、物価上昇は1・7％です。ここからは国債金利は、破産確率が0％なら、0・3％付近でなければならない。実際の金利5・6％と、5・3％の差があります。

この**5・3％相当が、ギリシャ国債のデフォルトのリスク（国債償還のリスク率）を確率で数値化**したものです。デリバティブのCDSの保険価格（額面の5・3％）は、デフォルトのリスク5・3％に対応しています。ギリシャ国債にCDSをかけると、「5・3％＋手数料」の保険料を支払うことになります。CDSのカバー期間は5年が主ですが3年、10年のものもあります。ここでは5年としましょう。

たとえは露骨ですが、**CDSの保険料は生命保険料と同じ**です。、向こう5年間にある人が亡くなる確率が5・3％のとき、保険の価値は保険金の5・3％になるということです。死亡の確率が上がると、保険料率も上がります。

財政の改善の見込みが薄くなり、破産の確率（生命保険で死亡の確率）が上がると、CDSの保

険料は上がります。CDSは、債権・債務に関係のない第三者が、銀行間でかけることができ、**独立した証券**として売買されています。

危機のピークの2012年には、ギリシャ債にかけたCDSの保険料は、30％に上がっていました。ユーロの金融危機を防ぐため、欧州中央銀行（ECB）が、南欧債とギリシャ債を**「いくらでも買い上げる」**と宣言したため、1／6の5・3％に下がっていますが、それでも高い水準です。

なお、中央銀行が信用されるかぎりにおいては、総裁の発言は、実行したことと同じ効果をあげます。総裁の発言はマネーです。南欧債が下落すれば、ECBが買い上げて、もとの価格に戻るからです。これを**時間軸政策**と言っています。

(3)国債を含む債権回収のリスクを示す、CDSというデリバティブ

CDSは、気候変動のときの利益を保証する天候デリバティブでの、オプション権（一定の条件で現金が支給される契約）のように、日々売買され、買いが増えれば上がる株のように、銀行間で価格がついています。

「価格変動が小さいため安全債券」とされている国債も、非常時になってデフォルト（元本が償

還できないこと）のリスクが高まると、金利が「実質GDPの期待上昇率＋期待物価上昇率」をはるかに超え、約3か月や6か月の短期で7％、10％、15％、30％、60％と上がる株のようなリスク債券になります。デフォルト危機が認識されたときの国債価格の下がり方は、バブル崩壊のときの株価のように急激で激しいものになるのです。

南欧債の危機は、今も収束していない

ギリシャ10年債の金利（2012年）が5・6％付近に下がっているのは、財政再建計画を認めた**ECBが買い支えているからですが**、その前には、ギリシャが政府予算案を提出し、EUの本部から承認を得なければならない。加盟国の国会にあたるのが、EUの本部です。これが連邦政府であるEU（欧州連合）の仕組みです。英国のように、EUを嫌がる国が出ているのは、イスラムからの移民受け入れもさることながら、EU本部による官僚支配を忌避したいからです。

非現実的なたとえですが、もし日本が、ワシントンや北京に政府予算案を提出して承認を得なければならないとすれば、とても嫌なことになるでしょう。ただしユーロの中央銀行（ECB）は支配の代わりに、自国とは言えないギリシャの国債を買い支えることも行います。このため、年金と公務員の縮減で暴動すら起こしたギリシャ国民の過半数は、EU支持です。フランスでも、マクロン氏の当選にあらわれたように、財政赤字での年金、医療費の支払いを求める国民が多く、2／3の国民がユーロ支持です。

ユーロでは、財政が黒字のドイツが加盟国の赤字国債を買って、イタリアを含む南欧とフランスに資金供給しています。ゲルマン（ドイツ）は貯蓄を重んじます。しかしローマ帝国以来、ラテン民族は文化的に、借り入れに抵抗が少ないのでしょう。

ローマ帝国では、**ローマ市民は無税**でした。ローマ軍が駐留していた周辺国（属州の植民地）への課税で成立していたからです。他国からの税の徴収には、暴力的な強制力をもつ軍が必要です。ローマの税法の裏付けは、米ドル基軸通貨の裏付けが米国の経済力と軍事力であるように、派遣された軍隊でした。

歴史的に見るとマネーの原型が見えます。税金は、政府マネーのもとになるものです。課税は、国民のマネーを政府が吸い上げることだからです。

なお、**税金と同じように、国民のマネーを吸い上げる方法は、国債を返済せず、増やし続けること**です。これはマネーの面では、将来のインフレ税の徴収と同じです。その国債を中央銀行が買い取り続けると、マネーの過剰が引き起こす将来の**インフレの形で、インフレ税を徴収したことと同等**になります。

スペイン、イタリア、ポルトガル、ギリシャは、ドイツやフランスの大手金融機関に国債を買ってもらうことで、国内の税収の不足を補っています。

2011年からは、民間金融機関が南欧債を一斉に売って下落したので、最後の貸し手の欧州中央銀行が、4・4兆ドルに信用拡大してマネーを発行し、既発国債の償還日に新規に発行される借換債を買い続けているです。

ギリシャの事例に見るように、2008年以降、特に2012年の南欧国債の下落から起こった、**ユーロの銀行危機と金融のシステミックな危機は、ECB（ユーロ加盟19か国の中央銀行）による、4・4兆ドル（484兆円）の信用創造、つまりユーロの供給によってカバー**されています。

国債には償還日があります。世界の政府は、普通、借換債を発行して返済しています。ギリシャは今も財政信用がないため、借換債を発行しても、金融機関には売れません。このためほぼ6か月毎に迫る国債の償還に窮しています。借換債が発行できないとデフォルトです。こうしたとき、ECBがギリシャの借換債を買って、当座を乗り切っているのです。

(4)ユーロ圏の、南欧国債の問題は続いている

南欧国債の下落危機は、欧州中央銀行（ECB）の信用（つまりドイツ経済の信用）でカバーされているだけであり、南欧の財政の構造問題（税金が少なく財政支出が多いこと）は解決していません。**ギリシャの国債の問題が解決されて、金利が5・6%に下がったのではないからです。**

銀行が企業の問題を不足資金の供給だけでは解決できないように、ECBも南欧の財政問題と、銀行のバッドローンの問題は解決できません。それは企業自身の、生産性改革によらねばならない。

同じように、南欧（ギリシャ、ポルトガル、スペイン、イタリア）の不良債権の問題は、**その国自身の、「税収を増やし財政支出を減らす構造改革」**によらねばならない。

ただし増税すれば、世帯の可処分所得が減ってGDPが減少します。税率を上げても、財政収入はさほど増えない。根本的には、財政の支出減少が必要なのですが、それは社会保障支出の削減（年金＋公務員報酬＋医療費＋失業給付費のカット）なので、南欧の政権が決定できない。政権が崩壊するからです。構造的な財政赤字の国は、こうした共通のディレンマをかかえているため、日本を含み、財政再建に踏み出せないのです。

日本政府の財政赤字の問題は、日銀の人工心肺では解決できない

日銀も、**国債増発の原因である、政府財政の構造的な赤字**を解決できません。国債を買い続けることで、出口政策をとるとき直面する危機をかえって大きくしています。

国の予算である財政の心臓にかけた人工心肺が、日銀の信用創造（マネー増発）による国債買いです。人工心肺がとりはずせなくなっているため、退院計画（出口政策）がどうなるのか、日銀が言えなくなっています。これが、黒田総裁が3年間言い続けている**「時期尚早《じきしょうそう》」**の意味です。はっきり言えば、**退院の時期はわからない**ということです。

本来、出口政策については、**財政（一般会計と特別会計）**を主管して日銀の総裁、副総裁、政策委員も任命している安倍首相が、言わねばならない。日銀は、政府に頼まれて人工心肺を設置し

た業者にすぎないからです。

(5)国債の流通価格と、期待金利の関係

中央銀行が決める公定歩合（日本は現在0・1％）は、銀行にお金を貸すときの短期金利です。金融が自由化されている先進国の長期金利は、国債が売買される価格によって、決まります。

・デフレ予想があり、国債が買われる価格が上がると金利が下がります。

・逆に、インフレ予想から国債価格が下がると、金利は上がります。

国債の利回りは、その国の基準金利です。銀行の貸付金の金利は、回収のリスク率を加えて、**［国債利回り＋予想リスク率］**に上がります。

国債価格が下がると、景気にかかわらず、住宅ローンの金利も、企業への融資金利も上がります。株価は金利上昇に対しては、景気上昇を好感して上がるときもありますが、基本的には、期待金利とリスクを含む株式益回りが上がるため、株価が下がります。（注3）

以上から、**国全体のマクロ経済を運営している政府と中央銀行**が恐れることは、国債価格の下落になるのです。

国債価格は、債券市場で、売り手が多く買い手が少ないとき、下がります。

基本的なことを述べましたが、金融は専門的と思われているためか敬遠され、意外に正確に知

られていないことも多いので、圧縮しつつ付記しました。

ますます重要になってきた通貨レート

中央銀行が国債の買い増しを停止すべき出口政策の時期は、必ず来ます。

政府・中央銀行が恐れているのは、このときの**国債価格の下落と金利の上昇**です。

国債価格が下がると金利は上がるのですが、その国の通貨は下がります。

たとえばドルの下落は、海外のドル国債所有者（政府、中央銀行、金融機関）にとっては、ドル国債の下落と同じです。通貨のレートは、3か月で10％や20％も変わることがあるので、1年に数％以下でしかない金利より、はるかに重要です。

大きくなった国際金融にとって、株価や金利より重要になってきたのが、通貨のレートです。

国際金融といっても、海外に行って円でドルを買うことではない。近くの銀行の窓口やインターネットでドルに交換すること（ドル買い／円売り）が、国際金融です。

ニュースでは、気安くドル高や円安と言っていますが、取引額が大きくなってきた国際金融（通貨の売買）にとっては、重大な意味をもっています。

（注3）株式益回り＝1÷PER＝株への期待金利＋リスク率。17年5月中旬で東証のPERは17倍なので、株式益回りは5・9％です。株価に対して期待される企業純益が5・9％という意味でもあります。期待金利や利益低下のリスクが上がると株価は下がります。

1日で1円の「ドル安/円高」の幅でも、レバレッジのかかる通貨先物の短期売買をしているFX（外為証拠金売買）やヘッジファンドにとっては、**年間のリスク（ボラティリティ）に延長すると、［1・01×√365倍≒1929％］**に相当するからです。ドルやドル国債を買うとき（米国に貸すとき）、あるいは売るときは、ドル/円レートの先行《さきゆ》きが、イールド差（金利差）よりずっと肝心です。

(6) 21世紀型の金融危機は、予想を超えた通貨下落から起こる

以上から、**21世紀型の金融危機は、その損益が株の売買よりはるかに大きくなった通貨の下落**から起こると言えるでしょう。産業と金融のグローバル化は、通貨レートを損益にとって、もっとも肝心なものにしたのです。

輸出企業と、インバウンド消費の国内観光業にとっては、円安が利益です。しかし輸入企業と国内の消費財を買う国民にとっては、円高が利益です。他に、もっと大きなものとして、金融機関やファンドにとっての通貨投機の損益があります。

通貨投機とは、輸出、輸入、直接投資のための通貨の売買ではなく、売買差益（キャピタルゲイン）を得るためのものです。個人が行っているFX（外為証拠金取引）も、通貨先物への投機です。

個人のFX取引が増えたのは、預けても金利がつかないゼロ金利の預金が増加したからです。

スマホの中の、「通貨の国際取引」

世界の外為市場で、1日あたり5・8兆ドル相当（640兆円）の通貨が売買されています。1か月の誤植ではなく、1日での売買額です。米ドルが44％、ユーロ16％、円が11％、英ポンドが6％です（2016年：BIS）。人民元は取引規制のため、2％と少ない。

円は1日に70兆円が、ドル、ユーロ、ポンドを相手に売買されています。通貨の取引は、ドルやドル預金の買いのように、銀行の窓口で行われることが多く、全体の売買は株のようには見えないので、金額で示す必要があるでしょう。**1日あたり2・5兆円の売買がある日本株の、18倍の取引額**です。

1円の円高や円安になった日には、7000億円の損益が円・ドルの売買で生じています。同じ1円の変化のとき、ドル全体では1日当たりで円の4倍の2・8兆円、年間換算では1020兆円の損益です。

通貨の変動の大きさ

ドルに対する円の変動幅（ボラティリティ）**は、2017年では1日平均0・77円**と激しい。低い日でも0・5円、高い日は1・5円動いています。1円の変動は普通のことです。通貨の、大きなボラティリティの幅は、過去から変わっていません。

金融商品の中心だった株式の売買より、通貨取引での損益がはるかに大きくなっています。価格変動の激しい市場では、レバレッジのかかる投機の短期取引が増えるからです。最大では、証券会社に差し入れる証拠金の25倍のレバレッジがかかるFX（外為証拠金取引）をしている個人が増えたことからもわかるでしょう。2016年の口座数は約400万です。株の保有者は名寄せすると700万人ですが、売買取引が多いのは300万人くらいでしょうから、FXのほうが上回っています。海外からは、まとめてミセス・ワタナベと言われています。個人は100万円の証拠金で、最大では2500万円の通貨先物の売買ができます。

今後の金融危機は、通貨の下落から起こることが、ここからもわかります。

世界中で、日々の売買が巨大化している通貨のレート変動は、重いメッセージを発しています。通貨の「国際」は、銀行と証券会社そして居ながらに見るインターネットやスマホの画面にあります。

(7) 2015年、16年の中国の事例

最近の実例をあげます。

人民銀行は、減っていた輸出を回復させるため、**2015年8月11日に、ドルに対する元のレ**

ートを2％切り下げました（1ドル6・25元）。

このとき起こったのは、民間（共産党幹部、軍人、経営者、富裕者）による「ドル買い／元売り」です。その金額は、前述のように2015年5000億ドル（55兆円）、2016年5000億ドル（55兆円）という大きなものでした。わずか**2％の切り下げで、地底の振動で起こる津波のように、元売りの超過**が起こったのです。[注4]

民間の元売りを放置していれば、元が10％や20％も暴落したでしょう。このため、元を管理している人民銀行は、3・9兆ドルの外貨準備のうち1兆ドル（110兆円）を売って、元を買い

（注4）ビットコインの高騰：中国での売買が90％を占めている、インターネット通貨のビットコインも、15年8月の3万5000円から、取引額が急増して14万8000円（17年5月）へと4・2倍に上がっています。買いは個人が元を売ってビットコインを買っているマネーロンダリングの目的が多い。1万3000円から12万円に上がった2013年11月のキプロスの銀行危機のときと同じです。ビットコインの総量は2041年に2100万ビットコインで止まります。現在の時価では、総量が3兆1080億円です。買いが増えて1ビットコインが上がるとこの総量も、ビットコインの上昇分、増えていきます。ビットコインは、量が2100万ビットコインと少ないため投機性が強く、数か月で数倍上がり、その後は下がるということを繰り返す性格をもっています。フィンテックの先鞭をつけていますが、今後、多くの仮想通貨が登場します。10年後には、ドルや円もビットコインになる可能性は高い。三菱東京UFJ銀行も、1ビット1円のMUFGコインを17年5月から実験し、2018年から使用する予定です。これは、汎用性のあるWAON（イオンの電子マネー）と考えればいい。WAONはイオングループでしか使えませんが、MUFGコインはクレジットカードのように、ほぼ全店で使えるようになっていくでしょう。

上げ、**民間の元売り（元の海外流出）を中和**したのです。この、「ドル売り／元買い」があったので元の暴落は起こらず、何もなかったように見えています。

中国は、実は対外債務が4・7兆ドルと大きい

中国には、減った外貨準備（対外資産）の2・9兆ドル（319兆円：2017年）に対して、**企業の対外債務が4・7兆ドル（517兆円：国家外貨準備局のデータ）**もあります。中国は、外資の導入で成長したからです。この対外負債は、多くがドル建てです。

元が暴落すると、企業の対外債務が元の下落分（ドルの上昇分）増えて、金融危機にまで至る可能性が高い。輸出のためには元安が必要ですが、元安になると、4・7兆ドルの対外債務がふくらむ構造は中国の弱点です。

金利がゼロ%付近に低い現代は、

・**自国通貨の下落予想が増えると、**
・**マネーエクソダス（マネーの大きな国外脱出）が起こるという21世紀の現象**を、心にとめておくべきです。

元によるドル買いは、元が海外に流出することです。**大規模なマネーエクソダスが起こると、その国では金利が高騰して、通貨危機が金融危機に発展**します。

金利の低さは、企業の投下資本に対する利益率の低さでもあります。このゼロ金利をもって、

資本主義が限界に達したと見ている人もいますが、そうではない。

2008年以降、中国の成長率が低くなって、国内と世界にGDPの成長率が一桁付近と高いフロンティア地域が減ってきたことが、**金融市場の期待金利の低下の主因**です。

通貨、株価、不動産の高騰や暴落は、複雑系経済の現象

2015年と16年の中国のような大規模なマネーエクソダスは、株価の高騰や暴落のときと同じく、**経済合理的に起こるものではなく、複雑系経済の現象**です。

あるところ（たとえばソロスファンドやバフェットファンド：バークシャーハサウェイ）が、ある通貨を売る。それを見たほかの人は、**「何か原因があるのではないか」**と、通貨売りに同調する。売りが増えると、通貨は大きく下がる。下がった相場を見て、ほかの人もその通貨を売る。これが共鳴して、経済合理的な理由がないままに、通貨の暴落も起こるのです。

株と不動産の暴騰と暴落も、複雑系の現象ですが、正統派のミクロ経済学は、まだ複雑系の現象を取り入れてはいません。このため、ハイパーインフレ、バブル、金融危機、恐慌の理論がないのです。現実の経済には、バブル、金融危機、恐慌があります。

われわれは、「アマゾンの蝶のはばたき（実際は気流の微妙な変化）が、フロリダを襲うハリケーンになるときもある」という複雑系現象の発生や消滅も見ておかねばならない。繰り返せば、中国の民間での1兆ドルの元売り・ドル買いは、政府によるわずか2％の人民元切り下げからだ

ったのです。

(8)日本の問題は、言い古されてきた政府の負債の大きさ

図5-1に、わが国の政府、世帯、企業部門の負債を示しています。BIS（国際決済銀行）では、日本の政府負債は2016年で1156兆円としていますが、本当は1248兆円です（16年末：日銀資金循環表）。差額は、独立行政法人の負債（92兆円）です。ここではBISにしたがい、1156兆円としましょう。

日本の問題は、政府部門の負債の大きさです。世帯の負債は、8年間300兆円台で増えていません。世帯平均で560万円です。企業の負債は、504兆円に減っています。税務申告をしている260万社平均では、1社が2億円余の借入金です。

2008年以降、世帯と企業の預金の増加分と、日銀による400兆円余の増発マネーにより、ひたすら国債が買われてきたのです。

なお世帯と企業の預金の増加分は、外債（60％はドル国債）の買いと、直接投資の増加として日本から流出しています。ジャパンマネーの海外流出は、国内のマネーを減らすのでデフレの一因にもなっています。

政府負債の問題は、金額が1156兆円と大きいことだけではなく、**GDPに対する政府負債**

図5-1　日本の部門別負債

年度	日本の部門別負債:兆円							
	政府	GDP比	世帯	GDP比	企業	GDP比	合計	GDP比
2008	779	147%	331	63%	522	98%	1,632	308%
2009	789	164%	326	64%	534	105%	1,649	333%
2010	836	170%	317	65%	519	106%	1,672	341%
2011	878	176%	313	63%	505	101%	1,696	340%
2012	944	191%	311	63%	499	101%	1,754	355%
2013	995	201%	312	63%	491	99%	1,798	363%
2014	1,023	202%	317	63%	495	98%	1,835	363%
2015	1,083	209%	322	62%	498	96%	1,903	367%
2016	1,156	216%	332	62%	504	94%	1,992	372%
08年比	148%		100%		97%		122%	

BIS（国際決済銀行）のデータをもとに筆者作成：www.bis.org/statistics/totcredit.htm
日本の政府負債には、借入金を含んでいない。

が２１６％になっていることです。リーマン危機後も多かったとはいっても、まだGDP比で１４７％でした。

08年以降も、GDPに対する政府負債の構成比は、１４７％から拡大をつづけ、安倍政権の２０１３年には、かつては危機ラインとされていた２００％を超えて、２０１６年は２１６％です(注5)。

この間、財政が破産せずに、政府負債が大きくなることができたのは、

・日銀が、**インフレ目標２％のための異次元緩和**として国債を買い、

・**国債保有を４２４兆円**に膨ませることができているからです。

（２０１７年４月30日：日銀営業毎旬報告）

日銀による国債買いが、政府負債の増大を助けている

政府負債の中で、国債は838兆円です（16年度末：財務省）。**424兆円に増えた日銀の持ち高が50%を超えています**。加えて、2017年以降も出口政策はとれないため、年間80兆円から70兆円ずつ、日銀保有が増え続けます。

政府負債が大きくても、GDP比での増加がなければいい。問題は、**わが国の政府負債には、税収が少なく支出が多いという財政赤字の構造があるため、GDP比で年間8・6ポイント増える傾向**があることです。このままなら、2022年には、政府負債がGDP比267%になり、2030年には300%に達します。

ただし日銀がゼロ金利策を取り続けているため、国債の金利は10年債でも0・016%（事実上のゼロ金利）なので、政府の債務が増えても、利払いは減っています。

2016会計年度では**838兆円の国債に対して、9・9兆円の利払い**です。

国債残が295兆円のときの利払い費が10・8兆円でした（1998年：平均金利3・7%）。

国債が3倍になっても、利払い額はそれより少ない9・9兆円です（2016年：残存国債の平均金利は0・9%）。

日銀が国債を1年に80兆円買い続け、借換債を含んで新しく発行する年170兆円の国債の金利をゼロ%に抑えていることが、政府の負債の増加を助けています。（注6）

中央銀行の国債の買いに限界はあるのか

日銀は、いくらまで国債を買うことができるのか。同じことですが、どこまで円の増発ができるのか。問題は、突きつめられてきました。理由は、日銀が国債の買いを停止するまたは売るという**出口政策の選択肢がない**からです。

これは、**外貨との交換が大きくなった開放経済の中で、中央銀行のマネー増発はいくらまで有効か**という一般命題になります。別項で**中央銀行の通貨発行の限界**として検討します。

このテーマは、まだ世界的に研究されていません。１９７７年から79年に、ドイツ連邦銀行（通称：ブンデスバンク）がマルク高のためのドル外貨準備の下落により、一時的に債務超過になっても、問題は起こりませんでした。その原因がドイツ通貨の信用増加だったからです。

あとは、際限なく信用拡大して通貨を刷り、外貨に対して暴落し、ハイパーインフレになった事例しかない（53か国の事例あり）。物価が３年で１００％または年率50％以上上がる状態と定義

（注５）日銀の資金循環表の政府の総負債１２４８兆円では、名目ＧＤＰの２３２％です。

（注６）仮に、２０２０年代に物価が上昇し、市場の期待金利が3％付近に上がっていくと、年々の新規債と借換債から、利払い費が増えていきます。２０３０年の国債残がＧＤＰ比で３００％になっていれば、利払いだけで45兆円と、２０１６年の一般会計の国税収入の57・６兆円（消費税の国税分12・２兆円を含む）の78％にもなります。これが意味するのは、政府財政の破産です。日銀がいくらでも国債を買うことができるので、政府財政は破産しないという説がありますが、金利が上がると破産するのです。

されているハイパーインフレのあとは、全部、物価倍率に反比例した通貨切り下げです。たとえば物価が100倍なら、1／100に切り下げています。

1992年、ポンド危機のときのイングランド銀行、**1998年、東アジア通貨危機**のときの東アジアの中央銀行には、通貨増発（信用創造）の限界がありました。

日銀と日本経済の場合はどうか。

これから5年の経済にとって、もっとも重い問題です。長期的に見て、われわれの預金（937兆円：16年12月）と、世帯の所得（雇用者報酬263兆円：15年）、企業の利益が、実質でどうなるかにも、深くかかわっています。

6章

リーマン危機のあと、4・8倍に増えている中国の負債の問題

図6-1では、(1)2008年以降の、中国の部門別負債の増加と、(2)企業借り入れ、世帯借り入れの増加から生じている、70都市の地価上昇を示しています。

中国のGDPを代表とする経済統計には、実態をよく見せようとするものが含まれていることがあります。図6-1の負債の表は、BIS（国際決済銀行）からとったデータであり、BISが管理している銀行の貸付金との整合もあるので正確でしょう。

(1)政府と世帯部門の負債

中国の政府部門の負債は、8年で4・3倍に増えています（年率20%増加というハイペース）。

図6-1　中国の部門別負債と、都市部地価の高騰

(1)リーマン危機後の、負債の増加

年度	中国の部門別負債:単位10億ドル								参考 名目GDP
	政府	GDP比	世帯	GDP比	企業	GDP比	合計	GDP比	
2008	1,152	29%	757	19%	3,928	97%	5,837	145%	4.6兆
2009	1,365	29%	897	19%	5,143	108%	7,405	156%	5.1兆
2010	1,749	33%	1,359	26%	6,429	121%	9,537	180%	6.1兆
2011	2,170	33%	1,816	28%	7,929	121%	11,915	182%	7.5兆
2012	2,646	33%	2,227	31%	9,819	123%	14,692	187%	8.6兆
2013	3,107	35%	2,733	34%	12,077	136%	17,917	205%	9.6兆
2014	3,697	38%	3,312	34%	14,096	145%	21,105	217%	10.5兆
2015	4,329	41%	3,838	36%	16,196	153%	24,364	230%	11.2兆
2016	5,021	46%	4,706	42%	18,090	161%	27,817	255%	11.2兆
08年比	436%		622%		461%		477%		243%

BIS（国際決済銀行）のデータをもとに筆者作成:www.bis.org/statistics/totcredit.htm
中国の金融・経済統計はソースによって若干違うので、名目GDP比では誤差がある。
名目GDPは物価上昇を含むもので、08年以降は1.5%〜5%の範囲で平均は3%。

(2)都市部の地価の推移(元/㎡)

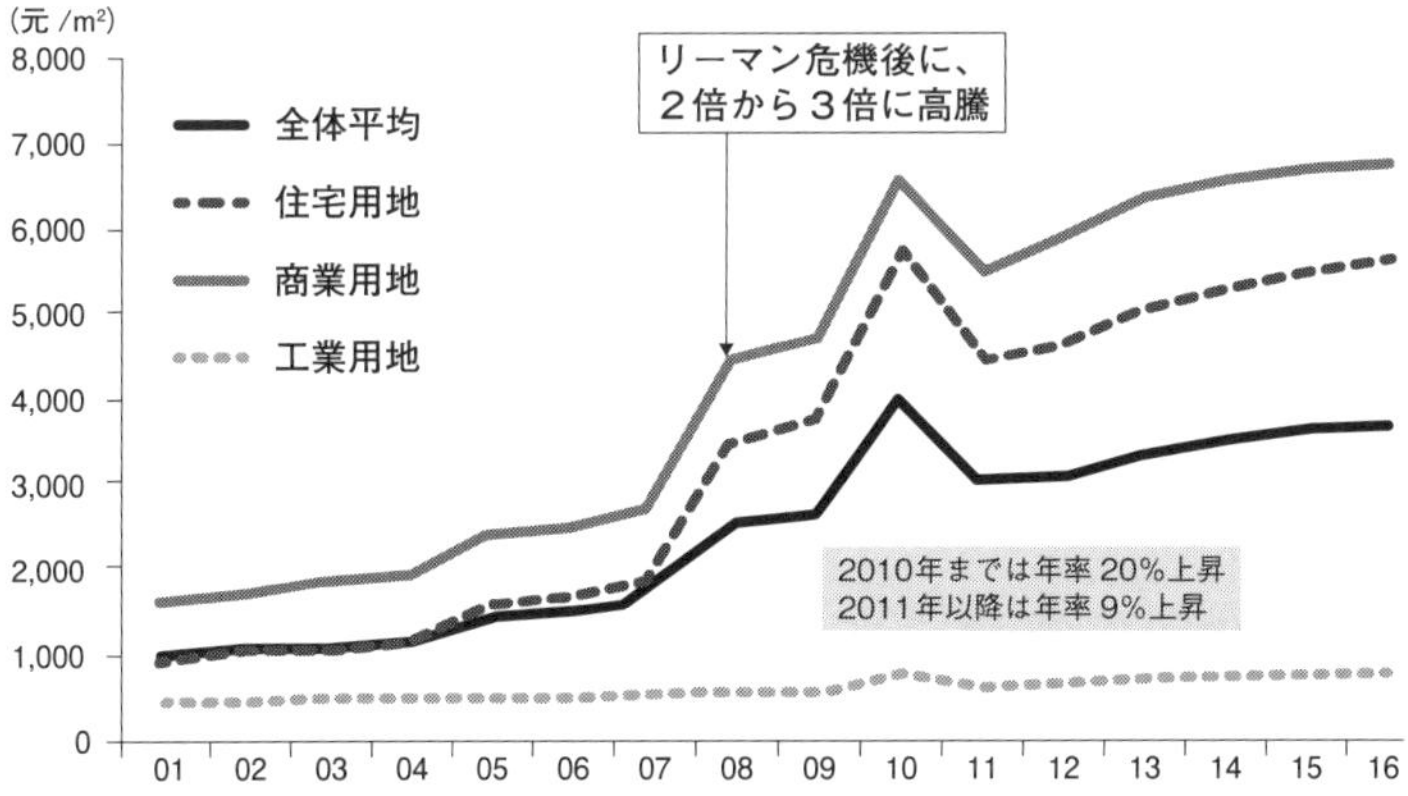

1998年に住宅取得が自由化され、その後、都市部住宅価格は年率20%から30%で上昇した。リーマン危機後も、政府の金融対策により、8年で約2倍から3倍の価格になっている。

データ：野村総研『アジアの不動産投資2016』

2016年で5・0兆ドル（550兆円）であり、同年のGDP11・2兆ドル（1230兆円：日本の2・4倍）に対しては46％と、GDPに対する負債は米国の約半分、日本の約1／4と少ない。

中国では、土地が全部国有です。70年が多い土地の使用権（これが地価）を民間に売ると、税外収入になるので、財政が赤字でも国債発行は少なかったからです。**民間への土地供給が、国債発行の代わり**を果たしています。土地使用権の売却は、政府収入の約40％を占めています。このため、中国の税金は60％で済んでいるのです。

世帯の負債は4・7兆ドル（520兆円）に急増した：年率28％増加

世帯の負債、は2008年の6・2倍の4・7兆ドル（520兆円）に増えています。年率では26％の増加であり、世帯の所得増加率の約2倍の増え方です。原因は、リーマン危機以降、住宅が5倍への高騰（年率平均22％）を続ける中で、住宅ローンが増えたことです。

新築住宅の供給面積は、2014年で12億㎡です。平均面積を100㎡（30坪）とした場合、1年に1200万戸という膨大な戸数が、毎年、建設されています。**年平均では1000万戸の供給で、日本の100万戸の10倍、米国の150万戸の6・7倍**という多さです。

膨大な不良在庫がたまっているはずですが、「鬼城（人の住まない住宅）」といわれながらも、政府統計には現れていません。空き家や在庫が時価評価されていないからです。

中国では住宅は政府が供給し、国民は賃料を払っていました。経済が開放に向かっていた

1998年に住宅購入が自由化され、その後、急に購入が増えたという特殊事情があります。都市部の世帯が、競って住宅を買ったのです。

世界の資源消費の30％

13・5億人の中国の鉄などの金属、木材、原油の資源消費量は、他国からは想像を超えます。住宅と並ぶ耐久財である**自動車の生産も2811万台**であり、日本の920万台の3倍、米国の1220万台の2・3倍です。世界の生産である9496万台の30％を占めています（2016年）。住宅、自動車、家電の生産に見られるように、**世界の資源消費のほぼ30％を、中国**が占めています。

このため、世界の資源・エネルギー消費と価格変動は、中国の需要変化に比例して決まっています。2015年からの原油価格の下落（1バーレル（159リットル）：100ドル↓40ドル～50ドル）も、中国の経済成長率の4ポイントの低下による輸入増加の減少によるところが大きかったのです。原油と資源の供給力は、世界需要の増加を予想して増えてきたからです。

(2)危機に近づいている、中国の企業部門の負債

中国の負債での問題は、2008年比で4・6倍、GDP比で161％、金額で18兆ドル

（1980兆円）に増えている企業部門の負債です（1871万社：2015年）。

負債が増えた原因は、リーマン危機のあとの輸出の急減を、政府が誘導した借入金による設備投資で補ったからです。株式の評価が高い米国の企業負債はGDP比で73%、日本が97%ですから、中国企業の負債の、粗利収益に対する負債の大きさ（166%）がわかるでしょう。

企業部門の負債18兆ドル（1980兆円）の意味

企業の粗利益にほぼ等しいものが、商品の付加価値生産額を表すGDPです。たとえれば、売り上げ400億円、粗利益100億円の会社が、166億円の平均借入金です。金利が6%の場合、10億円が支払い金利です。売り上げに対して2・5%、粗利益の10%が金利払いになります。しかもこれは、平均です。

実際は、企業のほぼ50%（900万社）で負債が多いので、それらの企業では、**売り上げに対して5%、粗利益の20%が支払金利**になっているはずです。普通は、借入金の大きさのため赤字になります。利払い・返済のための銀行からの、新規の追い貸しが必要になって、設備投資がなくても借金が膨らんでいく状況です。

中国企業のほぼ50%、900万社が、借り入れの増加がないと必要な支払いの決済ができず、デフォルトする状態であるといえば、企業負債の危機がわかるでしょうか（企業数は日本の7倍）。人口が日本の10・6倍、国土が25倍の中国の数字は、何事も、桁が違います。江戸城（現在の皇居）

に相当する、清国の紫禁城に行ったとき、この国のスケールは、やはり10倍は大きいとも感じたのです。

政府統計では隠された本当の不良債権

中国内の統計では、商業銀行の不良債権は**1兆3921億元（22兆円）**で、**融資額（140兆元：2240兆円）に対してわずか1%**とされています（中国銀行業管理委員会：2016年）。これは、実態とはかけ離れています。認定の基準があやふやだからです。

日本総研は、中国の不良債権を、**公表の約10倍の12・5兆元（200兆円）と推計**しています。企業と世帯への貸付金（22・7兆ドル：2497兆円：BIS）のうち、8・1%が不良債権になる規模です。銀行の自己資本額を超えているので、他の国では金融危機になるレベルの不良債権です。開放と自由化がされていない金融は特殊です。

・国有だった銀行に対しては、**政府・人民銀行の資金供給**があり、
・同じく国有だった企業には、**利払いと返済分が追い貸し**されています。

企業負債は追い貸しによって、一層膨らむプロセスに入っています。政府統計で企業負債の不良債権が少ないのは、追い貸しを続ける間、デフォルトが起こらないからです。

また、国民が預金より高い利回りを求めて証券を買っている**残高424兆円の理財商品**（2017年：中国統計局）は、銀行の簿外負債とされていました。融資実態と不良債権は、当局

から把握されていません。理財商品は、米国のMBS（不動産ローン担保証券）のような役割を果たしています。

2010年以降、大きく低下した中国のGDP成長率

中国の実質GDPの成長は、公称で2016年6・7%、2017年はIMF予想で6・6%です。しかし、**実態は3%程度**と推計されます。公称6・7%、実態では3%への低下が意味するのは、赤字企業の増加です。投資、借り入れ、賃金、経費は、GDP二桁成長の時代を継承するからです。負債は、企業が利益をあげて返済しないかぎり、利払いと赤字の補填分、そして、政府が誘導してきた新規投資分が増えていきます。

負債と、人件費の上昇で経費が増える傾向を続ける中で、企業の売り上げと粗利益の増加が減れば、多くの企業が赤字化します。赤字企業には、**倒産を防ぐための追い貸し**が行われ、その追い貸しと新規投資分で、企業の総借り入れがGDP比で166%の18兆ドル（1980兆円）に膨らんでいるのです。この負債は、企業が返済できる利益を出さないかぎり、増え続けます。

【横行している追い貸し】

他の国なら、審査で融資不能となって倒産しますが、かつての国有企業が、失業の増加を抑えるために延命しています。**中国では全部が国有企業**でした。

国有企業の構造改革は、言われ続けていますが、進んでいないところが多い。改革が進んでいないから、改革と言われ続けるのです。財政再建が進まない日本で、財政の再建の必要が言われるのと同じです。あたかも日本での、**旧国鉄（1987年にJRとして民営化）**です。

一国二制度の経済は、かつての国有企業と国有銀行への貸し付け、および金融では共産体制を継承しています。共産党の幹部が企業に天下り、人事での強いつながりもあります。旧ソ連のノーメンクラツーラ（共産党貴族）ほどではなくても、類似しています。トップの国家主席自身が、共産党での10数人の序列争いで誕生し、選挙は経ていないからです。

【失業率の実態】

中国の公的な失業率は、2016年で4・02％、17年の見込みも4・02％です。過去10年以上、4％という数字が変わらない。これも実態とは相当に違います。出稼ぎに行った都市で失業して農村に戻ったとすれば、仮に都市に住むままでも、失業ではなくなるからです。

共産主義時代の国有企業による保障がなくなり、政府の社会保障が整備途上の中国では、失業が増えると流民が増え、政体転覆すら至る暴動が起こります。このため政府は、**支援資金を供給し企業延命を図っています**。

中国の失業率は、国際的な基準では、2倍以上の9・4％とされています（中国社会科学院08年）。西南財経大学の研究グループは、2012年の失業率を、**公称の7倍の27％**と計算しています。

政府の李克強《りこくきょう》首相も、農村を含めば**失業率は22%**としています（2010年）。経済成長率の低下は、雇用数の増加の減少なので深刻です。このため8%のGDP成長が中国の下限とされていました。

中国の、世帯と企業負債の臨界点

リーマン危機以後の、GDP成長の急低下を補ってきたのが、世帯と企業の負債による不動産投資でした。しかし、**この企業負債の2015年や16年の増え方である年間3兆ドル余（330兆円）は異常です。近々、限界点**が来ます。

中国は、負債による企業バランスシートの悪化を、どういった方法で乗り切るか、問題は、そこになってきたのです。利益を出すか、資産処分で負債を減らさねばならない**企業のバランスシート調整には長い年数**がかかります。

わが国では、1990年のバブル崩壊で悪化した企業のバランスシートの調整（負債の超過200兆円）は、**1998年の金融危機を経て、ほぼ2006年まで約16年**を要しています。バランスシート調整とは、企業の時価資産額に対する負債を、減らすことです。

起死回生の策はあるのか。これについては、通貨体制がからむので、後述します。

中国の、**リーマン危機を超える経済危機は、妥当値から50%以上高いバブル価格を続けている不動産と住宅の下落**から起こります。

中国のGDPの成長を支えてきたのは、**大きな固定資本投資**（GDP構成比41%から47%：

550兆円規模：前掲図2-4）です。この中では、政府のインフラ投資、企業と世帯の**借入金増加による不動産投資**が多くを占めています。年550兆円という大きな固定資本投資で、中国のGDPが支えられてきたのです。(注1)

借入金による不動産投資は、土地と住宅が、仮に30％下落すれば、現在でも貸付金の8・6％もある銀行の不良債権をすぐに20％、30％に増やし、金融危機を招きます。**中国の不動産価格のバブル崩壊は、以降で分析するように必然**です。

政府による対策が行われるので時期の確定は別にして、避けることはできない。南欧債の危機のように、政府と人民銀行が、債権を買い上げて銀行を支援する方法はあるでしょうか。

(3) 2011年以降、中国の不動産価格が下がっていない理由

中国では政府が公有住宅を支給し、国民は低い賃料を払う制度でした。購入制に変わったのは、

（注1）日本のGDPで、中国の固定資本投資に当たるものは、民間住宅16兆円、企業の設備投資81兆円、政府の固定資本投資26兆円で、合計123兆円です。GDP（名目537兆円：16年：内閣府）の構成比では、金額では中国の1／4、構成比では半分の23％です。日本は先進国の中では固定資本投資が大きいのです。

前述のように1998年からです。

前掲の図6-1の(2)には、2001年からの都市部（70大都市）の地価を示しました。01年の1㎡1000元（1・6万円）から、リーマン危機後も下落せずに、10年には6000元（9・6万円）へと6倍に上がっています（年率20％上昇：70大都市平均）。住宅価格も6倍に上がったことを示しています。

2011年には、**上海万博後の不動産需要の減少があり、金融引き締め**も行われたため、地価は20％下がっています。しかしそのあと、危機を避けるための政府対策で再び上昇し、16年には5500元（8・8万円）に回復したのです。

都市部の商業用地も、宅地より高い水準ですが、価格の動きは同じです。しかし、生産力の増強のため、国有地を安く払い下げる工業地は、1㎡500元（8000円）付近で、住宅地、商業地の高騰にかかわりなく、低位に安定しています。これは政府の用途別の土地払い下げが、任意のものだったことを示すのです。

住宅用、商業用の土地が上がり続けている理由には、前項で示したように、①**世帯が負債を4・7兆ドル**（**517兆円**）に膨らませ、高い住宅をローンで買ってきたこと、②**企業が負債を18兆ドル**（**1980兆円**）という利払いと返済ができないレベルにまで増やして、不動産への設備投資をしてきたことがあります。

政府は、税収になる土地供給で、企業の不動産投資を奨励したからです。

企業側にとっては、政府が言うから借金で買ったという言い訳があります。
住宅供給は、まず企業が政府から土地を買って建設し、それを世帯に売るという形で行われます。住宅が売れれば企業の負債は増えないのですが、実際は大きく増えているところを見ると、**企業間で転売される形をとっても、世帯に売れていない在庫がたまっていることが**わかるのです。**住宅在庫となっても販売価格のまま**であり、価格は下げられていません。

年間平均1000万戸の住宅建設と、低金利の住宅ローン

中国の**70大都市では1年に766万戸の新規建設**があります（2014年：国家統計局）。1戸の平均面積は105㎡（2LDKから3LDK）です。同じ年の日本の分譲住宅である23・6万戸の32・5倍です。

70大都市で766万戸の新築があり、1世帯平均で**約6000万円ローン負債が残っている**と推計できます。これが、最近10年で住宅を買った8000万世帯がもつ517兆円の負債内容でしょう（2016年）。

政府政策として、低金利のローンを提供したことが住宅需要を増やし、**バブルと言われながらも価格を上げ続けてきた**のです。

買い手が減らないかぎり、価格は上がります。中国では2008年以降も、土地購入は増え続けています。これが、図6-1の08年の7570億ドル（83兆円）の6・2倍になった、4・7兆

ドル（517兆円）の世帯負債の意味です。世帯と企業の負債はリーマン危機のあと急増し、不動産価格を上げたのです。

比較のために示すと、わが国の住宅ローンを主とする**家計負債は391兆円**です（2016年12月末：日銀資金循環）。ローンが残る世帯の平均では、1500万円でしょう。

【低いローン金利と高い世帯所得の増加率】

中国の住宅ローン金利は、政府政策により5・6％から6・0％と、地価と比例する住宅価格の上昇に比べて低い（2014年）。住宅価格が年率で20％上がると、住宅価格に対しローンの実質金利は、マイナス14％になります。これは、価格が20％上がると毎年14％の住宅資産が増えることと等しい。10％の住宅価格上昇でも、ローンの実質金利はマイナス4％程度です。**「ローンで住宅を買うと資産が増える状態」**が続いています。住宅資産に対しては、ローンの金利はマイナス要素です。

わが国のように、全国平均の住宅価格が上がらず、オリンピックに向かう東京圏の一部を除くと下がる傾向のときは、ローン金利が1・5％であっても、住宅購入での資産は作ることができません。

むしろローン負債を引いた世帯の純資産は、減っていきます。ローン金額3000万円で買った住宅の転売価格が2500万円なら、500万の純資産の減少です。住宅価格が下がる傾向のときは、ローン金利が1・0%でも、下がった500万円も金利分に入れると3000万円に対して6%です。住宅が下がるとローン金利は実質では7%になります。**［実質で負担する金利＝名目金利＋住宅価格下落率］**だからです。

中国で高い住宅価格が続いている理由

図6-2には、人口がさらに集中している9大都市の住宅価格の、世帯所得に対する倍率を示します。2014年で**深圳が20倍**（**平均年収の20年分**）、**北京が15倍、上海・広州が12倍**です。世帯年収との比較では、普通は買えないくらい高い。

もともと高かった年収倍率の10倍が、2008年以降にもさらに上がっています。これは、世帯所得の伸びを、住宅価格上昇がはるかに上回ってきたことを示すものです。

わが国では、1・5%の金利でも年収の7倍（30歳代で500万円の年収で3500万円）が住宅ローンを組むときのほぼ上限で、**理想値は5倍**です。30代の平均年収500万円のとき、2500万円の住宅です。共稼ぎで600万円なら頭金を除くローン額で3000万円です。**30年払いの住宅ローンで定年前に支払いを終わるには、30代から40代前半までに組まねばならない。**

親からの援助の大きな頭金を入れて買うか、年収1000万円以上の所得の世帯（構成比12%：15年）しか買うことできない大都市の高額物件（6000万円以上）を除けば、平均的な価格が、共稼ぎ600万円の世帯年収の8倍（4800万円）、9倍（5400万円）、10倍（6000万円）

図6-2　9大都市の住宅価格:世帯所得倍率

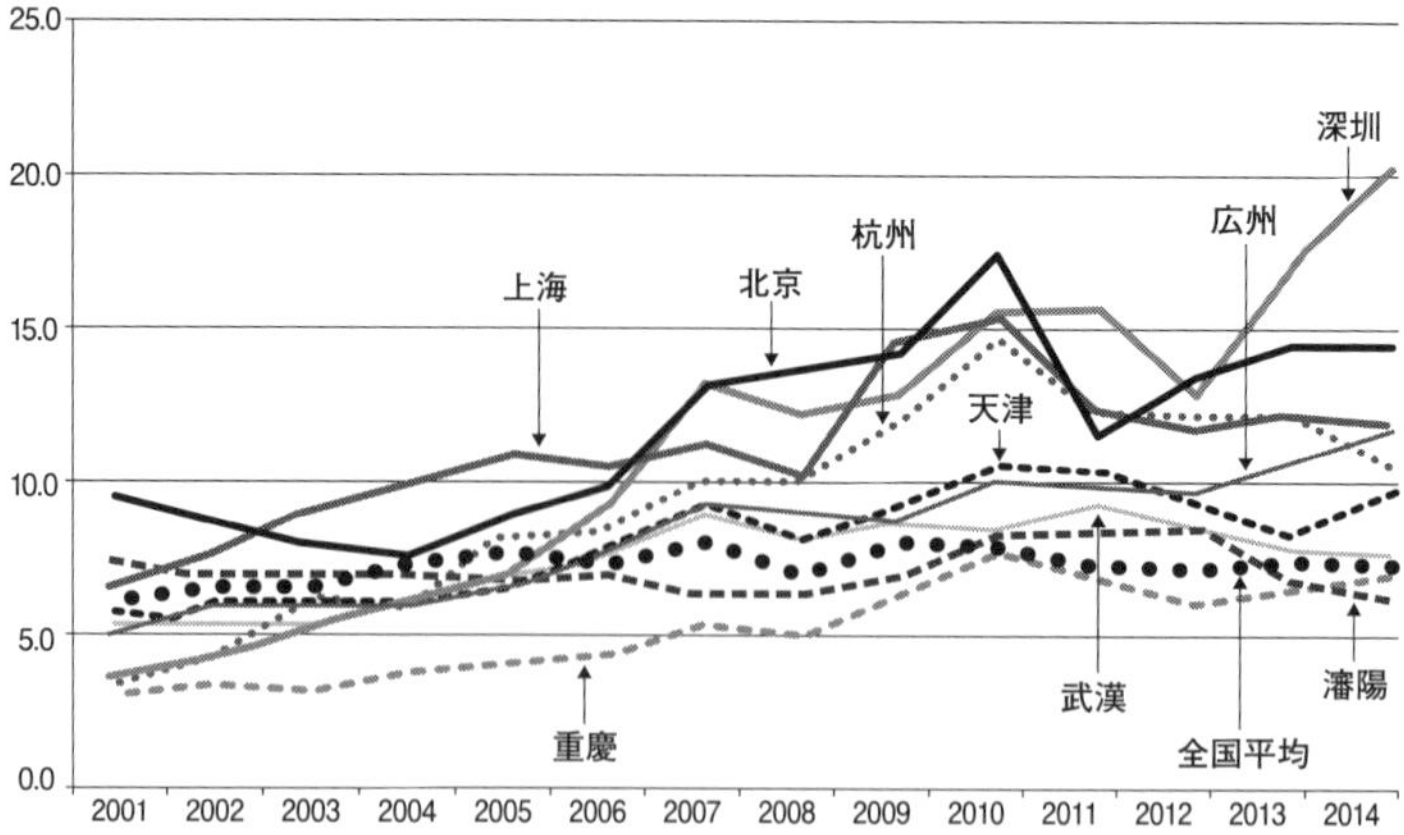

中国の都市部所得の中位である上海市の世帯の平均年収は、5万元（81万円:2015年）である。格差は大きい。金融やIT業では、1人10万元（160万円）、一次産業では平均年収の1/2の、2.5万元（40万円）である。購買力平価では、中国の物価は、日本の約1/2なので、中国での160万円の所得は、320万円の生活水準にきている。

データ：野村総研『アジアの不動産投資2016』

と上がることはない。3000万円が、平均世帯（年収541万円）の30年ローンで買える住宅価格だからです。一般の消費者が買えない価格のものは売れ残って、価格が下がります。

中国で、都市部の住宅価格が、世帯年収の10倍を超えても上がり続けてきた理由は、3つあります。

①都市部人口の、2・6倍増という要因：都市部へは、特に1990年から、内陸の農村部から、大きな人口流入が続き、住宅需要が増え続けてきたこと。**年間平均で1200万人余が農村部から移動**しています（25年で3億人の民族大移動）。このため、1990年には2・6億人だった都市部人口は、2015年には、大移動と都市内人口の増加により、**2・8倍の7・3億人**に達しています。

都市部人口の増加は、18年で倍増するペースの年4・2%でした。都市人口の増加によって、都市エリアに世界に類例のない住宅需要が生じたのです。(注2)

②世帯所得の30%を超える高い貯蓄率：

2008年までの中国では、GDPで二桁の高い成長が続き、**都市部の世帯所得は、年率で10%から15%伸び続けました**(1人当たり総平均では年率12%)。所得が大きく伸びる時期は、世帯の貯蓄率が高くなります。住宅ローンの返済は、国民経済の計算では貯蓄になります。中国の世帯貯蓄は、所得の30%です。

都市戸籍の世帯は、上がり続けていた住宅を、将来の所得増を勘定に入れ、そのときの世帯所得に対しては大きすぎるローンを組んできたのです。

年率で10%所得が増えれば、15年後の世帯収入は4倍と想定できるからです。

③6%の住宅ローン金利に対し2010年まで住宅価格の上昇が年率20%だった：

1998年に住宅購入が開放されたため、その後の住宅需要は、急増しています。中国の土地と住宅価格は、2010年まで年率平均20%で上がっていました。一方で、政府政策で抑えられていたローン金利は、6%台でした。

(注2)中国では都市部に移動しても、一時出稼ぎのままで、都市戸籍がないと社会保障もなく、住宅ローンを組むのも難しい。都市戸籍をもつのは都市部人口の55%の4億人ですが、この戸籍人口も、都市部人口の増加により増えています。

日本の不動産バブルとその崩壊

わが国でも、住宅価格の上昇を年15％から20％見込むことができ、ローン金利が8％台の時期には、住宅購入が増え、価格はバブル水準に高騰しました。30年前、1985年から90年でした。92年には利上げが行われ不動産融資が規制されことをきっかけに、購入が減ってバブルが崩壊し、都市住宅の価格は1／2から1／3に下がっています。ただし金融要因はきっかけでした。

基底の原因は、**95年からの高齢化と生産年齢人口減の時期が迫っていたことからの住宅需要数の減少**です。返済期間が30年の住宅ローンは、30歳代で組みます。30歳代人口が減って晩婚化すると、住宅需要は減ります。

1992年のわが国の**宅地は1714兆円の評価**でした。地域と世帯の格差があるので平均で計るのは意味が薄いのですが、メドを示すと1世帯3500万円の土地資産でした。**6年後の98年には46％の794兆円**に下がっています。920兆円の土地評価が消えたのです。

1998年は、地価下落を原因に、**銀行融資（約500兆円）のバッドローンが100兆円に増えたことからの金融危機**でした。担保の時価が50％下がり、不良債権が20％に達するころ金融危機が起こります。

世界中の銀行は、どの国でも、預金取り付けをさけるため不良債権額は、実態よりはるかに少なく申告します。

バブル投資を増やしていた企業と世帯の、利払いと返済がされない借入金が、ほぼ100兆円、不良化していました。1998年からは、金融対策として、①日銀によるゼロ金利策、②保有国債を買って銀行にマネーを提供する量的緩和が始まっています。日本の**GDPゼロ成長の27年間**は、1990年からの資産バブル崩壊から始まったのです。

わが国の不動産バブルの崩壊には、**1995年に生産年齢人口が頂点**に達し、その後は年間70万人平均で減少して行くという、根底での住宅需要減少の要因があったのです。

80年代バブル期の住宅建設は、180万戸水準でした。2000年代は100万戸に、2010年代は80万戸台に減っています。2016年は、ゼロ金利と相続税対策のアパート建設(46万戸)の増加で、総戸数は96万戸に増えていますが、一時的なものです。大都市部の価格が上がった分譲マンションの販売は11万5千戸であり、0・9%減っています。

地方の人口減と、全国の高齢化と単独世帯化により、**空き家が806万戸**(**13・5%:13年**)に増えています。わが国の新築戸数は、今後、需要の要因で増えることはなくなっています。取り壊しと建て替え、躯体を残すリフォームは増えるでしょう。

ゴルフなどで都市から30分から45分のカントリー部に行くとき、ここの住宅は10年後、15年後にどうなるかと考えます。住宅を買うか、店舗投資のときは、エリア人口の15年後や20年後を想定する必要があるからです。

(4)中国の企業負債と世帯負債の不良化の予測

中国の問題は、不動産購入にからむ**企業の借入金18兆ドル（1980兆円）**と、**世帯の借入金4・7兆ドル（517兆円）**です。不動産価格が年5％から10％上がっているときは、不良化しません。

しかし価格が横ばいに入ると、住宅の値上がりをあてにしていた購入が減り、中国では年1000万戸も供給されている住宅価格が下がって、不良債権が増えていくサイクルに入ります。新しい物件のローンが不良化するだけではない。価格が上がっていた5年前に組んだローンでもデフォルトが増えて不良化します。

米国では、2000年から2006年に、**20都市の住宅が平均指数で2倍**に上がり（ケースシラー指数）、2007年から下がって、変動金利のサブプライムローンにデフォルトが増え、**1000兆円の住宅ローンの約50％が不良化**して、住宅ローン担保証券の全面的な下落になり、2008年9月の金融危機に至ったのです。**住宅価格のピークから約2年の期間**で、全体的な金融危機になっています。

16年で6倍に上がった中国の住宅価格

中国の不動産価格が、2000年代の16年間で6倍に上がった原因は、70都市の人口が、増え続けてきたことです。居住人口が増えると、必要な住宅戸数が増え、需要が増えます。需要が増えれば価格は上がります。6倍に上がったのは都市部の不動産だけです。

図6‐3に、70の大都市の長期人口を示しています。1990年には2・6億人でしたが、2013年には、7・3億人へと4・7億人増えてきました。年率では4・4%の人口増が続いたのです。中国の都市人口の増加分だけで日本の人口の4倍です。すさまじさがわかるでしょう。1990年代から2013年まで、中国国内で、農村部から都市部への、「あたかもゲルマン民族大移動」が起こっています。

4億7000万人の都市人口の増加は、1人っ子で家族3人として、1億6000万戸の新しい住宅需要を生みます。住宅を買える都市戸籍をもつ人に限れば、1億戸の住宅の増加需要でしょう。地域人口が増えれば、住宅が足りなくなり、高騰するのは当然です。このため、70大都市での2016年の住宅価格は、2000年の6倍に上がったのです。

中国の経済成長と、都市部世帯の所得の増加

中国の二桁のGDPの成長は、都市部で働く人が、年率でほぼ4・5%増加したことによりま

図6-3　70大都市部の人口比率と人口数、および2010年以降に急減した、都市部の就労率

(1) 全人口13.5億人に占める、都市人口比率(%)

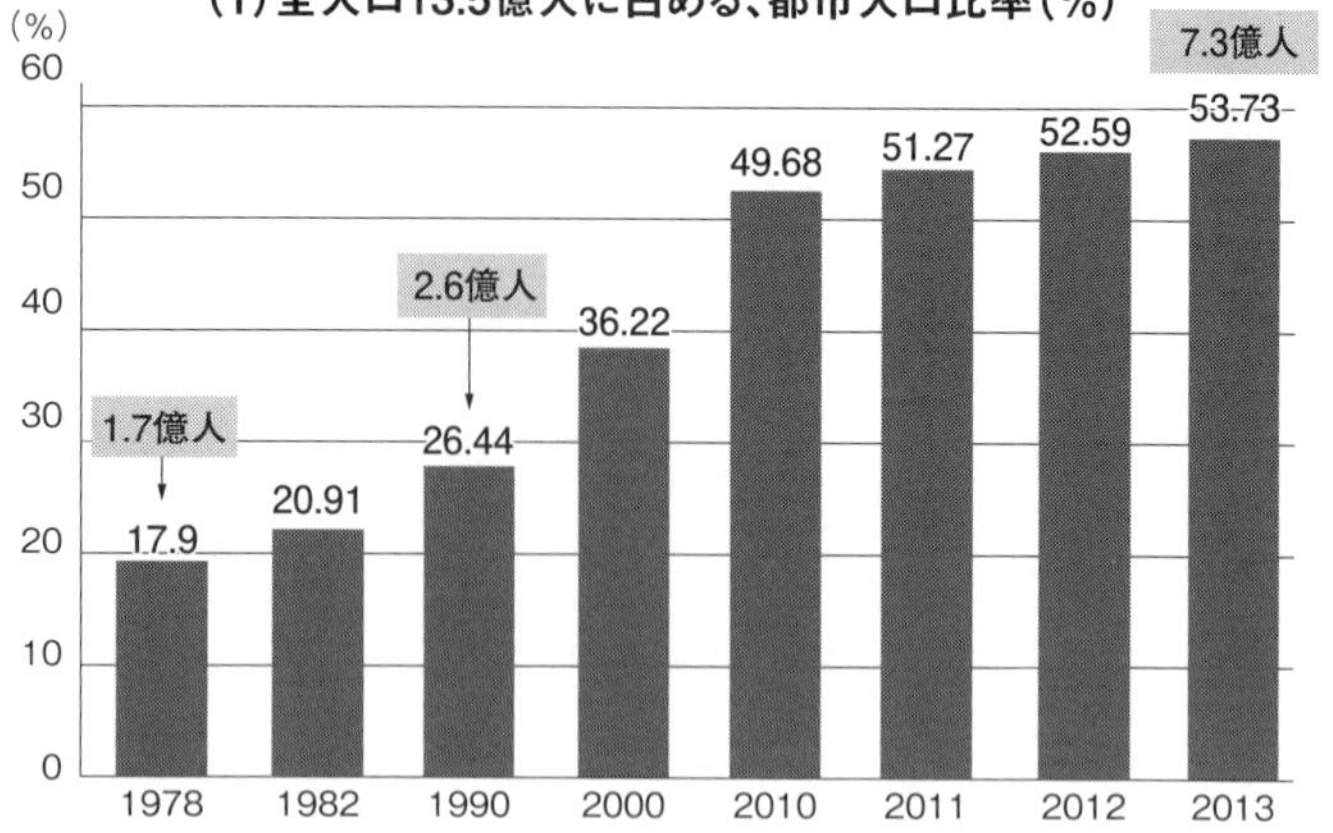

2000年代の中国の住宅価格を6倍に上げてきた原因は、1990年の2.6億人から7.3億人（2013年）に急増した、都市部人口だった。4.7億人の人口増は、短期出稼ぎを除くと、都市戸籍をもつ3億人の増加になり、1億戸の住宅の新築需要を生んできた。　データ：中国統計年鑑2013

(2) 2013年以降の都市部就労者の急減 (%)

都市部の就労者数の伸び鈍化
中国の都市部の就業者数の伸びが1993年以来の低水準に

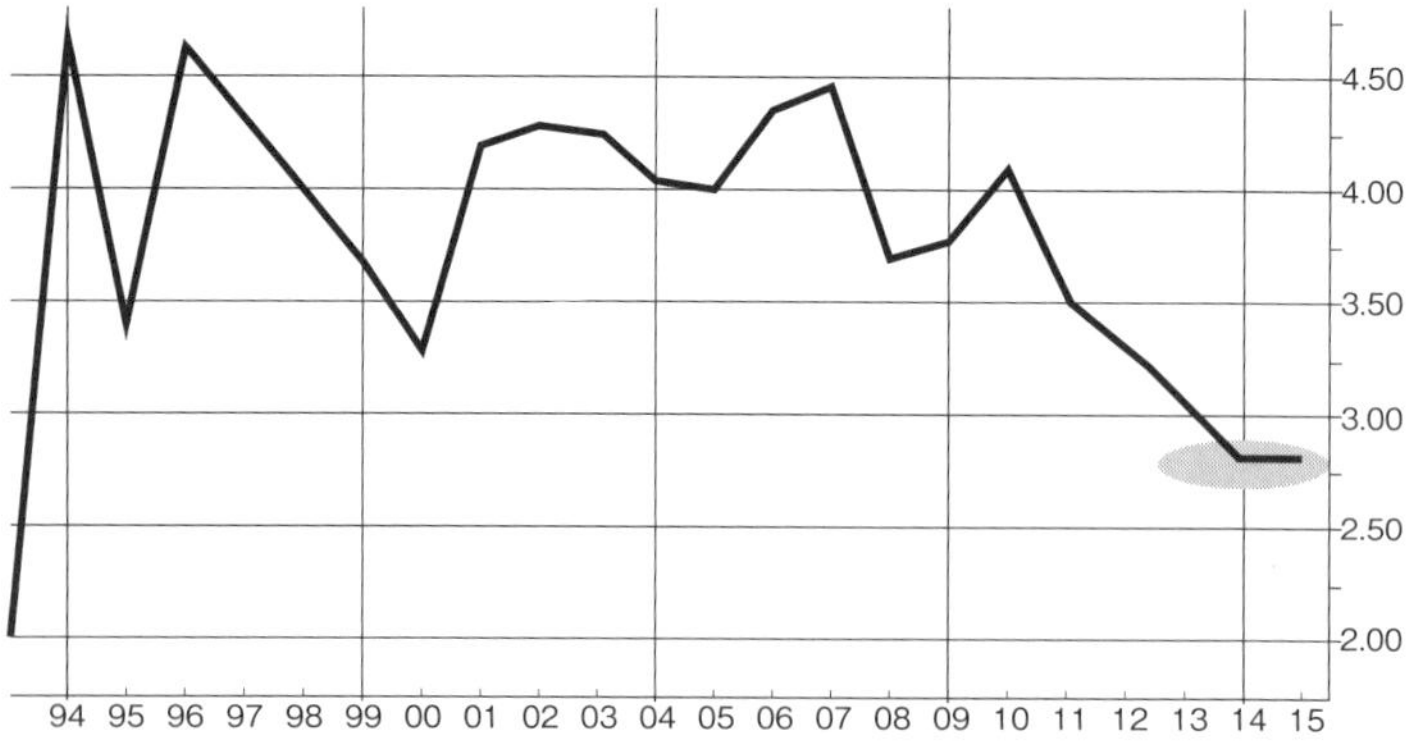

しかし、2013年以降は、都市部の就労人口の増加は、2.8%増に急減した。2010年まではほぼ4.5%の増加だった。これは、中国のGDPの増加が、ほぼ半減したことを示している。
データ：Bloomberg News

す。商品生産のＧＤＰは、国民所得でもあります。農村の穀物、野菜、果物、畜産だった１人あたりの商品生産（所得）は、都市の工場に雇用され、**商品製造に従事することで約３倍にふえます。**

このため、１９９０年代末から00年代の経済成長は、**［都市部就労人口の増加４・５％×商品生産高の３倍増＝ＧＤＰの13・５％］**付近となっていたのです。この人口ボーナスが、ＧＤＰを二桁で増やし続けました。都市部の１人当たりの所得では、平均年率12％の増加でした。これが約20年も続いたのです。

人々には、**自分の所得が６年先に２倍になる想定**がありました。所得倍率で10倍と高い住宅も、６年後には５倍に下がると見込めます。

住宅価格は、08年以降、年率で20％上がっていました。平均的な所得の増加率12％より高かった。しかし買うのを待てば、もっと高くなる。このため、**「20代後半で住宅を買う」**ことが普通の行動になっていたのです。中国では住宅をもつことが結婚できる重要な条件でもあったからです。

以上の事情から、人々は、年収の増加予想が10％以上でないとローンを組んで買うことはできない年収の10倍、15倍、20倍という高い住宅を、買ってきたのです。買うときの価格が年収の15倍なら、６年後の予想年収では７・５倍に、12年後では３・８倍に下がると想定できるからです。高い率での所得増加の予想が、高い不動産価格を一層上げてきたと言えます。

リーマン危機後のGDPの低下は固定資本投資（不動産投資）の増加で補った

中国のGDP成長率が急低下したのは、2008年のリーマン危機が起こり、対米、対欧輸出（海外への商品販売）が急減したことからでした。

GDPは国民所得（企業所得＋世帯所得）であり、**GDPの増加率は平均的な世帯所得の伸び率**でもあります。このとき、国民所得の中の、企業所得が急減したのです。企業所得の減少は、2年目から賃金の上昇を低下させます。GDPの増加率の低下のあと、しばらくして、賃金の上昇率が低下します。わが国ではGDPの伸びが0％から1・5％なので、働く人の世帯所得は全く増えていません。

政府は、GDPの増加率の急低下を補うため、**緊急に4兆元（64兆円）の財政支出をして、企業には借り入れでの設備投資（多くが不動産投資）**を促しています。この固定資本投資が、輸出の減少で低下したGDPを5ポイント底上げしました。GDPの成長率では2008年9・6％、09年9・2％、10年10・6％、11年9・5％と低下がとまったのです。

固定資本投資の副作用は不動産バブルの継続でした。借金で企業は設備投資を増やし、世帯はローンで住宅を買ったからです。当時の中国政府は、雇用の維持のため、中国ではGDPの8％増加が必要と言っています。8％の成長維持のため、借り入れでの投資を促したと言っていい。

中国の企業は、銀行も含み、多くが国有だったので、政府政策と一体です。この結果が、

2016年の企業負債18兆ドル（1980兆円）、世帯負債4・7兆ドル（517兆円）です。

世帯は、無理すれば、ローンを返せるかもしれません。しかし、大きすぎる企業の負債1980兆円（GDP比161％：2016年）は、利益での返済が不可能でしょう。不動産価格が下がったとき、企業負債の多くが不良債権になり、金融危機に至ることを意味します。

2012年は、リーマン危機に続く欧州の南欧債の危機でした。欧州中央銀行（ECB）は、2兆ドルの信用創造をして、下落した南欧債を買い取り、ユーロの銀行危機を収めたのです。ユーロ危機は、中国には、貿易黒字が1482億ドルへと、前年比で32％減少することでした。中国の輸出額は、米国よりEU（欧州連合）が多い。貿易黒字の減少は、中国のGDPの減少になります。

このため、政府の経済対策で数ポイントは底上げされていた中国のGDP成長率は、**2012年7・9％、13年7・8％、14年7・3％、15年6・9％、16年6・7％、17年予想6・6％（IMF）**と、11年までから一段低下したのです。

中国のGDP成長率は、商品の製造量と正比例して増えるはずの電力消費量の0・7％増への低下（2014年）と、鉄道貨物の11・6％減（2015年）から見て、形のない商品のサービス化が進んでいるとはしても、**実際の成長では実質で3％程度**でしょう。政府の発表分には、3％から4％の上乗せがあります。なお中国政府は、GDPの成長率が推計できる電力消費量等の公表を、成長率の低下を世界に知らせたくないためか、約1年遅らせています。

国内では、北朝鮮ほどではなくても、本当のことを国民には知らせない情報統制があります。インターネットも、中国政府に都合の悪い情報があるものは、国内からは見ることができません。**実際のGDP成長率の3%台への低下は、人々の所得予想と不動産価格にどういった影響を及ぼすのか。**これが次の検討点です。世帯は自分の今年の所得からGDPの低下を実感します。わが国では、世帯所得の増加は、ほぼ0%です。マイナスの世帯も過半です。このため、人々はGDPの増加も0%付近としか予想していません。住宅価格も、相続税の節税の目的で需要が増えた大都市の一部以外は上がらない。

(5)世帯所得の増加予想が5%に低下したときの、住宅価格と金融危機

2014年までの過去15年、都市部世帯の可処分所得は、年率12%で増え続けていきました。これが、年収倍率で10倍、15倍、ときには20倍と高い住宅が買われてきた原因でした。しかし、**70大都市部の世帯の所得の実質増加率は、2013年に6%台に低下し、2016年には5%付近に下がっています**(もとデータCEIC:三菱総研より)。国民所得を示すGDPの増加率が政府統計では6・7%(2016年)ですから、都市部世帯の平均所得が5%に低下しているのは整合します。

政府GDPには約3%分、省をまたがる固定資本投資と、設備投資計画を完成とすることの二重計算があると推計できます。実際のGDPの増加は3%程度と推計できますが、その点は措くこととしましょう。

住宅を買うときの価格の評価

住宅を買う人が内心で行っている**自分の所得の増加予想は、住宅価格（住宅ローン額）を決めるもっとも重要な要素**になります。

①所得の増加を12%と見込んでいるときは、**10年後の所得は3・1倍**です。住宅を買うとき、**所得倍率が15倍であっても、10年後には5倍**に下がります。買うときの所得倍率が20倍の住宅でも、10年後は7倍であり十分に買える価格です。これが2012年まででした。

②所得の増加が半減した2013年からは4年経っています。**国民は、自分の所得の増加予想も5%に修正せねばならない時期**でしょう。実態は、本当のGDPと並ぶ3%付近でしょうが、それは言いますまい。

所得の将来増加予想が5%の場合、10年後の予想所得は1・6倍です。現在、所得倍率が15倍の住宅は、10年後でも9・4倍です。10年後の**世帯年収倍率が9・4倍の住宅を買えば、ローンの金利と返済で生活は困窮**します。

世帯所得の、増加率の低下という肝心なこと

ローン金利が6％では、実質資産の増加もない。価格が20倍の住宅なら、10年後も想定所得の12・5倍であり、これは払えないローンです。**中国の都市部の世帯所得の伸びが、今後10％を超えることはありません。**GDPが二桁の成長に戻ることはないからです。

生産年齢人口（退職が早い中国では15歳から59歳をいう）は2011年の9・41億人をピークに、日本の16年遅れで、**13年には9億人以下に、50年には6・5億人**に減ります。

［GDPの成長率＝1人あたりGDP生産性上昇×生産年齢人口増加×就労率上昇］です。

中国も1995年以降の日本のように、1人あたりGDP生産性の上昇率しかGDPの伸びはなく、これは高く見ても3％です（日本では実質で0・4％、米国は0・7％程度）。

中国のGDP増加率は、今後10％台に戻ることはありません。GDPの増加は、1人平均の所得の増加でもあるので、世帯所得の増加が二桁に戻ることもなく、**3％から5％の上昇**です。これは確定的に言えることです。世帯所得は、2013年の実質6％の伸び率が、4％、3％と下がっていくことを想定せねばならない。

新築住宅を買う世代の人口が20年でほぼ半減する

もう一点、住宅価格にとって肝心な、需要要因があります。**北京で住宅を買う平均年齢は27歳**です。日本より約10歳早い理由は、①住宅が結婚の条件であること、②退職年齢が60歳と日本より5年から10年は早いことです。

30年のローンを退職前に完済するには、30歳までに買わねばならない。住宅を買う25歳から30歳の男性人口は、2016年が史上最大のピーク7000万人でした。今後は、**1人っ子政策のために、20年後には4000万人へと43%も減ります。**

中国で住宅を買う年齢層の減少は、日本の人口ピラミッドでの団塊ジュニアの減り方とほぼ同じです。このため、中国でも住宅を新しく買う世代は、ほぼ半減します。年率では、2017年から住宅を買う人が3%ずつ減っていくのです。2016年までは増えてきた人口の年齢要因からも、中国の住宅需要が、今後、増えることはなくなります。

2021年：中国の不動産バブルの崩壊が起こる

以上が意味するのは、遅くとも2019年に、中国の住宅価格は、所得増加率の低下と新築住宅の需要数の減少に合わせて下がることが、必然になることです。

不動産の下落から**デフォルトの増加までには、米国の事例のように2年の期間**があります。中国の金融危機は、住宅価格が下がり始めて**2年後の2021年でしょう。**

世帯が合理的には買うことができない価格に上がっている住宅は、買える価格にまで下がります。住宅価格、売り出し価格は住宅建設会社がつけますが、それが買われる価格は買い手がつけるからです。所得の増加率が低下したときは、世帯がローンで買うことができる上限価格は、現在の世帯年収の7倍までです。

【下落幅の推計】

中国の大都市部の住宅価格は、**平均的なもので30%から40%、大都市で8000万円を超えている高額物件では40%から60%**は下がらねばならない。

2015年では、もっとも価格上昇が大きかった深圳で前年比62・5%、上海30・5%、南京17・8%、北京17・6%でした（WSJ）。本書を書いている2017年の5月では、企業と世帯が借入金を増やして、まだ買っている状況です。70大都市のうち67都市で上がっています。北京は前年比で24%、上海が25%、深圳が14%の上昇です。この上げは、バブルの末期の状況でしょう。

これらがいったん下げに入り、70大都市部で投資の2軒目、3軒目の住宅の売りが増えると、実際の下限価格は、右記の数値以下になります。

政府は住宅価格の下げを止めるため、2014年から、1軒目のローンを完済すれば、2軒目の住宅にも1軒目と同じ優遇金利としています。このため、銀行から別の名目で借りて、安いとき買った1軒目のローン残を一括返済して、2軒目、3軒目を買っている富裕世帯も多いのです。世帯のみならず企業にも、中国の高い経済成長率を支えるものとして、政府が不動産投資を奨励し、優遇金融で誘導しています。政府の土地譲渡がGDPになり、住宅の建設もGDPになるからです。**嵩上げされてきた住宅価格は、世帯の所得増加の予想率の低下により、下がっていきます。**

【政府収入の減少にもなる】

国有の土地の使用権が高く売れると、**省政府の収入**（税収と同じ）**が増えるという特殊な事情**もあります。中国では、住宅金融が増税策の代わりになるのです。

このため、政府負債の見かけはGDP比46％の5兆ドル（550兆円：2016年）と少なく、GDP比で日本の1／5です。しかし住宅価格が下がると、政府が払い下げる土地価格も下げねばならないので、政府財政の赤字が増加して、国債発行は増えるでしょう。

省政府の土地売却収入は2010年では**税金を含む全収入の69・4％、13年でも59・8％**という高さです（国家統計局）。土地売却が政府の主たる税収であることがわかる割合です。このため、土地の放出価格が30％下がると、政府の収入は20％減り**「公務員報酬が払えない」**事態が生じます。

銀行と、理財商品のシャドーバンクの不良債権

中国の住宅価格の下落が始まると、**不動産バブルが米国の数倍**のため、リーマン危機より大きな金融危機になります。世帯の借入金の4・7兆ドル（517兆円）と、不動産投資の負債が多い企業の借入金18兆ドル（1980兆円）が不良化するからです。試算すれば、住宅価格がボトムにきたとき、両者の**借入金22・7兆ドル（2497兆円）のうち少なくとも30％が不良債権になる**でしょう。

日本総研は、中国の不良債権を政府公表の10倍の12・5兆元（200兆円）と推計していましたが、それどころではない。**今は潜在的ですが、中国の不良債権は、理財商品を含む銀行融資の30％の68兆ドル（750兆円）**に達するでしょう。

都市部の2・5億世帯が、自分の所得の増加予想を、政府GDPに合わせて現状所得の伸び5％に修正したとき住宅価格の将来年収倍率が上がって住宅購入が減るため、**この不良債権化は必ず起こります**。実体のGDPの3％に所得増加を合わせれば、なおさらです。中国のGDP増加が二桁に戻ることはなく、世帯の平均所得が年率で5％以上増える可能性はすでにないからです。

このときは、前述のように**中国発のリーマン危機**になります（推計2021年）。しかし金融のシステミックな危機に対しては、**政府が対策**をとります。それが、どんな形になるかは、後述します。

次項では、**中央銀行には信用創造の上限がある**のかというテーマを、イマジネーションを凝らし検討します。起こっていないことに対しては、数値と論理を使うイジネーションしか方法がない。

7章

中央銀行の信用創造には、有効性の限界がある

２０１７年からの焦点は、

①**中央銀行の信用創造**（Credit Creation）に、**限界はあるのか、**

②**限界があるならどれくらいの金額か**に絞られてきました。

わが国では、２％のインフレ目標の失敗が明らかになり、メディアでも「日銀が国債の買いを続けたらどうなるのか」との懸念が増えています。政府、日銀、政府系エコノミストは、明確な答えをもっていません。メディアも「壮大な実験」と言い、「最終的には、戦時国債のようなハイパーインフレを引き起こす」、または「何も起こらない」と両極を示唆するだけです。（注１）

日銀とリフレ派は、「インフレ目標達成に異次元緩和は有効」と、今も根拠は示さず強弁して

います。「日銀の赤字になり債務超過になっても、長期的にはシニョレッジの利益（通貨発行益）で相殺されるから問題はない」という日銀見解もあります（日銀政策委員会審議委員：原田泰氏）。

シニョレッジ（通貨発行の領主特権）は、日銀に政府が払う国債の金利のことです。1％の金利でも、政府が破産せず70年間持ち続ければ、複利での金利が国債額面に達します。長短国債の平均が現在のようにゼロ金利では、日銀の受け取り金利はなくシニョレッジもないのですが、そんなことは意に介さない。70年後は２０８７年です。今生きている人のうち80％は、灰になっています。異次元緩和から4年を過ぎても、消費者物価は生鮮とエネルギーを除くコア・コアで0％です（17年4月：両方を入れた総合では＋０・４％）。どんな意味でインフレに有効なのか、根拠は不明です。

「銀行が国債の売りを渋るなら、当座預金の金利を上げれば、平均がゼロ金利の国債を売るようになる。当座預金の金利が入るから」という見方もあります。その代わりに日銀の利払いが増えます。あるいは、「永久債を発行して日銀が買えば、借換債の発行は減る」ともいう。

（注1）物価が上がってきたとき、日銀が国債を売ってマネー量を大きく減少させれば、市場の期待金利（予想実質金利）は3％から5％に高騰して、政府財政は国債下落ショックで破産に向かいますが、ハイパーインフレにはなりません。ハイパーインフレは、必需の食料を含む商品生産力が破壊された中で、あるいは通貨が1／3以下に暴落する中で、中央銀行が結果を想定せず闇雲なマネーの増発を続けたとき起こります。ハイパーインフレは、一般には、3年で物価が2倍以上に上がる水準を言います。

ここまで来ると、**異次元緩和の目的は、財政ファイナンス**以外ではなかったことになるでしょう。財政ファイナンスとは、日銀が、政府の赤字財政に対して不足マネーを与えるために国債を買い続けることです。

【中央銀行の信用創造の限界への考察】

日銀の信用創造（当座預金マネーの増発）の、有効の限界を考えるには、**「政府、日銀、銀行の信用の入れ子構造」**を考えねばなりません。ロシアのマトリョーシカ人形が、この入れ子構造です。

金準備から離れた**フィアットマネー（Fiat Money：法貨、信用通貨、管理通貨）**の価値は、単独の信用に由来するものではない。**政府、日銀、銀行の相互関係の中**にあるからです。相互関係を見なかったため、既存の経済学説は、フィアットマネーの信用の根源を解くことができていません。このため、有効性の限界を示せない。ガルブレイスが言ったように、「中央銀行の側に立って、信用創造の問題をややこしくさせてきた」こともあるでしょう（『Money; whence it came, where it went』1975）。

まずあいまいな意味の「信用」からです。人の言葉を信用するというときのTrustではない。経済的な信用です。原義ではCredit（負債）です。

【経済的な信用とは貸し手が、借り手に与えるもの】

銀行は、預金者が寄せる信用で成立しています。銀行が自分の信用を作っているのではなく、**預金者がマネーを預ける行動（貸すことと同じ）により、銀行に信用を与えています。**預金者が銀行に信用を与えているので、与信ともいいます。

その証拠に、債務超過とはほど遠くても、20％や30％の預金者が銀行を信用しなくなって預金を引き出せば、預金者の行動よって銀行は信用を失い崩壊します。

類似のことでいうと、株の信用は相場の価格です。**株価は、株を買う投資家の集合で作られます。**企業の利益が大きくても、投資家の株の売りが超過すれば、株価は下がります。同様に、銀行の信用は預金者の集合が与えるものです。政府、日銀、銀行、国民の4者の信用連関というべきですが、国民の信用は、銀行信用に含むこととします。

経済的な信用はCredit（原義は負債）です。

銀行は、預金という借り入れを増やせることが信用の拡大です。

同様に中央銀行は、マネーを発行することにより、当座預金という銀行からの負債を拡大できるまでが信用の限度です。

中央銀行の信用限界の具体数値

中央銀行の信用の限界は、①政府の信用（＝政府債務）と、②銀行の信用の規模（＝マネーサプライ）での違いがあるので、日本を事例とします。

図7－1に示すように、日銀の信用創造額（バランスシートの規模＝マネー発行の総量）は、498兆円に達しています。日本の、インフレ率込みの経済力を示す名目GDP539兆円に対して、92％です（17年2月）。出口政策をとらないかぎり、日銀信用は、毎年60兆円から80兆円（GDP比15％）大きくなります。「これがどこまで可能か」というのが本章で解くテーマです。

出口政策とは、

・中央銀行が国債を売り戻す、または満期償還分を買わず、

・日銀の、銀行への負債である当座預金のマネー量を減らすことです。

現在の日銀信用は、約500兆円です。この規模自体が異常ですが、その議論はここでは措《お》くこととしましょう。3者の信用連関を解く中で、判明するからです。

中央銀行の信用創造は、マネー発行の形をとった負債の増加

中央銀行の信用創造とは、フィアットマネー（法で強制する通貨）の増加発行です。フィアットマネーである円は強制的な通用力をもっています。日本では、受け取り代金としての円を拒否できず、税金も円で払わねばならない（「通貨の単位及び貨幣の発行等に関する法律」）。

経済的な意味での信用は、クレジットです。**信用創造はCredit Creation（負債の創造）であり、負債の増加**です。日銀のマネー発行が、バランスシートで右側の負債に記載される理由がこれで

図7-1　2017年の政府、日銀、銀行の信用連関：上側が資産、下側が負債

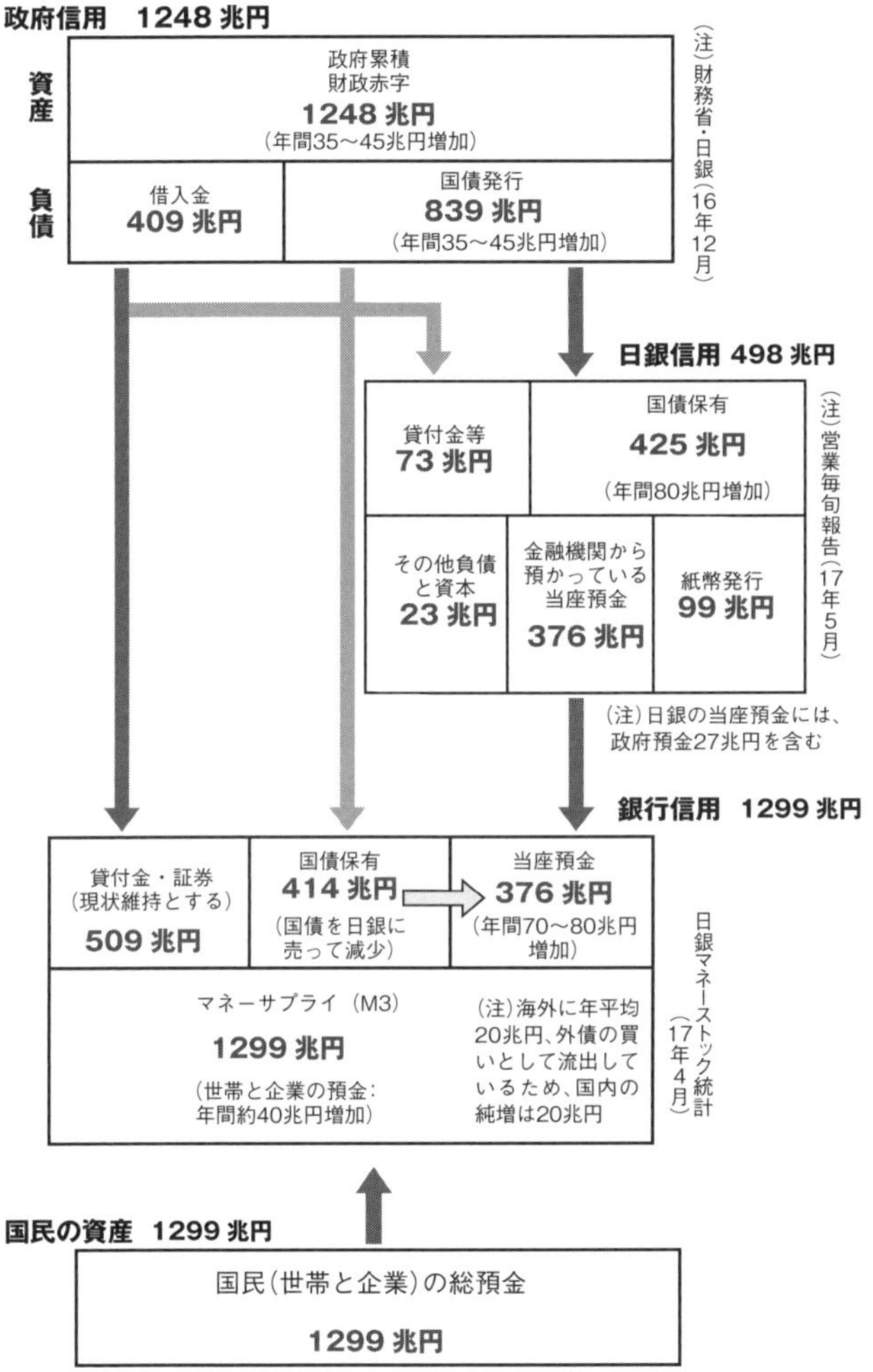

（注）銀行と日銀は、海外証券、および海外への貸付金ももつが、図では省略している。
財務省・日銀の諸統計より筆者作成

す。

日銀当座預金は、銀行にとっては準備預金の資産です。しかし預かる日銀にとっては負債です。1万円札は現金資産ですが、発行元の日銀にとっては、負債です。日銀の負債の創造が、通貨発行です。日銀によるマネーの増発は、政府の国債が負債であるように、日銀の負債を増やすことです。われわれがその負債を信用して円を受け取ることが、日銀を信用する行為です。

たとえば北朝鮮の中央銀行の信用は薄いでしょう。わが国の銀行も通貨交換は行わず、われわれの多くが、北朝鮮ウォンは代金として受け取らないからです。輸出の支払いには、国際通貨のドルを要求するでしょう。

国債は、政府に返済の義務があります。しかし、日銀の発行通貨という負債には、通常の返済という概念は、ありません。出口政策をとって、日銀が買ってきた国債を銀行に売り、銀行が支払う代金を当座預金から吸収することにより当座預金の円を減らすことが、返済にあたります。量的緩和とは逆を日銀が行うと、膨らんだ当座預金は減少します。これは金利を上げる金融引き締めになります。

【永久債の性格】

政府も、中央銀行の通貨発行と同じように、返済期限がなく**金利だけがつく永久債**も発行できます。英国のコンソル公債がこれでした（最初の発行は1752年）。発行できる条件は、永久債（株のような永久劣後債）を額面で買う金融機関があるくらい、**金利が高いこと**です。

ゼロ金利では、買い手がなく、永久債にならない。わが国では、3%の金利が必要でしょう。満期が40年ともっとも長い国債の金利は0・97%（17年6月）ですから、2ポイント高い水準です。

前FRB議長のバーナンキは、2015年に日銀を訪問したとき、永久債の発行を奨めています。毎年の借換債の分の、110兆円から120兆円を永久債に換えていくと、その分の返済がなくなるので、日銀が買っている国債を、当年度の財政赤字分の約40兆円にまで減らすことができると考えたからです。

ただし永久債では、政府が払う金利が、3%程度には上がります。国債の現在の利払いは10兆円／年（2016年）ですが、永久債の発行の初年度には利払い費が14兆円、2年目18兆円、3年目24兆円に増えるでしょう。利払い追加で増える分、財政の赤字も大きくなり、利払いのための国債発行が加わるので、永久債の狙いと逆に、財政破産に向かうでしょう。**英国の永久債は、国債が増えないときだったから可能**だったのです。

バーナンキを含み、永久債の発行論者は、それによる政府の支払い金利の増加と、わが国は国債発行が増え続けるという事情を無視しています。根底で、非現実的な日銀信用無限論に立脚しているからです。日本のエコノミストは、FRBとバーナンキを批判する視点をもちません。

（1）政府、日銀、銀行の信用創造

図7-1で、政府、中央銀行、銀行の信用連関の構造を示しています（2017年現在）。まず政府からです。バーナンキですらわかっていないことですから、少し入り組んだ記述になります。キー概念の信用は、クレジット、つまり負債のことです。

70年代に始まった財政の累積赤字1248兆円に対応して、①**国債発行が839兆円**、②国債以外の**借入金が409兆円**です。このクレジットは、金融機関が政府に与えた信用（国債の買いと貸し付け）によって作られているので、**1248兆円が、2017年時点での政府信用の金額**です。政府は財政の黒字がないので、一度も国債残を減らしたことはありません。

国債は、政府のクレジット（負債）です。国債での負債額は、金融機関が買うことにより、政府に貸し付けた与信額です。銀行が個人に貸し付けたときも、その金額が個人に対する与信（貸す側が借りる側に信用を与えること）です。

わが国では、政府債務がGDPの232％に達し、世界史上でも最高です。2位はギリシャの181％、3位がイタリアの132％です。戦時国債も、GDP比で230％でした（1945年）。戦費は、日銀が国債を買って、戦争をする政府にマネーを貸すという与信行為によって膨らむことができたのです。問題は、**今は与信されている政府負債が、現在大きいことよりも、今後も平**

均40兆円で増え続けることです。

ＧＤＰに対する残高が戦時国債並みになっても、インフレにならず財政も破産していないのは、日銀が425兆円分の国債を買い受けてマネーを発行しても、国民の預金の総体であるマネーサプライの増加にはならず、物価と金利が上がっていないからです。

商品供給力に対して、世帯と企業の需要が上回らないと、**需要主導型の継続的なインフレ**にはなりません。なおインフレには、需要主導型だけではなく、通貨が下がって資源を含む輸入物価が上がること、および原油価格の高騰による**コストプッシュ型**もあります。しかしコストプッシュ型インフレは、円が上がり、原油価格が下がればもとに戻るので、日銀が目標としている継続的なインフレではありません。

金利とは、与信（＝貸し付け）のリスクに対する、報酬です。金利は与信のコストと言ってもいい。これは、借りる側からは、借入金の利払いです。物価が上がると、物価につれて市場の期待金利は上がり、国債への期待金利も上がるため、国債価格は下がります。

日銀が国債を買うことにより金利が下がる間は、まだ国債信用（＝政府信用）があると見ることができます。国債の信用（政府の利払いと返済の能力、および物価の安定）が低下すると、中央銀行が買っても、期待金利が上がるからです。

国債残が国民の預金額を超えて、政府のクレジット能力を使い果たしたあとは、日銀が国債を買っても「政府機関である日銀しか買い手がいなくなった」という理由で、逆に国債の流通価格が下がり、金利は上がります。

この事態は、**クレジットを使い果たし銀行からの借り入れができなくなった夫**（政府）**に、妻**（日銀）**が家の預金から貸すことと同じ**だからです。

金融的な意味での信用は、負債のこと：政府信用の意味

負債はCreditです。企業信用、個人信用と言ったときは借り入れの限度額のことです。前述のように、貸し付けは相手にクレジットを与えること、つまり与信です。ＧＤＰの２・３倍の負債があっても、まだ政府の財政は、国債を買っている金融機関から信用されていることになります。どこまで信用されるのか、ここが問題です。

政府のクレジットの極度は、国債が銀行団から信用されて、買われるところまでです。これを超えると、２０１０年からのギリシャ債、スペイン債、イタリア債のように、流通価格（金融機関が買う価格）が下がり、政府にとっての信用コストである金利が高騰します。**国債の金利が高騰する臨界点が、政府信用の極度**です。

たとえば、現在は金利ゼロ付近の、既発10年債の流通価格が25％下がると、金利は３％に上がります。新しい３％の金利になる**借換債は、毎年１１４兆円規模もあり、新規発行52兆円**（２０１７年：**財投債14兆円を含む**）**と合わせると、１６７兆円の総発行**です（２０１６年3月期：財務省）。市場の金利３％が続いたとしても、毎年１６７兆円分が３％の利払いに上がって行きます。[注1]

新しく発行する国債167兆円分の利払いが3％になると、現在は40兆円規模の財政赤字が44兆円、48兆円、52兆円と大きくなって行きます。狙いとは逆に、財政破産の恐れが高まってしまうのです。政府の債務は1248兆円、GDP比で2・3倍の大きさのため、いったん金利が3％に上がると、2年から3年目に財政が破産に向かうでしょう。**政府負債がGDPの2・3倍もあるわが国では、国債金利3％が、財政破産への臨界点**でしょう。

【世帯と企業の預金合計と、政府信用の関係】

臨界点とは、信用がなくなって、それ以上の借り入れを増やせなくなる極度です。以上の検討をまとめて、あっさりと書けば、**現在の政府負債1248兆円**（日銀資金循環表）**が、世帯と企業の預金である1299兆円**（＝マネーサプライ：M3：17年5月）**を超えるころが、政府信用の臨界点**でしょう。

国債はノーマルな時期は、国民の預金で銀行が買うべきものです。日銀が、わが国の金融危機

（注1）実際は、金利が3％に上がって財政破産の確率が高まると、将来を見る金融市場では、金利は4％、5％、7％と上がっていきます。財政破産の予想が増えたことによる金利上昇は、半年で7％に上がってしまうくらい速い。10年債は、10年間、額面に対する金利が固定されます。10年内の財政破産の確率が高まると（CDSが上がると）、国債価格が大きく下がり、金利が上がるからです。

だった2001年に発明した量的緩和（2013年からは規模を大きくした異次元緩和）が4年も続き**正常性バイアス**がかっています。しかし、日銀が国債を買い増して政府に貸し付ける戦時国債のような処理は、いつ行っても、非常策であることに変わりはない。

正常性バイアスとは、異常なことが続くと、政府、日銀、国民に正常に見えることです。海外から見たとき、異常さが見えるかもしれない。もし中国が、日本の異次元緩和のスケールの国債買いを4年も続ければ、世界から、異常な金融策と言われるでしょう。

預金額の1298兆円が上限になる理由は、銀行が預かっているマネーサプライこそが、銀行団が国債を買うことができる限界だからです。(注2)

国民の預金額以上に国債を発行すると、**日銀が国債を買っても、普通なら、市場の期待金利が上昇**します。期待金利は、銀行団が、たとえば額面100万円の国債をいくらで買うか（**これが、銀行団による政府への与信行為**）で決まります。

政府の総負債は1248兆円に増えているので、国民の預金額に対する信用残は、あと50兆円程度でしかない。**スレスレの水準**です。それを示すのが、前掲図7-1の政府信用、日銀信用、銀行信用の連関図です。

国民の預金総額では買えない水準になってきたので、日銀が国債を買い取って、発行マネーという負債を膨らませていることがわかります。

国民の預金の総計を示すマネーサプライの統計（日銀はマネーストックという）は、日銀がとっています。**17年5月で1299兆円（ゆうちょ銀行の預金を含むM3）**であり、年率では3・5％程度の増加です。わが国ではこれが4％以上増えないと、需要主導で物価が上がるインフレにはなりません。https://www.boj.or.jp/statistics/money/ms/index.htm/

【政府信用、日銀信用、銀行信用】

前掲図7-1で、政府信用1248兆円、日銀信用498兆円、銀行信用1299兆円の相互関係を示しています。**政府負債1248兆円、日銀負債498兆円、銀行負債1299兆円**と言えば、その信用の中身がわかるでしょう。

現在の銀行信用額は、国民の預金1299兆円です。これが、**銀行を信用して国民（企業と世帯）が預けている金額**です。将来、引き出しができないかもしれないと感じ、銀行を信用しない場合、預金は預けません。**銀行信用はマネーサプライの上限**で表すことができます。

（注2）ここでは、銀行という言葉で、金融機関の全部（民間の都銀、地銀、信用金庫、生命保険、損害保険、および政府系金融機関のゆうちょ銀行、かんぽ生命、公的年金運用のGPIF）を代表させています。わが国では、小泉首相が言ったように政府系金融がGPIFを含むと420兆円の運用資金をもつので、国債発行が膨らむことができたという面があります。小泉改革で政府系金融は民有化に向かいましたが、政府は55％の出資を手放さず、今も財務省の「天下り機関」のままです。

［補足：マネーの海外流出という要素］

国民すなわち世帯と企業の総預金は、1年間に30兆円から40兆円くらい増えています。しかし**経常収支で黒字を続けるわが国では、海外へのマネーの純流出**（累積で対外純資産349兆円：年間平均20兆円：16年末：財務省）があるので、円国債を買う原資である国内分のマネーサプライが、国内の預金の増加分増えるとは言えません。海外に平均20兆円流出するので、国内の預金の純増は**年平均で20兆円程度**です。そこに、政府が1年の40兆円の新規国債を追加発行しています。

メディアからは、**日本の国債は国内の預金でファナンスされているから安全**と言われています。しかし実際は、マネーの対外純流出が続いていたので、年40兆円から50兆円規模の国債の買いには、預金の純増が年平均20兆円くらい不足していました。

このため2013年の**異次元緩和の前も、日銀が1年に10兆円から20兆円の国債を買っていた**のです。その前年の2012年にも、日銀は25兆円の国債を買って保有額を純増させています（2012年営業毎旬報告）。

マネーの海外への純流出は、日本の対外純資産の増加になります。しかし対外純資産の増加は、国内のマネー量を減らすことでもあるので、わが国の20年デフレの一因でもあったのです。日本の企業、金融機関、政府、個人のマネーが米国に行くことが対外資産の増加ですから、対外資産の純増（対外資産の増加－対外負債の増加）が、国内マネーの減少であることはわかるでしょう。

われわれが銀行でドルを買うことは、それとは意識しなくても、円を米国に流出させることです。

国内銀行の**対外貸し付け、海外証券、政府の外貨準備、企業の海外直接投資の増加**は、いずれも、日本からのマネー流出です。現在は、国債を日銀に売ってゼロ金利の過剰な流動性をかかえた銀行が、金利が付く海外証券を買って、増やしています。端的にいうと、**銀行の円国債が、米国債やドル証券に振り替わっている**のです（事例は、三菱ＵＦＪグループ、ＧＰＩＦ、ゆうちょ銀行）。

財務省の関連機関である金融庁は、円国債を買わせるため、銀行の海外証券を自己資本の20％に規制しようとしていますが（17年6月の金融庁の方針）、国内の金利がゼロのため、海外債の買いの勢いは、止まりません。

【金融抑圧が始まってる】

日銀が国内の金利をゼロやマイナスに「**金融抑圧**」しているから、2・14％の金利の米国債の買いが増えるのです。海外債の購入を減らすには、国内金利を1・5％や2％に上げねばならない。

金融抑圧とは、国内への投資を増やす目的で、中央銀行が人為的に金利を抑えるという途上国に多い方法です。日銀は、16年9月から10年債の長期金利をゼロ％とする誘導目標で、金融抑圧をしています。

先進国の英国では、成長策としてではなく、ＧＤＰの2倍を超えていた戦時国債からの財政破産を防ぐため、**長期間の金融抑圧策**をとり続けましたが、結果は、「ポンド売り／ドル買い」による**ポンドの長期趨勢の暴落**でした。

金利が人為的に低かった英国から、海外へのマネー流出が、長期間、起こったからです。このため、戦後には1000円だったポンドは、1980年に526円、1990年代には150円台と、85％も下がったのです。輸入が多い英国の経済は、「英国病」とも言われた縮小を続けました。なお、17年6月のポンドは140円です。

ソ連が中国の先行事例だったように、英国は、日本の先行事例です。

違う点は、**英国の戦後の金融抑圧が、国債が増えない中で行われたこと**です。日本は、国債が、GDP比で年間7・5ポイント増える中で行われています。したがって日本では、戦後の英国より政府負債の問題が大きいのです。

日銀の異次元緩和とは、国債を円に変換すること

2013年4月から4年以上続けている異次元緩和で、日銀は一体、何を行ってきたのでしょうか。銀行が入札した国債（借換債を含んで1年に約170兆円の新規発行）から、80兆円分を買い取って**当座預金のフィアットマネーに変換**しています。図7-1の下の、右を向いた小さな矢印がこれです。

政府の負債である国債を、日銀の負債である円に変換することが、日銀が行っている1年80兆

[日銀の資産]	[日銀の負債]
国債購入80兆円	日銀当座預金の増加80兆円

円の当座預金の信用創造の内容です。これが、異次元緩和です。

日銀の、最近1年分をまとめた国債の買い示す振り替え伝票は、以下です。

保有している国債を、日銀に売ることによって増える**銀行団の当座預金は、4年間で376兆円**に膨らんでいます。ゆうちょ銀行、かんぽ生命、公的年金基金の運用機関のGPIF、都銀、地銀、信用金庫、生命保険、外銀が、日銀の預金口座に、国債を売った代金の376兆円を預けているのです。前掲図7-1では、これらの金融機関をまとめて銀行または銀行団としていることは前述しました。

【超過準備預金が366兆円、これが過剰流動性】

日銀の当座預金にある376兆円は、銀行が、自行の預金の引き出しに備える**準備預金**と言われるものです。しかし法定準備率は、預金総額の1%程度でしかない。金額では10兆円程度です。

当座預金の366兆円分は準備預金としては余計であり、過剰な流動性になっています。**異次元緩和は、銀行団に過剰流動性を作ることでした**。日銀のマネー供給または金融緩和とはいっても、国民のマネーサプライ（預金）を直接に増やすものではない。貸し出しは増えず、銀行が日銀に預けている当座預金のフィアットマネーだけが、じゃぶじゃぶになっています。

この当座預金は、日銀が国債を金融機関に売り戻すことによってしか、減りません。

しかし、**日銀が国債を売る「出口政策」をとれば、ゼロ金利のため買い手が減った国債価格は下がり、金利を高騰させる**ので、当面（いつまでかは不明と日銀は言う）、実行できません。

過剰な準備金は、「豚積《ぶたつ》み」と揶揄《やゆ》されながら**1年に80兆円の速度**で増えていきます。

もともとはクルーグマンおよびリフレ派のエコノミストと、黒田総裁および岩田副総裁が、日銀当座預金の増加を、**需要主導型のインフレを生むマネーサプライ（国民の預金）の増加と勘違い**していたという理由で、増え続けているのです。**原因は、日銀の金融政策の理論的な誤り**でした。

何事でも、誤りは、速やかに正すことが必要です。しかし4年間の国債売りから、銀行団は、ゼロ金利の国債を買い増しして増加保有する習慣をなくしてしまいました。金融機関は、1年に40兆円ずつ4年続けて、国債保有を純減させています。

日銀が国債を売る出口政策をとれば、銀行団が買い増す習慣がなくなった国債は下落し、金利が高騰します。このため、**「他に道がない」**と言われて、今日も続いています。その結果は、最終的には、国民が引き受けなければならない。

アベノミクスは、2012年末からの数十兆円規模の「円売り／ドル買い」により50％の円安にし、2015年までは株価を上昇させせました（日経平均2万700円：15年8月）。しかしその一方で、**財政破産に向かう道を、理論的な誤りをコンクリートで封じ込めて、作ってしまったのです。**早ければ4年後、遅くとも6年後の歴史から見れば、このように位置づけられるでしょう。

生真面目なところのある黒田日銀総裁は、２０１７年の記者会見と講演内容から推察すれば、気がつき始めたように思えます。日銀の言葉は従来から「日銀文学」と言われ、本意を、幾重ものオブラートと曖昧な言葉で包むため、解釈が必要です。なお日銀は、**「量的緩和はマネーサプライを増やすという勘違い」**を、日銀文学の中でも誤りだと未だに認めていません。

(2)国債を買い尽くす勢いの、日銀の仮想図

年平均40兆円付近の財政赤字を出している政府の、財投債を除く新規の国債発行は、35兆円から45兆円です。平均で40兆円とします。(注3)

日銀が1年に80兆円の国債の買いを続けると、金融機関が保有する国債は、1年間に40兆円減ります。17年4月の保有国債は、４１４兆円に減っています。

可能かどうかは別にして、今のままなら、**今後の10年間で国債の全部である１２３９兆円を日**

(注3) 財投債は、政府の一般会計の赤字からではなく、政府系の金融機関や地方自治体への貸し付けのために政府が発行している国債です。17年度では12兆円発行されます。買い手にとっては普通国債と同じものです。

銀が買い取ることになります（既発国債839兆円＋今後10年の新規発行400兆円＝1239兆円）。

そのときの**政府、日銀、銀行の信用創造の連携図**は、図7-2のように、異様なものです。人体にたとえると、**人工血液（増発のフィアットマネー）**にしてしまうことの思考実験です。**日銀信用での輸血**は、どこまで有効かという問題です。

図7-2では、全部の国債を、日銀が買い取ったときの、2027年の政府、日銀、銀行の信用連関を示しています。ここまで行くのは難しく、**実現性のない仮想図**です。物理学が、宇宙の最高速度の光の速さを考えるように、理論は極端なところまでを考えると、はっきりするからです。

なぜできないのでしょうか。**10年後の銀行団の総預金の1699兆円（マネーサプライ）に対して、ゼロあるいはマイナス金利の日銀当座預金を1149兆円（67%）もつことになるからです。**国民の総預金1299兆円のうち1149兆円を、日銀当座預金の特例の付利0・1%（ゼロ金利の範疇）かマイナス0・1%の金利で運用することになるからです。

日銀信用を支えるのは、銀行信用である：銀行信用は、国民の預金である

ゼロまたはマイナス金利の日銀当座預金が1149兆円に増えれば、**銀行経営は、合計で11兆円の赤字**になるでしょう（金融機関の総資金量1699兆円の0・65%）。

わが国の銀行は総資金量（バランスシートの総資産・総負債）に対して、平均1・0%の利回り（業

図7-2　出口政策をとれなかったときの、10年後の信用連関の仮想図：上側が資産、下側が負債

今後10年間、日銀が、年間80兆円の国債を買い取って、当座預金のマネーを増やした場合

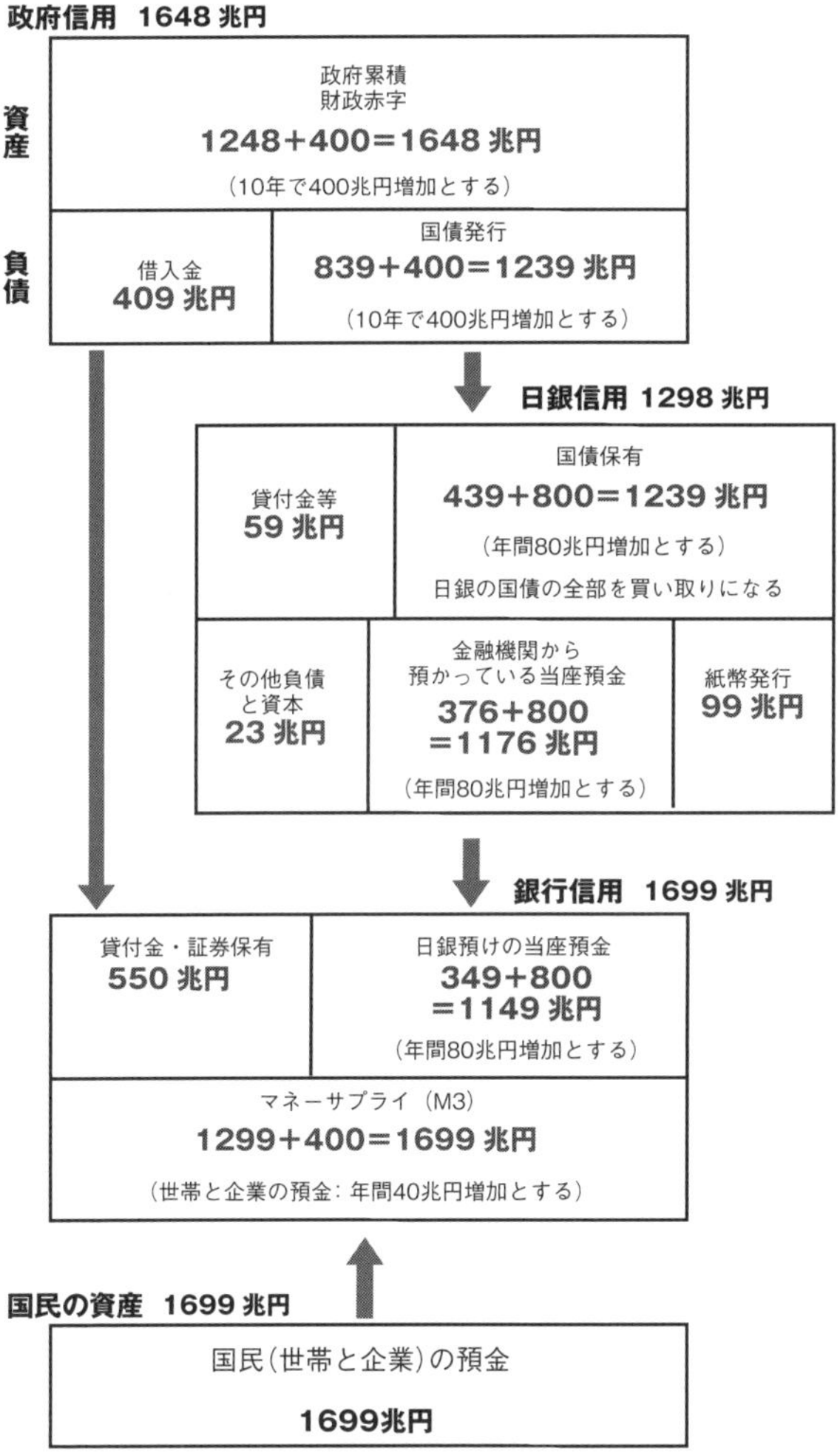

（注）日銀の当座預金には、政府預金27兆円を含む：財務省・日銀の諸統計より筆者作成

務粗利益）がないと、構造的な赤字になり、預金者からの信用を失うからです。

全銀行の構造的な赤字が知られると、預金者は「預金が引き出せないかもしれない」という不安に駆られます。「預金取り付け（Bank Run）」が生じると、本当の金融崩壊になります。銀行の金庫には、国民の預金に相当する現金はなく、日銀当座預金、貸し付け、証券、国債の購入として運用されているからです。

預金という短期負債を、長期の債権（貸付金、証券、国債、外債）に変換し、その**金利差（イールド）を業務粗利益とするのが銀行の機能**です。

このうち、日銀当座預金は現金性の預金です。銀行全体がそれを引き出した場合（日銀当座預金が減ったとき）、日銀は、当座預金に対応する同額の国債を、銀行に売らねばならない。銀行がマネーサプライを使い果たして国債を買っている場合、日銀が売れば国債は暴落して、買い手が少なくなって売れ残ります。つまり銀行の全体が預金引き出しに対応するために、日銀当座預金を引き出して、当座預金の総額を減らすことは、事実上、できないのです。

［事例］

わが国の最大手で、資金量が303兆円の三菱UFJフィナンシャル・グループの業務粗利益は、4・1兆円（総資産の1・35％）です。経費と利払いを引いた業務純益は、1・5兆円（同0・5％：2015年度：決算サマリー）です。総資金利回りの損益分岐点は0・85％です。利回りが０・85％以下になると、三菱ＵＦＪグループも赤字になります。

仮定の例ですが、金利のつかない日銀当座預金が大きく増え、三菱東京ＵＦＪ銀行の、総資金利回りが０・５％に下がり１兆円（０・35％）の赤字が構造的に続くと見られれば、預金を引き出す預金者が増えるでしょう。(注４)

国民が寄せる銀行への信用は、銀行経営が黒字であるということによって、得られています。**赤字により信用の限界**が出るのです。

三菱ＵＦＪグループ以外は、総資金利回りの損益分岐点は０・85％より高く、１％か１％以上でしょう。このためわが国の銀行は**利回り１・３％付近**を求めて、資金運用をしているのです（資金運用のポートフォリオという）。

【銀行信用の限界はどこか】

重要なことなので繰り返しますが、銀行団の合計で大きな赤字（合計11兆円）になると、自己資本が弱体な銀行からは、不安に駆られる預金者（企業と世帯：世帯では60歳以上の預金は総額の70％）からの「預金取り付け」が起こり、結果は１９２９年の米国のような金融崩壊と銀行封鎖です。

（注４）三菱ＵＦＪグループの、実際の国債の連結保有は、率先して売ってきたため28・３兆円に減っています（16年３月期）。ここでは、他の金融機関の代表としての仮想的な事例としています。

全米の1万1000行が、預金引き出しを防ぐため、窓口を閉鎖しました。**預金者が銀行に与えている信用は、銀行団の「業務純益」が赤字にならない範囲**です。

銀行の信用は、負債のない資産家のような自己信用ではない。**自分のお金を預金する預金者が与え、株価のように集合的に判定した結果**のものです。預金は、企業や世帯からの、銀行への貸付金だからです。

政治家の権力も、政治家の能力から来るものではない。有権者の支持の多さからのものであることと同じです。支持がないと権力も失います。国王的なトップである金正恩《キムジョンラン》氏、習近平氏、そして民主政体の安倍首相も支持率が下がれば、政治面で権力をもって政策を実行することはできません。**政治の権力の基盤は、国民の支持率**以外ではないからです（安倍政権の支持46%：不支持32%：報道ステーション17年5月）。17年7月の都議選で、支持率を38%前後に下げた安倍内閣は、政策立案と実行の推進力を失っています。

(3)日銀の信用創造の限界

ここまでの考察からわかるように、**日銀の信用創造の限界は、ゼロ金利の当座預金を預けている銀行が赤字にならない範囲**です。銀行は、赤字を無視してゼロ金利の当座預金を増やすことはできないからです。

机上論では、日銀はフィアットマネー（法貨）の発行の、無限信用をもっているように見えますが、実際には、**銀行団が赤字にならずに当座預金を増やせる範囲**という限界があります。したがって、前掲図7-2の仮定図に描いたような「**日銀預けの、ゼロ金利の当座預金が1149兆円**」というところまでは行けません。リフレ派が無限と想定している中央銀行の信用には、明らかな限界があります。

①**政府の信用**は、銀行団が国債を買う範囲までです。
②国債を買う**日銀の信用**も、銀行団が赤字にならず当座預金を預けることができる範囲です。
③銀行信用は、**国民が預金を預けることを信用する範囲**です。その限界は、**銀行が業務純益を出せるところ**までです。以上から**日銀信用にも限界**があるということがわかります。

日銀が、銀行対策として当座預金に1％の金利をつけた場合

日銀は、当座預金のうち約300兆円に対しては、リーマン危機のあと、**補完当座預金制度の特例として、銀行が当座預金を増やしやすくするため0・1％の金利**（**利払い額3000億円**）をつけてきましたが、2016年2月以降に増えた約80兆円分は**マイナス0・1％**にしています。マイナス金利は、日銀に預金を預ける銀行が、日銀に0・1％の金利を払うという逆転したものです。普通の時期は当座預金の金利はゼロです。国債の金利をマイナスに誘導するため、16年2月以降は、当座預金の増加分にマイナス金利を適用したのです。

日銀が今後も、80兆円規模の国債を銀行から買い取り、銀行団が預ける当座預金を増やしていくと、**国債を売って当座預金が増えた銀行の業務純益が、構造的な赤字**になります。

銀行合計の赤字が2年も続くと、国民が銀行に寄せている信用が低下して、預金取り付けの恐れも出ます。国民からの信用のため、業務純益の黒字が必要な金融機関は、どういった対応策をとるでしょうか。銀行が赤字にならないためには、総資金利回り（業務粗利益÷総資金量）の平均で1％以上が必要です。利益を出すには1・3％の利回りが必要です。

【銀行の赤字を防ぐため、当座預金に金利をつければ、債務超過になる日銀】

出口政策の一環として、銀行の赤字を防ぐため日銀当座預金に金利をつけることが、日銀内部で検討されています。当座預金が大きくなった金融機関の赤字を防ぐため、**日銀が**1％の金利をつけたとします。わが国の銀行経営には、運用資金では、最低でも平均1％の利回りが必要だからです。

そのときの日銀当座預金額が前掲の仮想図7‐2のように１１７６兆円なら、日銀は11・7兆円の金利を金融機関に支払うことになります。0・5％の付利なら5・8兆円です。当座預金への付利は、銀行を黒字にする代わりに、日銀を赤字にするものです。

準備金や引当金を含んでも、三菱ＵＦＪグループの半分以下の**7兆円の自己資本しかない日銀**（営業毎旬報告：17年）は、当座預金で11・7兆円の利払いだと1年目に4・7兆円の債務超過になり、2年目には16・4兆円、3年目には28・1兆円に膨らみます。長短国債の金利が平均0％の現在、日銀が国債の金利として受けとるシニョレッジ（通貨創造）の利益はないからです。

日銀が債務超過に陥いると、政府が資本を入れるとされています。政府はまず約20兆円、翌年からも11・7兆円の資本を入れ続けることになります。しかし政府は、もともと1年に40兆円から50兆円の資金不足のため、借換債（約116兆円：2016年）以外の新規国債を、財投債を含むと約50兆円発行しています。

日銀の赤字補塡を迫られると、**新規国債発行が初年度約70兆円、2年目60兆円、3年目60兆円と膨らんでいきます。**このとき、市場の金利が低い国債は、金利が上がると価格が下がるリスク資産になっているので金融機関は買わなくなっていますから、全部を日銀が買い取らねばならない。(注5)

酒を空っぽにさせた花見酒経済

日銀の債務超過を埋めるために政府が国債を発行し、これを日銀が買うなら、まさに「**タコが足を食べる行為**」です。3章のCDSの項で述べた、熊さんと辰さんの「**花見酒経済**」と同じで

（注5）現在は日本の10年債の平均金利は0・04％で、事実上は0％です（17年6月）。米国は2・21％、中国は3・65％、ユーロは0・31％です。日銀が当座預金に金利1％をつけると、新規発行の国債金利も1％以上に上がりますが、当座預金が1％なら、銀行は、その後の金利上昇で価格が下がるリスクがある国債を買う理由を失います。

す。有効ではない。

預金を運用している銀行は赤字を避けるため、どういった行動をとるでしょうか。**債務超過になって、信用を失った日銀が発行する円の下落を恐れ、大挙してドル買い**に向かうでしょう。

これは戦後に、GDPの200%を超えていた国債の利払いを減らすため、**イングランド銀行が行った金融抑圧のときの英国ポンドの動き**と同じです。銀行にとって低すぎる金利のため、恒常的に「ポンド売り／ドル買い」が起こり、英国ポンドは、戦後の1000円から500円（1980年）、150円（1994年）と下がっていきました。

米国の10年債の金利は、日本のゼロ%とは差がある2・21%です（17年6月初旬）。日本の金融機関が米国債を大きく買えば、価格は上がり米国の金利が下がりますが、それでも1・5%の利回り差（イールド・スプレッド）は残るでしょう。

それに、日本からの大きなドル買いによる**「円安／ドル高」の為替差益**も見込めます。仮に50%の「円安／ドル高」になると、ドル国債の円で見た価格も2倍です。金利換算では、1年で100%です。外債投資は、内外の金利差（イールド・スプレッド）より、はるかに為替の損益が大きいのです。

【円安で生じる、物価と金利の上昇の結果】

仮に1／2の円安なら、**ドル価格で買う輸入物価も2倍に向かって上がり、日本の消費者物価も最低でも5％には上がるでしょう。そして、「長期金利の理論値≒実質GDPの期待成長率＋物価の期待上昇率」**ですから、金融市場の理論金利（期待値）が5％に向かって上がることになります。5％までいかなくても、3％は確実でしょう。

期待金利は、今の金利ではなく、GDP（所得）と物価の予想から、人々が将来に向かって期待する市場の金利です。期待金利が3％に上がると、どうなるか。前掲図7-2で、日銀が全部をもつと仮想したゼロ金利の国債1239兆円は、以下のように下落します。

長短国債の、償還満期までの平均残存期間（デュレーション）を、現状の8年とします。

［1239兆円×（1＋発行金利0％×8年）÷（1＋期待金利3％×8年）≒999兆円］

仮想図で全国債を保有するとした日銀は、市場の期待金利が3％に上がると、国債の流通価格が下がって、240兆円もの含み損を抱えます。

満期までもてば、政府から発行額面の償還があるので含み損は解消するという見方があります。日銀を含む金融機関の多くが、決算書では「国債は満期までもつ」として、流通価格が下がったときも時価評価をしていません。しかしこれは、国債市場の売買の事実とまるで異なっています。

日本証券業協会が集計している「国債の投資家別売買」を見ると、17年4月の1か月の国債の売付額は、98兆円です。年間では12倍の約1200兆円です。**1000兆円の長短国債は、年間**

に1・2回転する速度で売られています。市場価格での損益は、その年度に実現しているのです。金利が下がる時期は、国債価格が上がっていくので金融機関と日銀に大きな利益が出ていました。財政リスクの高まりから国債の金利が上がる時期になると、流通価格は下がり続けるので、赤字どころか、銀行と日銀の自己資本を消してしまう損失が出ます。国債は償還の満期までもつという申告は嘘だからです。

政府は、240兆円の国債を追加で発行し、それを日銀が買い取って発行した円で、含み損を埋めなければならない。これは、一層大きくなった**「花見酒経済」**のオチです。日銀の損失を、埋めるマネーを得るため、政府が国債を発行する。その国債は、損失を抱えた日銀が買って、政府にマネーを渡す。そのマネーは、日銀に資本として行く。以上は政府と日銀間の融通手形と同じ信用創造であり、日銀の資本をまるで増やさない花見経済です。

同じ家の夫婦で、1万円をやりとりしたことを、お互いの売り上げが増えたと錯覚することとも同じです。所得を増やすためとして夫婦で1万円札のやりとりを続けるのは自由ですが、無益なことです。これが、政府から日銀への資本供与です。

政府、日銀、銀行の信用限界がわかった

以上が、**異次元緩和を終えることができなかったときの、10年後の終着駅の状況**です。確かに、日銀が全量の国債を買い取れば、政府財政は、日銀が買い取る間、破産しません。その代わり、

運用の利益をもとめる円が海外流出することによる、大きな円安から、所得が増えない中で物価が上がって金利が上がり、**国民経済が破壊**されます。

日銀が国債を買って財政をファイナンスすることは、財政法も禁じているように、もともと有効ではない。日銀が国債を買い尽くすところまで行くと、隠れていた非有効性と国民経済にとってのコストが表れます。フリーランチはないのです。

今、**過剰流動性の上の米国株**が、2000年のITバブルの姿を再現し（その典型はアマゾン株のPERが188倍）、外国人（ヘッジファンド）の売買が70％を占めている日経平均も、米国の余波によって2万円を超えています（17年6月1日）。ゼロ金利マネーがあふれているという原因で、金融面の経済は今、好況です。

しかし**過剰流動性が原因の資産高騰は、米国の金利の漸次上昇から、バブル崩壊への引き金をゆっくりと引く**ことにもなります。08年のリーマン危機も、2004年には1％と低かったFRBの政策金利（フェデラルファンド金利：FF金利）を、米国経済の景気過熱と資産バブルを警戒したFRBが、2007年には5・25％に上げたことが起点になって起こっています。

この金利上昇のため、住宅金融に向かっていたマネー量が縮小し、2006年に、6年前に比べて2倍というピークをつけていた20都市の住宅価格が下がり始めて、サブプライムローンのデフォルトを生んだのです。

米国では、債券を差し入れたレバレッジの効くレポ金融でマネーが調達されているため、わずかな金利の上昇が、フィアットマネーの流通量の縮小の引き金を引くからです。**信用恐慌は、金融緩和によって起こった株と資産バブルの最末期に始まります。**

われわれ国民にとって、財政破産がはるかにマシという結果でしょう。

日銀信用無限論のリフレ派は、行き着けば、**日本経済を破壊**します。

日銀の信用創造力は、無限ではない。金利ゼロ％付近で当座預金を預ける銀行が、赤字にならない範囲という限界をもちます。

日銀は、この限界を、意に介さずとして、超えることができるでしょうか。

金融政策が行き詰まった黒田日銀総裁は、２％のインフレ達成という目的を失っても、出口政策を語ることは「時期尚早《じきしょうそう》」とだけ言い続けながら、今週も国債を買っています。

これは、**国債価格の下落と金利の上昇を招くことはあっても、順次縮小し、停止しなければならない**ことです。将来を見通すことは、仮定の上に論理を築くことになります。しかし、われわれにはその方法しかないのです。

【政府、日銀、銀行の信用創造の連関の原理をまとめると】

①**政府信用は、国民の預金額という限界**をもちます。

②**日銀信用**の当座預金を増やすことができるのは、**銀行が黒字であるとき**までです。

③預金者が与える**銀行信用は、業務純益が黒字の範囲**という限界をもちます。

以上から、有効な信用額で言うと、**「国民の預金＝銀行の信用∨政府の信用∨中央銀行の信用」**です。銀行の信用総量がもっとも大きく、次が政府、3番目が中央銀行です。**3者のいずれかが、信用の極度額を越えれば、本章のシミュレーションは現実**になるでしょう。

そのあとは金融危機ですが、以上のようなプロセスをたどると、日本にとってはリーマンショックを超えた金融危機と、実体経済の準恐慌になります。次回は、膨らみきった日銀の信用によるマネー増発により金融機関の損失を埋めるという方法をとることが難しくなるからです。

2008年のリーマン危機のあとは、FRBは、信用創造（4兆ドル：440兆円）とゼロ金利により、金融機関の不良債権の肩代わりができました。そのFRBも、国債とMBSを売ってバランスシートを縮めておかないと、政府、企業、世帯の負債の大きさから周期的になってきた金融危機の対策がとれないとの考えから、2015年12月から利上げに向かっています。

前述のように、米国の利上げは1回が0・25％でも、**レポ金融を縮小**させるので、流動性は減少します。たとえば10倍のレバレッジがかかっているレポ金融の負債にとっては、0・25％のFRBの利上げが4回あって1％になると、負債の金利が10％になるからです。

以上で考察した日本を事例にした事情は、

・**近々では、不動産バブルと企業負債が、限界にまで膨らんでいる中国、**

・**対外負債が、利払いだけでも膨らむ規模の32兆ドルになった米国**に、時期の違いはあっても共通します。では、中央銀行のマネー増発以外に、対策はあるのでしょうか。

8章

主要国の負債の問題

前章の検討で、中央銀行の信用には、**「国民の預金＝銀行の信用∨政府の信用∨中央銀行の信用」**という有効性の限界があることが明らかになりました。

当座預金の数字にすぎないフィアットマネーの増発は、有効性を無視すれば、いくらでもできます。資産の裏付けがなくても行えるフィアットマネーなら、限界なく刷ることができるからです。貸し付けとしてではなく、国民に無償でマネーを与える「ヘリコプターマネー」すらも可能です。

問題になるのは、フィアットマネーの、経済に対する有効性です。**有効性の観点では、銀行の当座預金が増えても、銀行が赤字にならない範囲という限界**をもちます。

GDPに対する政府負債が世界一の日本を事例にしましたが、原理は世界に共通です。

図8-1　主要国の負債総額と内容の問題

主要国	部門別 債務 (GDP比)	債務の GDP比	問題となる 債務	リスク資産 (2016年) 株価時価総額	GDP (2016年)
米国	①政府　19.0兆ドル(102%) ②世帯　14.6兆ドル(78%) ③企業　13.4兆ドル(72%)* ＊対外純負債8.1兆ドル（43%）	国内総債務 **GDP比** **256%** ＊対外純負債が GDP比43%	**対外総債務** **32兆ドル** (GDP比 199%)	ダウ・ナス ダック 27兆ドル (GDP比 145%)	GDP 18.6兆 ドル
中国	①企業　5.0兆ドル(45%) ②世帯　4.7兆ドル(42%) ③企業　18.1兆ドル(162%) ＊対外純負債1.6兆ドル(14%)	国内総債務 **GDP比** **255%**	**企業債務** **18.1兆ドル** (GDP比 162%)	上海・香港 8.0兆ドル (GDP比 67%)	GDP 11.2兆 ドル
EU 28カ国	①イタリア 5.1兆ドル(273%) ②スペイン 3.5兆ドル(263%)	**①イタリア** **273%** **②スペイン** **263%**	**①総債務** **GDP比** 250%以上 の南欧 ②デリバティブ契約の 偶発債務	①EURO NEXT 3.5兆ドル ②スペイン 3.5兆ドル	EU GDP 16.4兆 ユーロ (失業率 9.3%)
日本	①政府　11.3兆ドル(231%) ②世帯　3.0兆ドル(67%) ③企業　4.6兆ドル(86%) ＊対外純資産3.3兆ドル(67%)	国内総債務 **GDP比** **372%** ＊対外純資産が GDP比67%	**政府債務** **11.3兆ドル** (GDP比 231%)	東京市場 5.7兆ドル (GDP比 116%)	GDP 4.9兆ドル

①部門別負債は、BIS（国際決済銀行）のデータ（2016年末）
②総負債は、政府＋世帯＋企業の負債のGDP比
③株価時価総額は、GDPを超えたあと、歴史的に下落の可能性が高くなるので、リスク資産としている。
④中国は、公式統計では対外債務1.4兆ドルだが、実態では4.7兆ドルと見られる（対外資産は外貨準備の3.1兆ドル；対外純債務1.6兆ドル）。

図8−1に主要国の負債と、その問題を通覧する表を示しました。

米国の負債と問題

米国の国内の総負債は、GDPに対して256%です。日本の372%より少ない。

2つの理由があります。

①他国にドルとドル証券を渡している、国としての対外負債が32兆ドル（GDPの199%）あること、②リスク資産である株価の総時価が27兆ドル（GDPの145%）と高く、企業の

銀行負債を減らしていること。

会社にとっての株式は、返済のいらない劣後債としての株主からの負債です。時価総額が高いと、会社には資本の形をとった資金調達になるので、銀行からの負債は減ります。しかし株価が下がると、マネー不足の損失がふくらみ、銀行負債が増えるのです。このため、株価の暴落は、いつも信用恐慌の引き金を引いてきました。

米国の負債の問題は、2つです。

①32兆ドル（3520兆円）になり、今後も増え続ける対外債務

②時価総額が27兆ドル（2970兆円）に上がっている株価。

対外債務の問題は、海外（筆頭は日本、2位が中国、3位がドイツ、4位が産油国）がドル安を予想して、ドルとドル証券を売ったとき、資金不足からの経済危機に陥ることです。

株価の下落も同じであり、会社にとっては資本、株主にとっては金融資産の減少から、経済危機を誘発します。1929年からの世界大恐慌も、株価の暴落からでした。

原因が過剰流動性であれ、株価が上がっているときは負債問題を解決しているように見えます。これが2017年の日米欧です。しかし、下落が大きいと信用恐慌の引き金を引きます。時価総額が世界の40%を占める米国では、**30%株価が下がると、891兆円のマネーサプライが減ることに相当する逆資産効果**になるからです。

長期的な視点では、**シラーP／Eレシオ（株価／過去10年の実質純益：前掲図4−4）で、平均の**

16倍を超えたあたりからバブルでしょう。17年5月現在、S&P500社の株価指数のシラーP/Eレシオが29倍を超えている米国株は、史上最高のバブルの水準にあると見なければならない。株価バブルは、上がる過程では投資家には認識されません。メディアでも米国株のバブルは指摘されません。認識されないからバブル価格になるのです。

今日のNYダウ（大型株25社の単純平均）は、2万1454ドルです（17年6月28日）。米国株に連動する日経平均（大手225社の単純平均）も2万2220円に上がっています。**原因は、世界的なゼロ金利の過剰流動性**です。ドル価格で見た日本株とドイツ株（DAX）は、米国株に強い相関で連動します。10倍から20倍のレバレッジをかけて、先物やオプションに国際的に投資するヘッジファンドによる、指数売買が多くなっているからです。

「株価は悲観の中に生まれ（リーマン危機後）、懐疑の中で育ち（米国の3度のQEの時期）、楽観の中で成熟し（2016年から17年：特にトランプ当選後）、幸福感の中で消えていく」という英国の投資家ジョン・テンプルトンの格言は生きています。

歴史的に、ユーフォリアの幸福感の極点こそが、危ない。われわれは、過去から現在までの傾向ではなく、少なくとも3年後の、できれば5年後の将来を見なければならない。未来は、デリバティブが確率で想定するような、過去の延長上にはないのです。

中国の負債と不動産バブルの問題

中国の問題は、これも楽観の中で高騰を続ける不動産と、不動産投資によって作られた企業負債の18・1兆ドル（1990兆円：GDPの162％）です。人々の**将来所得の予想増加率が、実態のGDP成長に合わせて5％に下がると、不動産バブルは崩壊**します。

そのときは、企業負債の18・1兆ドル、世帯負債の4・7兆ドルの50％付近が不良化して、10兆ドル付近（1100兆円）の不良債権になるでしょう。この規模は、リーマン危機のときの米国の不良債権に並ぶものです。中国のGDPは米国のほぼ60％なので、中国経済にとってのショックはリーマン危機以上になります。日本の1990年からの資産バブル崩壊のときの、銀行融資の不良債権は200兆円（筆者の推計）でしたから、その5・5倍の規模です。

中国の不動産バブルが崩壊したあとは、**企業経営では「バランスシート調整」の長い期間**が必要になります。

過剰になった負債は、企業の利益によって返済することでしか減らないからです。銀行の資本も、その後の業務純益によってしか回復しません。日本では、**1990年からの資産バブル崩壊のあと16年**を要しました。銀行へは、破産を防ぐため、政府からの資本注入が行われ、都銀20行は3つのグループに統合されました。政府からの資本注入は国有化ですが、民間企業に戻るには、銀行が上げた純益で劣後債を償還するしかないのです。

中国で不動産バブル崩壊からの金融危機になると、共産党体制への民衆の不満からの反乱が起こるでしょう。**反乱は、皆が平等に貧困な社会では起こらない**。中程度に豊かになった社会の、所得と身分の、広がり続ける格差から起こるからです。

王制と共通する共産党独裁は、1994年の開放経済以降、「経済成長率が高く、所得増加率が高い」ということが下部構造になって支えられてきました。中国政府が、GDPの成長率を3%くらい嵩上げしているのには**「共産党体制での経済成長率は高い」**と国民に教宣するためという思いがあります。

アラブの王制は、国営企業の原油収入による、国民への無税で支えられています。中国では経済成長率の高さです。ソ連の体制が崩壊したのは、物価に対する実質所得を低下させ、公的年金も無効化させるインフレのためでした。政府紙幣の増刷により、フィアットマネーが無効になっていったからです。中国の政府と共産党は、これがわかっています。対策をとるでしょう。これはマネーの根源にもかかわるものになるはずなので、次章で検討します。

EUの負債と潜在的な危機

関税を撤廃し、人々の移動規制を緩めているEU28か国で問題になることは、**南欧と東欧圏の債務（国債と企業債務）の不良化**です。EUの中の統一通貨ユーロに加盟（現在は19か国）すると、経常収支と財政収支が黒字のドイツがいるため、ユーロの金利は低くなります。**南欧と東欧圏に**

とってユーロは自国通貨より高く、金利は低い。

政府が赤字国債を発行しても、ユーロの中では為替差損がなく、南欧債は金利が高いので、比較的金利の低いドイツやフランスの銀行が買ってくれます。企業もドイツやフランスの銀行からの借り入れを増やすことができるため、過剰な設備投資をしてきました。

表に示したイタリアの総負債は、５・１兆ドル（５６０兆円）と、ＧＤＰの２７３％もあります。スペインも、総負債が３・５兆ドル（３８５兆円）、ＧＤＰの２６３％と多い。

南欧は、もし自国通貨なら貨幣価値はユーロより低く、金利も高い国です。ユーロに加盟することで、リラ（旧イタリア通貨）やペセタ（同スペイン）より金利は下がり、通貨は高くなっています。ユーロでの所得、年金、社会福祉費も大きくなりました。このため、高すぎるドルの米国のように、国の経常収支では、赤字構造を続けます。

南欧の負債の大きさは、国債と企業債務の不良化を増やし、イタリア、スペインでの、銀行危機になっています（２０１７年）。日本では、欧州事情が報じられることが少ないのですが、現在のユーロ圏の状況は、１９９８年の日本の金融危機と同じです。ＥＵ、ＥＣＢ、そしてＩＭＦからの公的資本の注入（ベイルアウト）で延命しています。

南欧の政府と銀行がデフォルトしていないのは、基底ではドイツが信用のバックであるＥＣＢ（ユーロの中央銀行）が、４・４兆ドル（４８４兆円）の**ユーロを増発して南欧債を買い取り、金利をゼロ％付近**に抑えているからです。

ドイツ銀行は、ドイツ国外への貸し付けと証券保有が多い。このため危機を続けていますが、ECBとEUからの南欧債の買いと、資本注入により生存しています。

ドイツ銀行の総資金量は260兆円で、世界の銀行で4位です。1位が中国工商銀行（資金量277兆円）、2位が三菱UFJフィナンシャル・グループ（同269兆円）、3位が英国のHSBC（同267兆円）。世界の四大銀行は、ほぼ同額で並んでいます（2013年で比較：FT紙）。

巨大銀行の一行が破産すれば、金融リスクは全体に波及し、世界の金融危機にもなるので、小さな銀行に分割すべきだという論があるくらいです。しかし現実には、21世紀の低金利と資金効率の観点から、大きな銀行が一層大きくなっています。金融危機の結果は銀行統合になりますから、リーマン危機のあとに、ますます巨大化してきたのです。

ドイツ銀行の潜在的な問題は、75兆ドル（8250兆円）という世界のGDP総額に匹敵する、銀行間デリバティブ契約の大きさです。デリバティブの本質は、過去の確率から将来を予測することです。

ドイツ銀行の、金利、債券価格、通貨、株価、原油や金属などのコモディティ価格へのポジションが外れて、簿外のデリバティブに数兆円の偶発債務が発生したときは、決済不能です。これは、ユーロ域を超えた世界金融危機を引き起こします。ECBが決済資金を出して、救済するしかないのです。

2015年にはドイツ銀行は67億ユーロ（8300億円）の赤字を出し、株価は2008年の

117ユーロに対して、現在は87%下がっていて、破産レベルに近い15ユーロです（17年6月：時価総額4兆円）。株式市場は、ドイツ銀行のバランスシートに、隠れた不良債権を見ています。

過去の確率的な予測で作られたデリバティブの問題は、確率からは外れる証券のデフォルトが生じたとき、**デリバティブ証券に自己強化的な下落**が起こることです。過去の確率を未来に延長する証券化金融の方法には、根本的なところで誤りがあります。

確率的なオプション理論がベースになっている**デリバティブは、複雑系の自己強化理論を取り入れないかぎり無理な証券**です。禁止すべき証券という見方が多いのもこのためです。（注1）

具体的にいうと、米国の住宅ローンの、過去のデフォルトの確率（70年に一度）からは、MBSの価格下落（AAA格でも40%）は、想定できませんでした。

オプションも、債権の回収を保証するCDSも同じです。**過去の確率的な予想からは70年に一度とされていた確率で、対象債権が暴落したときの価格は、予想できません。**

ノーベル賞の天才たちが作ったと言われた、1998年のLTCM（ロングタームキャピタルマネジメント）は、ロシア国債のデフォルト確率を、次の10日間では100万分の3としていたため、ロシア債の暴落で破産しました。LTCMのデリバティブ契約額は、今から思えば小さい1・25兆ドル（138兆円）でした。実際には100万分の3ではなく、決済が不能になったのです。FRBが資金を出し、カウンターパーティーの金融機関も損失を分担してかぶって、LTCMの破産からくる危機を収めています。

ドイツ銀行のデリバティブ契約高75兆ドル（**8250兆円**）**は、FRBが放置すれば世界金融危機の引き金を引いていたLTCMの60倍**です。そのとき、ドイツがコアになった欧州中央銀行（ECB）は、救済資金を出すことができるでしょうか。ユーロ経済が回復していないことは、未だに回復していない失業率が証明しています。

ユーロ19か国の平均は9・3％ですが、ギリシャ23・2％、スペイン17・8％、イタリア11・1％。失業率は、雇用保険の支出があるので隠すことができません。**米国の大恐慌のときの失業率が25％**でした。ギリシャとスペインはそれに近い。

まれに起こるとされているブラック・スワンは、70年や100年に一度ではなく、①金融資産と負債の増加による負債金利の累積と、②2000年代からの銀行間のデリバティブ契約の巨大化のため、**平均12年サイクルくらい**で、どこかの経済圏を襲うようになっています。

信用の臨界点で人々の心理（共同幻想）に現れるブラック・スワンが襲わず、何事もなしに行けばいい。しかしその中でも、中央銀行は、金融危機の想定と準備をすべき責任を負っています。税金を徴収し、地震予想も公費で行っている政府が、大地震や原発事故の備えをし、国民には備えを促す責任を負っていることと同じです。

（注1）確率的なブラック・ショールズ方程式では、ソロスが指摘する、デフォルトのリスクが高まったときの、価格下落の自己強化は、無視されています。

日本では政府負債の大きさが問題

わが国では、企業の負債と世帯の負債には、なんら問題がない。世帯の負債が3兆ドル（330兆円）、企業が4・6兆ドル（506兆円）と少ないことが、逆に、住宅購入と設備投資の少なさとして問題になるくらいです。世帯と企業は総負債より多い1299兆円の預金をもっています。1990年の資産バブル崩壊のあと、**企業と世帯が2006年まで16年間もバランスシート調整（利益や資産処分で負債を減らすこと）**を行ってきたからです。

負債とは逆の対外資産は、999兆円に増え、海外からの日本への投資である対外負債は644兆円です。日本の対外純資産は、**米国の純負債8・1兆ドル（891兆円）とは反対に、355兆円**に増えています。日本の対外純資産の約60%は、米国が相手です。(注2)

日本の問題は、財政赤字と公共事業によって増え続けた政府負債です。BIS統計では、11・3兆ドル（1243兆円：16年末）になっています。**4・9兆ドルのGDPに対して231%**と世界一です。日銀が、2013年以降は1年に80兆円の国債を買い続け、日銀が政府負債を肩代わりしているため、当面は、財政破産は免れています。

日銀の国債買いは、政府負債を日銀信用（当座預金）に振り替えることです。7章で詳述した**「日銀信用の限界」**をもちますが、ここでは繰り返しません。

日銀は信用創造によって、シニョレッジの利益を国債の金利として得ていますが、ゼロ金利国債ではそれもないのです。

＊

次章では、2021年からと予想される**中国不動産価格の崩壊からの金融危機**（本書の6章）に対して、政府はどんな対策をとるかを、論理で想定します。未来を見通すことのできるアシュタロトの悪魔ではない人間の、未来想定の唯一の手段が論理です。論理哲学者ヴィトゲンシュタインが言ったように「人間には論理しかない」（『論理哲学論考』）。

（注2）円での対外純資産はドルレートで変動し、誤差脱漏もあります。財務省（349兆円：16年末）と日銀の資金循環統計（355兆円：同）では、若干の差異があります。

9章

中国の金融危機への対策

前半の2章では「1994年が起点になった人民元の躍進」を示し、その12項で「2010年からの突出した中国の金購入」を示しています。

世界の中央銀行は、ドル危機でもあった08年のリーマン危機のあと、年間600トン水準だった金の売却を減らし、**2010年からは買い越し**に転じています（前掲図2-9）。2010年に、過去数十年の金売却を終えたのですから、その意味は大きい。

【2010年からの、中国によるゴールドバーの買い集め】

その中でも**中国のゴールドバーの買い越しは、突出しています。2016年には291トン**に達し、世界の中央銀行の買い越しの50%です。これはIMFに申告された政府・中央銀行によるゴールドバーだけの買い越しです。他には、申告を免れることができる宝飾用とした買いもあり（2016年677トン）、輸出を禁じている鉱山の金生産（2016年450トン：世界一）があります。宝飾用の輸入の50％は、ゴールドバーの政府保有と推計します。中国は、貿易黒字で受け取るドルの一部を、金に変換し続けているのです。

ＩＭＦに申告されている人民銀行の金準備は1842トンでしかない（2016年）。しかし、以上のデータから、中国のゴールドバーの保有は、**年間に1000トンは増加していて、2016年で9000トン以上、2020年には1万3000トン**に達するでしょう。

世界の中央銀行の金保有の総量は、ＩＭＦの統計では、2016年で3万2075トンです、しかしこれは、世界の中央銀行が70年代から00年代までは売り越して、2010年からは逆に金を買い増しているのに、変化がないというおかしなものです。

ＩＭＦが本当の金統計を公表していない理由は謎です。「変わりなし」とすることにより、米国ＦＲＢの本当の金保有高を隠すためかもしれません。国際機関のＩＭＦは、米国だけが拒否権をもつ機関です。

2020年には、今の傾向では、人民銀行の保有シェアが40％に達します。その後も1000トンずつは増えるでしょうから、25年に1万8000トンになり、世界の中央銀行での保有シェアでは50％に達するはずです。米国ＦＲＢの8133トンを、はるかに超えます。

前述のように、人民銀行は、開放経済の拡大に向かった**1994年から通貨発行の裏付け資産**

を米ドルにしています。銀行の近代化のために、中国政府の依頼で、米国ゴールドマン・サックスが中国工商銀行（総資金量は3・1兆ドルで世界一：2014年）の株を買って指導していましたが、2016年には撤収しています。

目的は、資本規制（外貨交換の規制）を続ける中で、他の通貨との交換性を確保できる**ハードカレンシーの位置**を確保することでした。**元の国際性**は、輸出経済の中国にとって悲願だったからです。

中国が、米ドルが下落していた2010年から、年間推計1000トンの金を買い集めている理由としては、将来の**「金・ドル平行準備制」**、あるいは「金準備制」に備えること以外に考えることができません。

一般的に言っても、中央銀行の金買いでは、準備通貨以外の目的はないからです。リーマン危機のあと、ドルが下落した2010年からの金の集中的な買いから見て、中国政府は「長期的な通貨戦略」をもっているように思えます。

【ドル・トラップにかかっている日本】

日本の通貨戦略では、「ドル基軸を支えること」しかない。経常収支の黒字によりドル保有を増やし続けています。結果は、対外資産999兆円で、対外負債644兆円を引いた対外純資産が355兆円です（日銀資金循環表速報：17年3月末）。このためドルが下落した場合、日本が、世界一大きな被害を受けます。これが、政府が「ドル高・円安」がいいとしている根拠でもあるのです。ドル高は、日本のドル建ての対外資産を大きくするからです。**日本は自ら進んで、米ドルの罠《わな》（ドル・トラップ）にかかっています。**

日本がドルを買い増さないとドルは下落し、外貨資産は大きく減ります。ドルが20％でも下がれば（20％の円高になると）、対外純資産の20％の70兆円の損害です。70兆円の為替差損は、総自己資本が150兆円の金融機関にとって、信用収縮からの金融危機を引き起こす規模のものです。対外資産を減らさないためには、日本（政府と金融機関）がドルを買い続けなければならない。これが、ドル・トラップです。

2000年代の米ドル基軸通貨体制を支えてきたのは、①経常収支の黒字でドル買いを大きく増やし続けた中国、②80年代から継続してドル買いをしてきた日本です。ドイツは経常収支の黒字は、中国並みに大きいのですが、2000年以降はユーロ域内の貿易が多いので、大きなドル買いはしていません。

2015年からは、2章の(7)で述べた民間企業と富裕者の1兆ドル（110兆円）の「ドル買い／元売り」に対し、人民銀行が「ドル売り／元買い」では対抗しているため、中国全体でのドルの買い越しは鈍っています。

図9-1　世界の貿易額と外貨準備の順位(2015年)

(1)輸出額順位(国連貿易統計)

主要国	輸出額	世界シェア
1.中国	2兆7855億ドル	16.8%
2.米国	1兆5049億ドル	9.1%
3.ドイツ	1兆3294億ドル	8.0%
4.日本	6249億ドル	3.8%
5.オランダ	5672億ドル	3.4%
6.韓国	5276億ドル	3.2%
7.フランス	5059億ドル	3.1%
8.英国	4605億ドル	2.8%
9.イタリア	4590億ドル	2.8%
10.カナダ	4087億ドル	2.4%
他183か国	7兆9411億ドル	48.0%
世界合計	16兆5445億ドル	100%

輸出入額はこの2倍の33兆ドル（3630兆円）

(2)外貨準備額順位(World Data Bank)

主要国	外貨準備額	世界シェア
1.中国	3兆4052億ドル	29.1%
2.日本	1兆2333億ドル	10.5%
3.サウジ	6269億ドル	5.4%
4.スイス	6024億ドル	5.1%
5.米国	3837億ドル	3.1%
6.ロシア	3680億ドル	3.1%
7.韓国	3667億ドル	3.1%
8.香港	3587億ドル	3.1%
9.ブラジル	3564億ドル	3.0%
10.インド	3533億ドル	3.0%
他160か国	3兆6529億ドル	31.2%
世界合計	11兆7077億ドル	100%

・米国は、ドルが国際通貨であるから外貨準備は少ない
・EUも域内貿易はユーロなので外貨準備が少ない

中国の輸出シェアは16・8%、外貨準備でのシェアは29・1%

図9-1に示すように、2015年の世界の輸出額は、16・5兆ドル（1815兆円：世界のGDPの23%）でした。輸出入額では、この2倍の33兆ドル（3630兆円）です。ユーロを使うユーロ域内貿易の世界シェア30%を除くと、世界貿易の通貨実需として、1年に25兆ドル（2750兆円）という巨額の米ドルのやりとりが行われています。前述のように、**世界の外貨準備は12兆ドル（1320兆円）**に増えているので、世界は、輸入額の16・5兆ドルの約9か月分の外貨準備をもっていることになります。

中国の輸出は、2兆7855億ドル（300兆円：15年）とダントツの1位であり、その

シェアは、世界の16・8％です。外貨準備も2015年では3・4兆ドルと世界一であり、輸出の15か月分です。中国は外貨準備の保有で、世界の29・1％を占めています。香港も含むと32・2％です。2位の日本の約3倍の外貨準備額です。人民銀行は、2章で述べたように、この外貨準備を人民元発行の裏付け資産にしています（前掲図2-5）。

人民銀行の周小川総裁は、米国の経常収支の赤字のため、長期的には下がるドルを基軸通貨にしている体制に不満を表明し、**IMFが発行する無国籍通貨SDRを基軸通貨にすべきとしている**ことも、2章の10項で述べています。

中国の貿易と外貨準備の大きさは、世界の約60％の「ドル基軸通貨の体制」を左右するインパクトをもっています。①外貨準備が3・4兆ドル（385兆円）の中国と、②対外純資産が355兆円の日本のドル買い増しが、ドル基軸体制を支えているからです。

図9-1の⑵には主要国の外貨準備を示しています。米国の外貨準備は、ドルは自国通貨ですから、ユーロと円です。

1990年代後期から、中国の輸入の増加・減少が、資源価格を決めてきた

中国は、資源を多く消費する経済です。先進国は1990年代から、経済の情報化・金融化による省エネ・省資源に入って、無形商品を増やしました。中国の90年代中期からの近代化成長は、鉄、鉱物資源、原油を多く使う物的な設備投資と住宅建設が多いものです。

図9-2　原油価格の長期推移
（中国の輸入の増加・減少が、原油価格の動きの主要因）

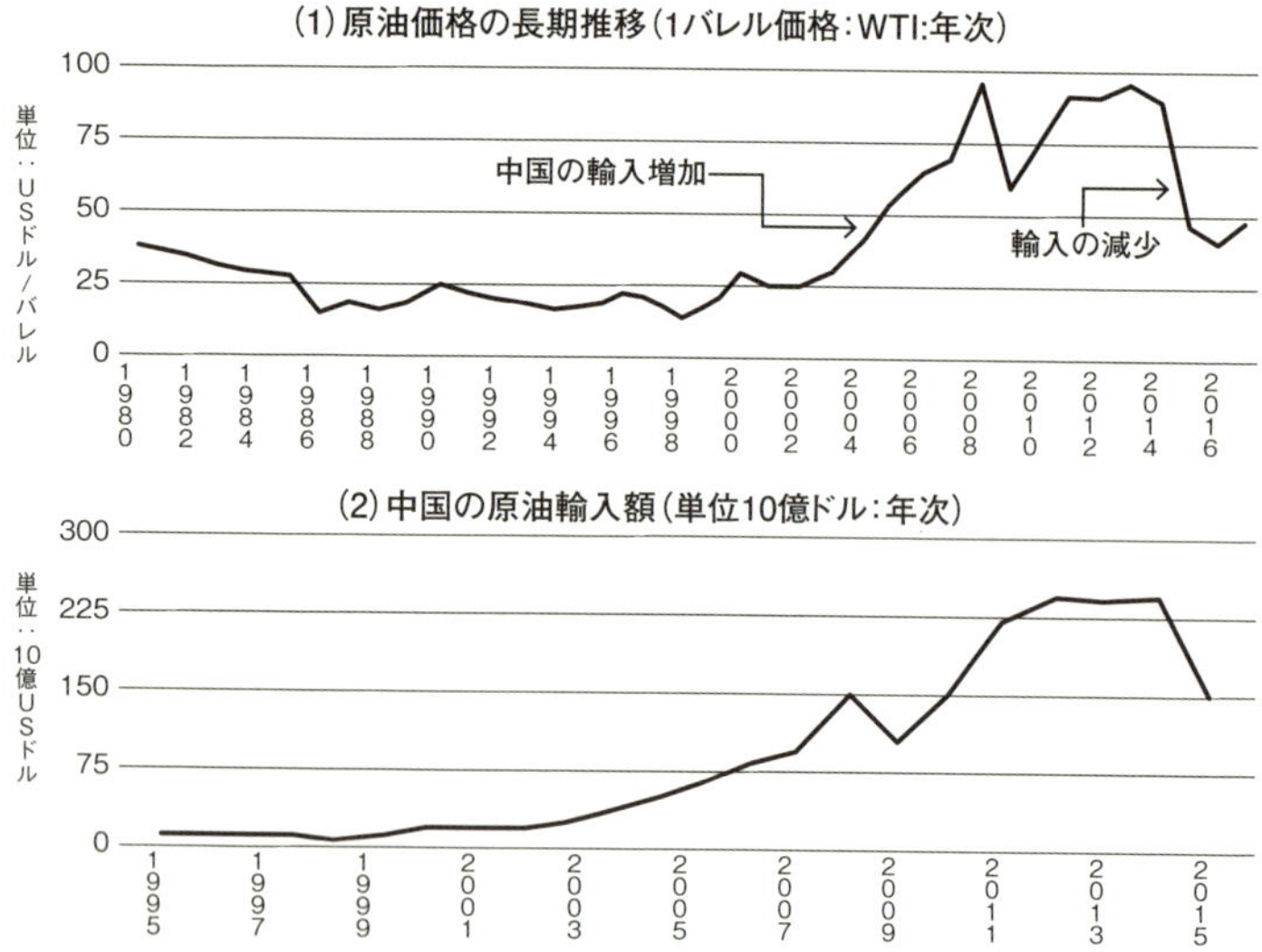

図9-2の(1)に示した資源の代表である原油の価格は、(2)の**中国の輸入額の増加**とともに、1998年の1バレル11ドル付近から2008年の100ドルにまで、9倍に上がっています。リーマン危機後は、世界の需要急減から60ドルに下がりましたが、2012年には再び100ドルをつけ、2015年からは50ドル付近です。

図9-2の(2)に示したように**中国の輸入額が増加するときは原油価格が上がり、中国GDPの増加率の低下から輸入額が減ると、価格も下がっています。**世界の原油需要の増加・減少の主因は、中国の需要になっているからです。原油も、**生産量の5%程度の需要の増減により、価格は大きく動きます。**

図9-3には、リーマン危機のショック

図9-3　原油と金価格の連動（2011年までは連動していた）

①2012年からの金価格の下落はFRBが主導した金ETFの売りのため。
②2014年からの原油価格下落は、中国が需要が減る中で、サウジが米国シェールガスを採算割れにするため、減産しなかったからである。　データ：第一商品

的な原油価格を除けば、**２０１２年までおよそ連動していた原油と金価格の推移**を示しています。２０００年代の12年間、原油と金価格はほぼ同じ動きをしていたのです。それ以降、両者の連動は薄れて、２０１４年から原油価格が半分に下落したのに対して、金のドル価格は１オンス１２５０ドルを中心にした動きです。原油と金価格を動かしている要因に、変化があったからです。

【中国の原油需要が減る中で、シェールオイルの増産とサウジの生産量維持で下がった原油】

原油価格では、２０１４年に、中国の成長力の低下から輸入が減る中で、１９９０年代に開発された水圧砕法（フラッキング）による米国のシェールオイルの増産があり

ました。

サウジアラビアは、生産コストが1バレル60ドル付近と高い米国シェールオイルを採算割れに追い込むために、前掲図9-2の(2)のように**中国の需要が減ったにもかかわらず、OPEC（石油輸出国機構）に減産を呼びかけることをしなかった**のです。このため、だぶついた原油は1バレル50ドル以下に下がり、2017年6月では、2014年の約半分の45・7ドルになっています。

2010年からの金では、原油と同様、中国の買い増しが価格を上げている

一方、金は、2010年から、リーマン危機後のドル安に対する、世界の中央銀行、特に中国とインドの金集めにより、2012年には1オンスで1750ドル（1グラム57ドル）という、史上最高値をつけています。

金の高騰は、基軸通貨であるドルの価値低下を意味するので、FRBは、2013年から金ETFの売り（先物売り：ショート）を誘導し、1オンス1250ドル付近にまで下げたのです。それまでは、250トンから400トンの需要が増えていた金ETFは、**2013年には一転して915トンも売り越され、金価格を1200ドル付近へと31%下げる主因**になったのです。

金ETFの売り越しは14年183トン、15年128トンと続き、1オンスの価格を1100ドルに下げる要素になっています。その後2016年には金ETFの買い越しが539トンに急増

図9-4　金の供給と需要（データソース：WGC）

需要項目	2010	2011	2012	2013	2014	2015	2016
宝飾品需要	2,051	2,091	2,129	2,682	2,480	2,388	2,041
産業的需要	460	428	381	355	348	332	322
・電子産業用	321	302	266	249	277	262	251
・他の産業用	93	89	86	83	51	50	50
・歯科用	45	36	28	23	19	18	18
投資的需要	1,623	1,734	1,606	791	856	918	1,561
・ゴールドバー	920	1,184	1,006	1,339	761	756	764
・コイン	195	227	184	267	204	220	205
・メダル	87	83	109	100	73	70	59
金ETFの需要	420	238	306	-915	-183	-128	531
中央銀行買い越し	79	480	569	623	583	576	383
金需要の総合計	4,215	4,734	4,686	4,454	4,269	4,215	4,308
ロンドン金価格（$）	1,224	1,571	1,669	1,411	1,266	1,160	1,250

単位1トン＝時価45億円：1トン未満切り捨て　　http://www.gold.org/

して、1オンスの価格を再び1250ドル付近に上げています。

図9-4に、ロスチャイルド系のWGC（世界金委員会）が集計している需要データの2010年から16年までを示します。ロスチャイルド家は、200年も前から常に金商人の中心にあり、金ETF発行の最大手であるSPDR（スパイダー・ゴールド社）も作っています。1882年（明治15年）の日本銀行の設立の前後に、日本に不足していた金を貸したとも言われますが、日銀は、『日本銀行100年史』ではその歴史を封印しています。

金は、**年間で4200トンから4300トンくらいの生産量**です（鉱山が3100トン＋リサイクルが1200トン付近：2015年）。金鉱山からの生産を3100トン以上に増やすのは、採掘コストが上がって困難です。価格が上がると増えるリサイクルは、２０１２年の１７００トンがおよそ上限です。

９-４の図にあるように、中国がほぼ50％を占める世界の中央銀行によるゴールドバーの買い越しは、２０１１年４８０トン、12年５６９トン、13年６２３トン、14年５８３トン、15年５７６トン、16年が３８３トンです。

買い増しなので、さして増えない生産量の中で、価格を上げる要素になります。しかし、１９７０年代から「金価格が上がりすぎると困る」と考えているＦＲＢは、金が１年におよそ**30％以上あがると、ペーパー・ゴールドである金ＥＴＦの売り誘導**をし、価格を下げています。ＦＲＢは、投資銀行とヘッジファンドを使います。ＦＲＢやロスチャイルド家が、金の売買で表に出ることはありません。金ＥＴＦには、金の保有と対応したもの、金はなく発行元の信用で発行するものの２種があります。

金ＥＴＦのペーパー・ゴールドなら、買いがあれば作れます。現物金と金ＥＴＦの価格は、世界中からの**裁定取引**により、ごくわずかな時間差で一致します。裁定取引とは、高いものを売って、安いものを買うサヤ取りで、確実な利益を上げるものです。信頼性が高いとも言われるゴールドマン・サックスの金価格の予想は、自らの金ＥＴＦの売買計画に基づくものでしょう。

中国を先頭にした中央銀行が、穏やかに４００トンから６００トン付近（生産量に対して10％から15％）のゴールドバーの買い増ししかしてこなかった理由は、**価格の高騰を避けて買いを進めるため**です。高騰すれば、買うことのできる量は減るからです。

ＦＲＢには、「長期的な中国の買い増しをしやすくする」動きすら見えます。米国がドルで支配している世界金融での利益が、低くなったとはいっても、先進国の2％台よりは経済成長力が高い中国で、もっとも大きくなっているからです。

金価格は、株価よりはるかに強く当局からコントロールされています。このため、下がっても後の値上がりが予想され、「金価格が下がると大きく買う」動きが出るのです。

長期では、経常収支の赤字から離脱できない米ドルの、**世界の通貨に対する実質実効レートの低下が決まっているから**です（前掲図1-5）。金は短期ではＥＴＦの売りの要因（ＦＲＢ価格コントロール）で下がっても、長期では、生産量はほぼ一定であるのに、根底にあるドル不安（対外負債の増加が止まらないこと）から、恒常的に現物買いが増えているので、上がります。金は、短期サイクルでは、ドルの実質実効レートが上がると下がり、ドルが下がると上がる性質をもっています。

【ロスチャイルド家が発見した、金準備での通貨発行の仕組み】

ドル本位制から金準備制への変更で、中国のマネーの発行は、どんな仕組みになるでしょうか。明治の銀行家三野村利左衛門《みのむらりざえもん》（三井家）と渋沢栄一《しぶさわえいいち》（日本の資本主義の父と言われる：第一国立銀行など500社を設立）は、直接ロスチャイルド家から、近代的な銀行作りの方法を学んでいます。

①まず**日銀が金を裏付けに円を発行し、準備預金を銀行にもたせる。**これが日銀当座預金です。

日銀は、紙幣と銀行が預ける準備預金に相当する金を、もたねばならない。

現在の日銀は、国債本位制です。紙幣と銀行が預ける準備預金（当座預金）の資産的な裏付けは、金ではなく、政府の借用証である国債です。これはＦＲＢ、ＥＣＢに共通します。人民銀行やサウジの中央銀行は、通貨発行のバックである国債にあたるものが外貨準備（ハードカレンシーの米ドルが約70％、ユーロ20％）です。理由は、国債の信用が薄いと見られているからです。

②銀行は、企業や世帯に貸し付けることによって信用創造、つまりマネーの発行をします。

このとき、銀行が日銀に預ける準備預金率を、たとえば2％に設定します。

銀行は、貸し出しの２％に当たる準備預金を日銀にもたねばならない。２兆円の準備預金で、その50倍１００兆円の貸し出しができ、これが、銀行の信用創造になります。

日銀が、たとえば2兆円保有に対応した通貨を発行し、当座預金に入れると2兆円です。**銀行は、２兆円の準備預金から合計で最大１００兆円の預金マネーの創造（貸し付けとリスク資産の購入）**ができるのです（これがマネーサプライ）。

以上が、ロスチャイルド家の発明になる**近代の銀行制度**でした。明治の日銀は、円の発行でこの制度を導入したのです。わが国の金準備制は、金の流出のため断続しながらも、世界恐慌の１９３０年（昭和5年）まで続きました。

銀行の準備預金率でレバレッジする金準備制は、中央銀行が保有する金の量が通貨発行量（マネーサプライ）に対して少なくても、実行できるものです。しかしその裏では、銀行の収益がしつかりし、人々が信用して預金を預けることが必要です。

現在は、これが、**BISからの銀行に対する自己資本の要求（BIS規制）**になっています。BIS規制（バーゼルⅢ）では、銀行がもつリスク資産（貸し付け、証券、株式）に対して8・0％の自己資本が要請されます。加えて資本保全バッファーが2・5％なので、合計で10・5％と高い。2012年から段階的に導入されていて、19年には全面適用されます。

BISが予定している**バーゼルⅢでは、国債の扱いが焦点**です。現在は安全資産とされていますから、国債を多くもてば、自己資本は小さくできます。

しかし南欧の国債危機を受けた原案では、国債はリスク資産でした。このため、BISは国債をリスク資産とする意思をもっています。しかしわが国の財務省は、リスク資産から国債を除外する要求をしています。リスク資産にされると、大きな自己資本が必要になる金融機関が国債を手放し、価格が下落して金利が高騰するからです。黒田総裁は、2016年1月のBIS総会に出席したあと、内閣の主要閣僚を前にオフレコですがと断って、「BISが国債をリスク資産にしようとしている。こうなると、日本国債の金利が上がって価格が下がることになる」と報告しています。

中国の不良債権の想定1000兆円（2019年から2021年）

中国の不動産バブルの崩壊は、2021年には想定できます。大都市部での、世帯年収の20倍から15倍の住宅価格は、実質経済成長率が6％台に低下すると、サステナブルではなくなるからです。

世帯年収の増加予想が、中国のＧＤＰの伸び率の低下に合わせて5％付近に下がると、その10年後の年収予測は、１・6倍にしかならない。買ったときの価格が年収の20倍なら、10年後の年収を想定しても、［価格20倍÷年収１・6倍＝12・5倍］であり、買うことができる価格ではなくなるからです。

10年後の年収を５００万円と予想する世帯が、10年の年収の12・5倍の６２５０万円（現在の年収に対して20倍）の住宅を買ったとします。頭金を30％と多くしてもローンが４３７５万円です。金利が6％なら、金利分で２６２万円、30年ローンとして返済額が１４５万円で、支払い額は４０７万円になります。世帯年収の80％もローン支払いにあてると、生活ができなくなります。

中国の住宅価格は、世帯年収の、平均的な増加予想が5％に下がる時期には、年収の10倍付近に下がらねばならない。中国のＧＤＰの増加は、二桁に戻ることはない。高くとも実質5％のレベルでしょう。このため数年の期間で、**70大都市部の住宅は、30％から50％下がる**でしょう。ＧＤＰの成長率が下がり、世帯所得の増加が減ったため、中国の不動産バブルの崩壊は、必然です。ＧＤＰは世帯にとっては年収です。企業にとっては粗利益です。

不動産価格が下がり始めるのが２０１９年、金融危機は2年後の２０２１年からでしょう。

中国の負債問題は、①４・７兆ドル（５１７兆円）の世帯負債と、②18兆ドル（１９８０兆円）

の1800万社の企業負債です（2016年）。合計で22・7兆ドル（2497兆円）の負債があります。2016年のGDP11・2兆ドル（1232兆円）の203％です（前掲図6−1）。

2008年のリーマン危機のあとのGDPの縮小に対し、政府が4兆元（64兆円）の緊急財政出動をし、①企業には借金による設備投資を促して、②世帯には住宅購入を促進したことが原因です。

8年間で世帯負債は**7570億ドル（83兆円）から4・7兆ドル（517兆円）へと6・2倍に**膨らみました。**企業負債も3・9兆（429兆円）ドルから18兆ドル（1980兆円）と4・6倍**に増えています。8年での負債の増え方は、世界のどの国も経験がない巨大さです。

この**負債による投資のため、上海万博後の2010年から11年の価格下落が止まり、12年から再び上昇トレンド**に入っています。借金で下落を止め、さらに巨大な借金で上げたのです。このため所得修正が起こり、不動産が下がるときの危機は、政府がシミュレーションをためらう大きなものになります。世帯と企業の負債が大きく、不動産バブルを引き起こしてしまった中国経済には、李克強首相が言った、成長率が下がったことが常態になる「ニューノーマル」の平穏はないからです。

不動産が30％下がったときの、企業と世帯の不良債権の合計は、［22・7兆×20％＝4・5兆ドル（495兆円）］、40％下落なら［22・7×30％＝6・8兆ドル（745兆円）］、50％下落なら［22・7×40％＝9・1兆ドル（1000兆円）］でしょう。

世帯が買える価格になるには、約50%の下落が必要です。２０１９年から2、3年の期間を経て50%にまで下がるでしょう。世帯が買える価格が、到達点になるからです。

このとき、中国の銀行は**１０００兆円規模の不良債権**をかかえることが想定できます（２０１６年のＧＤＰの81%）。金額ではリーマン危機の米国並みですが、中国のＧＤＰは米国の60%なので、経済への信用収縮のショックは、１・７倍くらい深くなります。

銀行の融資合計27兆ドル（２９７０兆円）のうち、１０００兆円の不良債権ですから34%です。**全銀行が総資産の25%くらいの債務超過**になります。株価の下落も同時に生じますが、ここでの不良債権からは除外します。

問題は、必然的に生じる不良債権に対して、**政府・人民銀行がどんな対策をとるか、あるいはとりうるか**、です。

中国政府・中央銀行による対策の想定

リーマン危機、そしてユーロの南欧債の危機に対しては、ＦＲＢ、ＥＣＢが合計で信用創造をし、金融機関の不良債権を肩代わりする政策がとられています（合計８・８兆ドル：９６０兆円：前掲図3-1）。人民銀行も、リーマン危機後のＧＤＰの縮小に直面し、４・７兆ドル（５１７兆円：２０１４年）の元の増発をして、不動産投資を増やす対策費にしています。

今後、２０１９年から21年に想定される不動産価格の下落から１０００兆円スケールの不良債権が想定できる金融危機のとき、人民銀行は元の増発を対策にできるでしょうか。

【金融対策費には、外貨準備による人民元発行では不足する】

前掲図2-5に示したように、人民銀行が元を増発するときは、外貨（60%はドル債）を裏付けの資産にし、国内の銀行から外貨を買っています。**人民銀行は、外貨を準備資産にしているのです。**

１０００兆円とはいわずとも、７００兆円規模の元を増発して、金融機関の不良債権を肩代わりするには、外貨が６・３兆ドル、中国の銀行に存在していなければならない。２０１７年現在の中国の外貨準備は、３・４兆ドル（３７４兆円）です。

中国の経常収支の黒字は、２０１５年が３０４１億ドル、２０１６年が１９６３億ドル、２０１７年予想が１４９３億ドルでしかない。３年間の合計で６４９７億ドル（71・５兆円）です。年間平均では24兆円程度です。**７００兆円の元の増発には、７００兆円分の外貨が必要です。これは中国の経常収支の黒字の、これから先29年分**にもなります。

つまり、人民銀行は**ドル、円、ユーロ等のハードカレンシーとの交換性を確保**する目的で、外貨を準備資産にするかぎり、２０１９年から２０２１年に想定される金融危機の対策マネーを作ることができません。元の信用創造（元の増発）では、現在の人民銀行では外貨準備額が上限だからです。

【人民銀行の元発行が十分でないと、中国は大恐慌になる】

人民銀行が、元の増発による不良債権の肩代わりの対策を打てない場合は、中国の金融危機は、実体経済の恐慌に直結します。そのアナロジーは、1929年から33年の米国の大恐慌です。閉鎖銀行は1万1000行でした。株価は80％下がり、GDPは45％も減少して、失業は25％に増えました。

こうなれば中国では、1989年の天安門に似た暴動が起こり、体制不安に至るかもしれない。体制の安定が至上命題である中国共産党は、是が非でも、避けねばならない。

北朝鮮が金体制を守るため、核とミサイルの開発で、韓国、日本、米国を威嚇しているのと同じです。外敵に向けたものに見えますが、二重目的は国内の政治的統制です。マキャヴェリ風に言えば、政治権力が暴力に至ったものが兵器でしょう。外交の延長が戦争であることと同じです。

人民銀行が、**中国国債を買って元を増発する国債本位制**も考えることはできます。

しかし、1994年から外貨準備をバックに元を発行するようにしたのは、人民元の、ハードカレンシーとの交換性を確保するためでした。**中国債をバックに元を発行した場合、元の交換性が弱くなり、元は、かつてのルーブルのように1／2や1／3に暴落**するでしょう。

中国にとって元の暴落は、輸入価格の高騰による貿易の赤字化を意味します。中国の商品の性格から、輸出が増えるより、輸入物価の高騰が大きくなるからです。貿易の赤字は、GDPのマイナス要素ですから、今度は、経済成長はマイナスになるでしょう。

人口が日本の10倍のため、合計のGDPは大きくなっていますが、1人当たりのGDPでは8000ドル（88万円：日本は420万円）の中進国です。E7（Emerging：新興7か国）と言われる中国、ロシア、ブラジル、トルコ、インド、メキシコ、インドネシアと共通する中進国の国債は、G7（米国、ドイツ、日本、英国、フランス、イタリア、カナダ）よりは、世界からの信用が薄い。自国の国債をバックにした通貨は、G7のハードカレンシーとの交換性が弱くなります。元のドル、円、ユーロとの交換性が低下すると、貿易は困難になります。貿易は、金融面では通貨交換でもあるからです。

世界が認める**ハードカレンシー**とは、いつでもいくらでも世界の銀行が外貨交換に応じる通貨です。**ドル、ユーロ、円、英ポンド、スイスフラン、カナダドル**がそれです。人民元は、現在は外貨準備をバックに発行し、2016年9月からIMFのSDRの構成通貨にも認められたことから、ハードカレンシーに準じる通貨になっています。SDR（特別引出権という仮想通貨：現在は政府と中央銀行だけが使う）のバスケットの構成は、ドル41・73％、ユーロ30・93％、人民元10・92％、円8・3％、英ポンド8・09％です。1SDRの価格は約160円です。元の難点は、外貨交換を制限する資本規制です。

人民銀行にとって、中国債を買って元を発行することは、無理になるでしょう。可能ではありますが、元暴落への道だからです。

資本規制が続く自国通貨を、根では信用していない中国人企業家と富裕者からの、おそらく数兆ドルの「元売り／ドル買い」も起こるからです。これは、人民元の中国からのエクソダス（脱出）です。**外貨への交換制限、そして海外からの株の購入規制は、エクソダスが起こる恐れがある、通貨の弱い国が行う**ものです。

経済が成長しても、世界の人々から通貨が信用されるには、日本の例では、約20年かかっています。新興大国のE7の通貨は、まだ格付けが低く、G7の通貨のようなハードカレンシーとは、認められていません。これを認めるのは中国ではない。中国以外の世界の意思です。

この中で、人民銀行はどういった対策をとるか、あるいはとりうるでしょうか。

密かに買ってきて、これからも集める金を使う**「ドル・金準備制」**、または**「金準備制」**でしょう。

2010年から買ってきた1万3000トン余の金（2020年想定）をバックに、今度は金を準備通貨にして元を発行することです。中国政府が、こうした長期対策を、戦略的に想定して金を買い集めているのなら論理が整合します。

【中国の金準備制の想定】

金を通貨発行の準備通貨にしていたのは、1971年以前の米ドルでした。世界から英ポンドに代わる国際通貨と認められるには、西欧に対して**巨大ではあっても新興国だった戦後の米国であっても、金の信用に頼る金準備が必要**だったからです。当時のFRBの金保有は2万トンでした。現在のIMF統計では8133トンと約1万2000トン減っています。1971年の金・ドル交換停止の前に、おもに欧州（ドイツ、フランス）が、輸出で受け取ったドルを金と交換したからです。

通貨は、実に保守的です。米国もロスチャイルド家が、銀行による信用創造（通貨増発）の方法を発明していた金準備での通貨発行を採用しました。金準備の通貨は、金の信用により、フィアットマネー（法貨：信用通貨：管理通貨）にはある法域を越える国際通貨になるからです。20世紀の米国にあたるのが、21世紀の中国でしょう。

中国の外貨準備は、今3・4兆ドル分（374兆円）です。金保有は2020年でも、推計1万3000トンであり、1グラム4500円の現在価格水準の場合、58・5兆円でしかない。

中国が現物金の買いを現在の2倍の1年2000トンに加速した場合、4300トン付近の生産しかない金の価格は、**1980年に産油国が買ったときのように短期で数倍に急騰**します。このとき、金は1オンス103ドル（1976年の安値）から850ドル（1980年の高値）にまで8・3倍に上がっています。これが、歴史的な事実です。買いが急に増えたとき、金は数年で8倍に上がることもあるということです。

したがって中国が大きく買うのはゴールドバーではなく、**金ETF**かもしれません。

これは証券ですから、1年に2000トンでも、市場のゴールドバーの枯渇を招くことなく買えます。しかし、金証券の大きな買いは、現物金の高騰よりは穏やかですが、金価格を上げます。

仮定ですが、1980年の産油国の買いのように、今度は中国が大きく買って、金価格が5倍に上がったとします。そのときの、人民銀行の金保有を1万6000トン（米国FRBの約2倍）としたとき、［1万6000トン×1グラム2万2500円≒400兆円］になります。

米国FRBは、最大のときが2万トンの保有でした。中国のGDPは米国の60％ですから、人民銀行が1万6000トンをもてば、元の金準備が可能になることがわかるでしょう。

元の追加発行が800兆円なら、不動産バブル崩壊からの金融危機の対策費として足りるでしょう。**金の準備率を50％に下げると、800兆円の人民元の追加発行枠**が作れるからです。現物金との交換要求に応える準備率は、100％でなくてもいいからです。

2017年4月で、人民銀行のバランスシートの規模は、4・8兆ドル（528兆円）です。**外貨準備への金準備の追加で800兆円、合計では1328兆円の人民元の発行枠**を作ることができます。

中国の金融危機を生む負債は、①世帯の4・7兆ドル（GDP比42％）と、②企業の18・1兆ドル、23・7兆ドル（2600兆円）です。わが国の政府債務である1248兆円の2倍と言えばその大きさがわかるでしょう（16年末）。

これが、不動産バブルの崩壊から1000兆円の不良債権になる可能性が高いことは、前述しました。不動産価格を下げないために、リーマン危機のあと8年で、政府の投資誘導により、世帯の負債が6・2倍、企業の負債が4・6倍に増えたことは、いかに中国でもひどすぎました。

世帯と企業が、負債を増やせる上限に達すれば、そのあとに不動産バブルが崩壊することは、マクロ経済ではわかりきったことだからです。

しかし人民銀行が、大きな金融危機に対して、金準備（Gold Reserve）の元を増発し、信用縮小した金融機関に貸し付けても、根本的な問題の解決にはなりません。デフォルトは避けることができますが、信用収縮してマネーが不足した銀行へのマネーの貸し付けであり、銀行の負債は増えるからです。

一方で不動産は、世帯が所得で買える価格（中国での上限は年収の10倍）まで下落しますが、世帯と企業の過剰な負債は減らないからです。解決の方法はあるのか。

金準備で**新たに発行する新人民元と、旧人民元の交換比率を2：1にすること**です。これで、新人民元での世帯と企業の負債は、1／2の11・8兆ドル（1300兆円）に減ってサステナブルになります。ただし、過去の旧人民元の預金も、新人民元では1／2になります。

新通貨との交換の決定は、一夜で準備されたかのように極秘裏に、ある日突然実行されねばならない。検討の過程が外部に漏れれば、1／2になる預金を嫌って非合法ではあるものの抜け穴もある香港ドルへの変換を通じてドル買い、ユーロ買い、円買いが起こるからです。

金準備も新元の発行も行わないとなれば、バブル崩壊後の中国経済は、巨大な不良債権による信用収縮から、実体経済は恐慌に向かいます。中国にとっての恐慌は、体制の転覆の可能性を大きくします。共産党政府は、不動産バブル崩壊の恐れが生じたときは、実行するでしょう。

バブルの崩壊は、GDPが二桁成長に戻らないかぎり、必然です。しかし、2012年から生産年齢人口がピークアウトした中国のGDPの成長が、2010年以前の10%や12%に戻ることはない。このため論理的にも、金準備への移行と新元の発行が、必然に思えるのです。

中国が金準備と新元の発行に向かうとき、ドルと円はどうなるか

中国の「外貨準備＋金準備」への移行と新元発行は、世界経済の中では、1999年からの統一通貨ユーロに似たものになります。

ユーロは1999年からまず決済用の仮想通貨として導入され、3年後の2002年から、1999年の為替相場で各国の通貨と交換比率を固定して、交換が始まりました（18か国）。**ユーロの19か国の経済規模は、現在11・9兆ドル（1309兆円）であり、2017年の中国のGDP11・7兆ドル（1287兆円）と同じ**です。

ユーロが誕生したときのように、世界の通貨は**平穏な移行期**を迎えるかもしれません。**金準備になった通貨は、どの通貨でも、国際交易に使える通貨になります**。貿易の相手国が、要求すれば金と交換が可能な元を、元のままで受け取るようになるからです。このため、元にとっては、ドル基軸通貨の意味はなくなるのです。人民銀行の周小川総裁の2009年の夢は、金準備制度で実現します。

産業革命後の1816年から20世紀はじめは、経済力が世界一だった英国のポンドが基軸通貨

でした。1900年ころから、巨大新興国の米ドルが基軸通貨として加わり、第一次世界大戦後は米ドルが優勢になります。第二次世界大戦までは、**新興のドルと劣勢なポンドが基軸通貨として併存**していました。

元が金準備を敷いたとき、**米ドルと人民元の二通貨併存の時代**になるでしょう。元の台頭により、米ドルが基軸通貨を降りるわけではない。

元は、1999年からのユーロがそうであったように**ドル経済圏から離脱**します。中国と交易するアジアも、中国との貿易ではドルを使わなくなるでしょう。これは「ドル需要の減少」を意味し、ドル安の要素になるのです。世界の通貨に対して、ドルはどれくらいの実効レートの低下でしょうか。30％と思われます。中国とアジアでの貿易で、米ドルを使わなくなる国の貿易額が世界の30％くらいだからです。

円はどうなるか。数年後も名目GDP比の政府債務232％、240％、250％と膨らみ続け、財政破産の可能性が高くなっていれば、円もドルに合わせて、実効レートが30％は下落するでしょう。(注1)

(注1) 円も、対外資産と外貨準備で金ETFを買うことにより、金準備にできますが、政府には、長期の通貨戦略は皆無です。円安政策しかない。実力はあるのに、それを使わない。政府債務のGDP比を下げる目的での、円の価値を下げる、叶わないインフレ政策しかない。インフレとは、物価、資産価格に対する円の価値下落です。

ただし両方とも下がる円・ドルの間では、変更がない。世界レベルで言えば、ドルを買い続ける日本の円は、ドルと一体です。ユーロが金融危機になっていない場合、新元とユーロが強くなるでしょう。30％、元の実効レートが上がると、中国のGDPは、米国のGDP（19兆ドル：17年）にたいして、80％になります。

中国が金準備に切り替えたあとは、その2年後または数年後に、米国は、その対外債務の増加から、**ドル切り下げを行う必要**が出てくるでしょう。このとき円は、ドルに対する30％の下落を解消します。ドルが沈みその分、新元、ユーロ、円が強くなるからです。

金融危機では、**①最初に中国の負債、②次が米国の対外負債、③3番目が日本の政府負債、④4番目がユーロの構造的な矛盾**になるでしょう。リーマン危機後の、［金融資産＝金融負債］の増加率が、名目GDPの増加率に対して大きすぎたからです。負債（債務）の増加は、一方では金融資産（債権）の増加です。たとえば企業の負債は、銀行にとっては債権（金利と回収の権利）という金融資産です。

その負債が、借り手の利払いと返済ができなくなるレベルに増えるとデフォルトが起こります。デフォルトは銀行信用の収縮を招き、銀行間の決済が不能を引き起こして、銀行全体のシステミックな危機になっていきます。金融危機とは、金融資産と負債が、同時に縮小することです。

そのとき、負債は、借りた人や企業が返済できる金額に減って、次の成長の展開が始まります。信用恐慌は、その後の成長のカオス的な母でもあるのです。ロスチャイルド家は、恐慌こそが、暴落した資産を買うチャンスであることを知っていて、実践してきました。このとき、パニック的な投資家心理から、理論価格をはるかに下回る株や不動産を、買えばいいのです。長期的で、大きな視点に立つと、金融危機は資産作りのチャンスになります。

なお、中央銀行のマネー増発による貸し付けで信用恐慌を防ぐと、それは銀行の負債を大きくし、平均12年後サイクルの次の危機に向かいます。

今後、波動のように2年くらいの間隔で襲う世界の金融危機、つまりフィアットマネーの有効性の危機に対して、価格が高騰するのは、**人々がそれ自体に本源的な信用を寄せる無国籍通貨の金**になるでしょう。

フィアットマネーは、有効性を無視すれば、いくらでも増やせます。しかし金は政府の意思では増やすことができないからです。今後5年スパンでの、ドル安から円安に続く財政破産で金融資産を減らさないためには、個人的にも金を買っておくべきと思えます。

２０１７年６月に米国ＦＲＢが０・25％の利上げをし、約４兆ドル（４１０兆円）もつ国債とＭＢＳ（不動産ローン担保証券）を売却する予定をはじめて発表し、漸進的《ぜんしんてき》な「出口政策」に向かっているのは、米国株の下落から起こる、次の金融危機に備えるために、バランスシートの縮小を図りたいからです。

ＦＲＢの信用創造量（＝負債能力）であるバランスシートが、４・５兆ドル（17年5月：４９５兆円）と大きいままでは、次の金融危機のとき必要なドル増発を行うと、大きなドル安を招いて難しくなるからです。**ＦＲＢは、次のドル危機にもなる、数年後の金融危機を予測**しています。

日本はどうか。いずれは迎える政府の債務危機に対して、政府・日銀は、備えはしていません。誤った理論のリフレ派に占拠された日銀が、方法を修正しないかぎり、国債を買い続けた戦時内閣のように**フィアットマネーの有効性の限界**を超えても突き進むだけでしょう。

あとがき

本書では、米欧中日の中央銀行が、リーマン危機のあとに行った18兆ドル（1980兆円）のマネー増発の展開の、今後への問題を追及しています。これから起こることの想定です。米ドル、ユーロ、円、人民元は、異なる課題をかかえています。

基軸通貨国である米国の対外債務は増え続けており、32兆ドル（3520兆円）に達しています。①海外が基軸通貨を必要とするため、②経常収支の赤字のため、対外債務は、毎年1兆ドルは増え続けます。トランプ減税が行われれば2兆ドルに達するでしょう。ただし米国の対外債務はドル建てです。このため、ドルの信用が臨界点まで来ると、1985年のプラザ合意のように、ドルを1／2に切り下げるという手段が考えられるのです。

ユーロは、南欧の国債と企業債務の問題が深刻です。これは悪化した債権をもつドイツとフランスの銀行の、バッドローンになっています。イタリアとスペインの主要銀行では、債務危機の状況が続いています。ECBと各国政府からの資金拠出が行われ、イタリアの大手行モンテ・ディ・パスキ・ディ・シエナは、国有化されました（17年7月）。このほかにも、南欧の多くの銀行が問題をかかえています。

銀行への公的資金の投入は、問題の根本解決ではなく先送りです。銀行の利益が回復し、自己資本を増やすことができないと、債務危機は解決しません。

わが国は1248兆円（16年末）の政府債務をかかえています。2013年4月以降、2％のインフレを目的とした異次元緩和を行い、日銀は年80兆円規模の国債を買い増し続けています。これは、通貨の増発による、政府の大きすぎる負債を日銀の負債に置き換える「財政ファイナンス」でしょう。

米国では、ドルが基軸通貨であるかぎり、毎年1兆ドル増え続ける対外債務が問題ですが、わが国の問題は年率で約40兆円増える政府債務です。

ギリシアのように、公的年金、医療・介護費、公務員賃金の支払いに難渋する財政破産に至らないためには、「物価上昇2％＋実質GDPの成長1％＝名目GDPの3％増加」が続く必要があります。年率で3％増える政府債務でも、名目GDPの3％増加が続けば、GDP比の債務は拡大しないからです。

ただしそうなったとしても、今度は金利の上昇が国債の流通価格を下げて、政府による国債への利払いが増えることになります。財政赤字、および国債の新規発行の増加に振り替わるのです。

人々の予想が名目GDPの3％増加に変わると、現在ゼロ％付近にある市場の期待金利は、3％に向かって上がるからです。多くの人が心のなかで抱く将来への期待金利は、［実質GDPの成長予想率＋期待物価上昇率＝名目GDPの期待成長率］に上がって行きます。

期待金利が3%に上がると、発行時の金利がゼロ%の10年債をもっていれば、[期待金利3%—国債金利ゼロ%=3%]の損をします。損をする国債は売られ、金融機関からの売りが超過して、国債価格は下がります。下がった国債に対する金利は、期待金利に一致するように上がるからです。

期待金利が3%に上がると、平均残存期間(デュレーション)が8年、平均金利がゼロ%の国債は、価格が[(1+0%×8年)÷(1+期待金利3%×8年)≒81%]になり19%も下落します。国債価格が下がることにより、利回りが期待金利の3%に一致するようになって行きます。以上が、国債を代表とする債券の価格原理です。

1000兆円の国債が19%下がると、その国債をもつ銀行、生損保、ゆうちょ銀行、かんぽ生命、公的年金運用のGPIF、そして日銀には190兆円の巨大損失が生じます。政府に関しては、借換債を含む170兆円発行される国債の発行金利の平均が3%に上がり、政府の利払いは[170兆円×3%=5・1兆円]ずつ増えて行きます。

現在は、日銀による短期金利マイナス政策のため、国債残が1000兆円以上と大きくても、利払いは9兆円と少ない状況です。借換債の金利が3%に上がると15兆円、20兆円、25兆円、30兆円へとほぼ5兆円ずつ増えていきます。利払い増加の5兆分財政赤字が増え、国債発行は年々大きくなって行きます。

これが財政破産の状況です。政府負債のGDP比が232%と世界一大きい国の財政破産は、人々が抱く期待金利が2％から3％に上がった時点から始まります。

日銀はこうした金利上昇を避けるため、市場の実勢より金利を低く保つ「金融抑圧策」をとるでしょう。しかしそれを行うと、金利を抑えられた円の海外流出（ドル買い/円売り）が増えて円安になります。このマネー流出のため、円安の中で、日本の金利は上がって行きます。日銀の国債買いには、本書の中で述べたように、金額に限界があるからです。

異次元緩和は、財政の本質的な対策を先延ばしして回避させるものでした。本質策というのは、増税と支出を減らす財政赤字の抑制（財政再建）です。

政権は財政支出を抑制できるでしょうか。もっとも大きな支出である年金、医療・介護費、公務員給料の削減は、政治的にほとんど無理なように思えます。

中国の問題は、リーマン危機後の輸出の減少に対し、GDPの低下を避けるため、政府が4兆元（67兆円）の経済対策を打って、企業と世帯には借り入れによる不動産投資を促したことから来ています。

ただし中国では、土地の民間放出は省の税収です。このため、政府負債は5兆ドル（550兆円）で、GDP比では45％と少ない。大きすぎる負債は、政府の要請で設備投資を増やした企業（1800万社：国有が多い）と、価格が上がり続ける住宅をローンで買ってきた世帯のものです。

企業の負債はリーマン危機後、4・6倍の18・1兆ドル（1991兆円）に、世帯の負債は6・

2倍の4・7兆ドル（517兆円）に増えています。いずれも、サステナブルではありません。

中国の地価はリーマン危機のあとも、政府の誘導で増えた設備投資と住宅投資により2～3倍に上がり、大都市部の住宅価格は世帯年収の15年分から20年分に上がっています。

しかし、世帯所得の増加予想が2010年までの年12％から、現在の5％や6％に修正されると、最初は30％、次には50％住宅価格が下がる必要があります。住宅価格は、10年後の予想年収の7倍付近が利払いと返済ができる上限だからです。このため、住宅は買える価格まで下がります。

実際には2019年ごろ、中国の住宅価格はピークアウトするでしょう。住宅価格が大きく下がると、米国のリーマン危機のように、それを貸付金の担保資産にしている銀行に不良債権が生じます。中国の世帯と企業への融資総額の22・8兆ドル（2508兆円）のうち、バッドローンは700兆円から1000兆円になる可能性があります。

日本の資産バブル崩壊後の不良債権は、200兆円（1998年：GDPの40％）でした。リーマン危機のときは、デリバティブ証券の全面的な崩壊のため、1000兆円（2008年：GDPの60％）と非常に大きいものでした。

700兆円から1000兆円の不良債権となると、中国の名目GDP（11・2兆：1232兆円）の60％から80％です。リーマン危機より深刻な金融危機になるでしょう。

この金融危機は、価格下落が始まって2年後の2021年から起こるでしょう。

世帯所得の増加予想が10％に戻らないと住宅価格は下がるので、中国の金融危機は必然です。中国のＧＤＰの成長率が二桁台に戻ることはないからです。このため、今後、所得の増加予想が10％に戻ることはありません。

２０１６年のＧＤＰ成長率は、かさ上げがある政府発表で６・７％、２０１７年の予想は６・58％です。実際の成長率は３％でしょうが、その議論は措《お》くとして、世帯年収の増加予想が５％や６％に低下するのは必然でしょう。このため、１００％の確率で中国の不動産バブルは崩壊します。

この大きな金融危機への対応としては、人民銀行が元を増発して、銀行に投入する以外の方法はありません。

しかし、ほかの新興国と同様に、財政信用と国債信用が低かった中国は、開放経済の１９９４年以来、元の発行の準備資産を、外貨（ドル65％、ユーロ30％）としています。この仕組みでは、外貨が増えないと、元の増加発行ができないのです。中国の外貨保有は、経常収支の黒字から１年に24兆円程度しか増えません。これが元の増加発行枠です。金融危機の対策にはまるで足りません。

こうなることを想定していたのか、ドルが下落していた２０１０年から、中国政府と人民銀行は、ＩＭＦに申告していないものを含めると、１年に約１０００トンの金を集め続けています。加速すれば、産油国が金を買った１９８０年のように、価格を５倍に上げながら１５００トンにはなりえるでしょう。

1944年のブレトンウッズでの会議で、米ドルがポンドに代わる基軸通貨として認められたとき、FRBがもっていた金は2万トンでした。

中国のGDPは、米国の60%です。1万3000トンの金と、3・4兆ドル（374兆円）の外貨を準備通貨にすれば、元を「ドル＋金本位制」の通貨にできるでしょう。時期も、元増発が必要になる金融危機の2021年ごろとして符合します。

この計画は発表されていません。しかし、ドル基軸の問題を指摘し、IMFの無国籍通貨SDRを基軸通貨として提案している周小川人民銀行総裁の論文から、その意思をもっていることが伺えるのです。

「ドル＋金本位制」により、一定のレートでの金との交換が可能になる元は、世界が国際通貨と認めるものになります。中国との貿易でも、各国は元を使うでしょう。原油の輸入もドルではなく、元での支払いが可能になります。

金は、世界が認める通貨です。国民には言わないままに、日銀を除く世界の中央銀行が、保有する金を準備通貨の構成要素にしていることがその証拠です。

不良債権で債務超過になった銀行に対して、中央銀行の増発通貨を投入することは、飛ばしの一種であり、本質的な対策ではありません。銀行信用の核になる自己資本は、銀行自身の利益によってしか回復しないからです。

このため、中国は、「ドル＋金本位制」への転換を機会に、過去の元を1／2に切り下げて、新元を発行する可能性があります。旧2元は新1元としか交換できないとし、これが過去の借金を1／2にする徳政令です。預金も1／2になりますが、問題の負債も1／2に減るのです。

この対策で、政府、企業、世帯の過剰な負債になっている27・9兆ドル（3069兆円）が、新元に対して半分に減ります。そのとき、ドル、円、ユーロと元の関係はどうなるか、最終章の後半部に書いています。

本書は過去の分析と解釈だけではなく、数値と論理を根拠にしたイマジネーションによって、今後5年の主要通貨の展開を描いたものです。

2017年7月

吉田繁治

主要な参考文献（順不同）

- 『国債の歴史』富田俊基：東洋経済新報社
- 『とてつもない特権』バリー・アイケングリーン：小浜裕久監訳　浅沼信爾解題　勁草書房
- 『リスク、人間の本性、経済予測の未来』アラン・グリーンスパン：斎藤聖美訳　日本経済新聞出版社
- 『Money Whence it Came, Where it Went』：J.K.Galbraith: Pelican Books
- 『膨張する金融資産のパラドックス』吉田繁治：ビジネス社
- 『通貨戦争』ジェームズ・リカーズ：藤井清美訳：朝日新聞出版
- 『ドル消滅』ジェームズ・リカーズ：藤井清美訳：朝日新聞出版
- 『国家は破綻する』カーメン・M・ラインハート、ケネス・S・ロゴフ：村井章子訳　日経BP社
- 『リフレが日本経済を復活させる』岩田規久男、浜田宏一、原田泰編著　中央経済社
- 『マクロ経済学』齋藤誠、岩本康志、大田總一、柴田章久　有斐閣
- 『ロスチャイルド、通貨強奪の歴史とそのシナリオ』宋鴻兵　橋本硯也監修、河本佳世訳　ランダムハウスジャパン
- 『いまなぜ金復活か』フェルディナント・リップス：大橋貞信訳　徳間書店
- 『シフト＆ショック』マーティン・ウルフ：遠藤真美訳　早川書房
- 『ブレトンウッズの闘い』ベン・スティル：小坂恵理訳　日本経済新聞出版社
- 『複雑系経済学入門』塩沢由典　生産性出版
- 『連続講義・デフレと経済政策』池尾和人　日経BP社
- 『ユーロから始まる世界経済の大崩壊』ジョセフ・E・スティグリッツ：峯村俊哉訳　徳間書店
- 『財政破産からAI産業革命へ』吉田繁治　PHP研究所
- 『通貨戦争』宋鴻兵：橋本硯也、河本佳世訳　ランダムハウスジャパン
- 『マネーの支配者』ニール・アーウィン：関美和訳　早川書房
- 『マネーの正体』吉田繁治　ビジネス社

著者略歴

吉田繁治（よしだ・しげはる）

1972年、東京大学卒業(専攻フランス哲学)。流通業勤務のあと経営と情報システムのコンサルタント。87年に店舗統合管理システムと受発注ネットワークのグランドデザイン。経営、業務、システムの指導。95年~2000年は旧通産省の公募における情報システムの公募で4つのシステムを受託し、開発。00年、インターネットで論考の提供を開始。メールマガジン『ビジネス知識源プレミアム（有料)』、『ビジネス知識源（無料)』を約4万人の固定読者に配信。各地/各社での講演と流通・小売・製造・サービス・ITを含む経営戦略指導。大手流通業の経営戦略担当の顧問。経営戦略、商品戦略、在庫管理、サプライチェーン、ロジスティクス、ＩＴ、経済、世界金融、時事分析の考察を公開し、好評を得る。

著書に『マネーの正体』『マネーと経済これからの５年』『膨張する金融資産のパラドックス』（以上、ビジネス社)、『利益経営の技術と精神』（商業界)、『財政破産からＡＩ産業革命へ』（ＰＨＰ研究所）などがある

システムズリサーチ チーフ・コンサルタント
ホームページ：http://www.cool-knowledge.com

米国が仕掛けるドルの終わり

2017年８月１日　第１版発行
2017年９月１日　第２版発行

著　者　吉田繁治
発行人　唐津 隆
発行所　株式会社ビジネス社
〒162-0805　東京都新宿区矢来町114番地　神楽坂高橋ビル５階
電話　03(5227)1602（代表）
FAX　03(5227)1603
http://www.business-sha.co.jp

印刷・製本　株式会社光邦
カバーデザイン　上田晃郷
本文組版　茂呂田剛（エムアンドケイ）
営業担当　山口健志
編集担当　伊藤洋次

ISBN978-4-8284-1966-4